电网企业非物资
分类体系与采购策略

顾　萍　温富国　余建新　著

东南大学出版社
SOUTHEAST UNIVERSITY PRESS
·南京·

图书在版编目(CIP)数据

电网企业非物资分类体系与采购策略 / 顾萍，温富国，余建新著. —南京：东南大学出版社，2017.5
ISBN 978-7-5641-7099-8

Ⅰ.①电… Ⅱ.①顾…②温…③余… Ⅲ.①电网-电力工业-物资-分类②电网-电力工业-采购管理
Ⅳ.①F407.61

中国版本图书馆 CIP 数据核字(2017)第 067956 号

电网企业非物资分类体系与采购策略

出版发行	东南大学出版社
社　　址	南京市四牌楼 2 号(邮编:210096)
出 版 人	江建中
责任编辑	夏莉莉
经　　销	全国各地新华书店
印　　刷	虎彩印艺股份有限公司
开　　本	700mm×1000mm　1/16
印　　张	15
字　　数	350 千字
版　　次	2017 年 5 月第 1 版
印　　次	2017 年 5 月第 1 次印刷
书　　号	ISBN 978-7-5641-7099-8
定　　价	45.00 元

前言 PREFACE

随着电网企业工程和服务等非物资招标采购集约化程度不断提高，在集中采购覆盖范围不断扩大的同时，面临的采购对象日益增多，采购外部环境也千变万化，招标采购管理变得越来越复杂。为进一步提升非物资集中采购管理水平，确保不同类别项目不同采购目标的实现，有必要在分析目前非物资分类现状的基础上，基于相关分类方法设计新的电网企业非物资分类体系。以此为基础，优化规范非物资招标采购报价要求、发包人要求、采购方式、评审方式、合同范本、标段划分策略等，构建一体化的招标采购操作策略。一方面将原来更多依赖于采购人员个人经验的采购操作策略提炼优化，形成统一的采购策略规范；另一方面对采购对象和采购活动建模分析，梳理相应的理论，使得非物资招标采购活动逐步形成有章可依、规范统一、理论与实践相结合的采购目录与策略体系，显著提升非物资招标采购管理水平。

由于非物资种类繁多，非物资采购对象日益繁杂，工作人员只能熟悉有限种类的非物资采购特性，很难对所有非物资的招标采购情况了解透彻，何况还在不断遇到新的采购种类。因此电网企业非物资分类体系和相应的采购策略体系的构建，让电网企业的项目管理人员、采购工作人员的个人经验得以系统总结、充分共享，同时通过相关采购理论和采购模型的研究，该体系更加科学合理，从而使非物资招标采购活动更加规范有序。

本书作者结合在江苏省电力公司物资公司的工作实践，对电网企业非物资招标采购工作中的问题加以总结和分析，对实践中的做法进行理论提升并形成体系。电网企业非物资分类体系与采购策略初步方案形成后，在江苏省电力公司物资公司内部进行了多次论证，广泛听取了需求单位相关非物资管理人员的意见，被应用到江苏省电力公司的非物资招标采购实践中，并在实践中不断总结完善，形成了目前的最终成果。

本书结合电网企业非物资招标采购的实际撰写，理论联系实际，内容上尽可能自成体系，学术上力求完整严谨，应用上力求通俗易懂，使得本书具有较强的实践性和可操作性。本书适用于电网企业及同类相关企业非物资招标采购管理人员、从业人员、相关领域的学者以及其他对招标采购相关工作感兴趣的人员。

本书第 1 章～第 4 章由顾萍撰写，第 5 章～第 7 章由温富国撰写，第 8 章～第 10 章由余建新撰写，全书由顾萍统稿。由于非物资招标采购管理是理论和实践都很强的研究领域，尚有许多问题有待深入分析和研究，加上笔者才疏学浅，书中难免有错误和不当之处，恳请读者批评指正。本书写作过程中参考或引用了许多国内外专家学者的资料，笔者已尽可能在文中作了标注，并在参考文献中列出，在此，谨对他们表示衷心的感谢。若某些引用的资料由于笔者疏忽没有标注出处，在此深表歉意。

本书得到了笔者所在单位江苏省电力公司物资公司的大力支持，东南大学出版社的编辑为本书的出版也提供了不少帮助，借此机会向他们表示衷心的感谢。

顾　萍　温富国　余建新

2017 年 1 月

目录 CONTENTS

第1章　绪　　论

1.1　研究背景、目的和意义

1.1.1　研究背景

随着经济的发展和管理方式的变革，为了降低成本，提高组织效率，增强其核心竞争力，近几年来越来越多的组织机构及企业开始重视日益增多的非物资采购。在2003年美国亚利桑那州立大学CAPS研究中心的研究报告中提到，对于年均营业收入为40.2亿美元，年均服务支出为4.34亿美元的大企业而言，其用于采购服务的费用占收入总额的11%，占采购总成本的30%。由于非物资采购对象种类繁多且不断更新，为了便于采购管理，提高采购效率，许多组织机构及企业开始对非物资进行分类，建立了相应的非物资分类体系。在1976年，联合国统计委员会就开始对工程及服务进行分类，并于1987年提出了《主要产品分类》(即CPC分类体系)，后来分别在1991年、1998年、2002年、2006年及2008年对分类体系进行修改和完善。为了提高政府采购质量，降低政府采购成本，规范政府采购流程，我国财政部在2000年制定了《政府采购品目分类目录》，在2012年结合当时政府采购制度改革及发展方向对该分类目录进行修改，并经过一年试用后，于2013年提出新的《政府采购品目分类目录》。近几年，中国移动通信集团公司、中国电信集团公司、IBM公司等大型企业也对其采购的非物资进行分类，建立了适合各自企业特点的分类体系。

电网企业的施工类采购经过多年探索实践，已有较好的集中招标采购经验。相比于施工类采购，电网企业的服务类采购对象更为复杂和多样，目前可以借鉴的集中招标采购经验不多，正处在探索之中。2012年以前，电网企业服务类集中采购主要覆盖工程施工、设计、监理和其他工程服务；2013年起，大量的其他服务类项目纳入到电网企业招标采购范围，非物资采购的需求不断增加。

电网企业已意识到非物资分类体系建设对非物资招标采购的重要性，已开始对非物资进行分类和集中采购，但早期的分类体系不够完善，不能完全满足电网企业对非物资招标采购的需求。在近几年的采购活动开展过程中，虽然对非物资招标采购活动进行了大量的摸索和实践，但因为缺乏理论体系指导，无论在体系的完备性、科学性，还是在采用通用分类体系的一致性方面，均有待完善，表现为实际采购过程中依然存在由于非物资分类体系不完善而导致采购计划上报错误、申报类别出错等问题，影响了非物资招标采购工作的效率。

综上所述，从外部环境看，政府和一些大型国有企业开始根据自身特点建立适合其需求的非物资分类体系，以满足非物资采购及管理需求。从电网企业内部环境看，越来越多的非物资招标采购需求对电网企业的非物资分类提出了更高的要求。一项工作的开展，往往需要经历对象识别、对象分析、对象评价、应对处理、总结分析等几个阶段，科学的分类体系是对象识别乃至后续环节的基础，所以在非物资招标采购活动中，建立科学的非物资分类体系既是非物资招标采购活动开展的基础，也是提高采购效率和质量的基本保障。正是在这样的背景下，提出了依据相关分类理论，采用科学的非物资分类方法，结合电网企业非物资招标采购的特点，构建科学的、系统的、规范的电网企业非物资分类体系建设的需求。

由于电网企业非物资分类体系的复杂性，虽然电网企业已建立了一系列采购策略，但在具体非物资招标采购操作过程中仍然存在一些有待进一步完善和优化的地方。需求提报单位在提出采购需求时，要结合新的非物资分类体系，通过正确选择分类品类，正确地提报采购需求计划条目内容，以利于招标采购部门提高工作效率。由于不同采购对象的需求计划格式、发包人要求格式、市场调研格式、报价方式等不同，需求计划上报时缺乏根据采购对象类别选择其各自需求文件格式的办法。由于发包人要求、报价方式、标段划分等没有在非物资的合理分类基础上进行，因此在审核计划阶段会出现很多问题，例如对于发包人要求、需求计划格式、招标所需图纸等资料进行逐项对照审核的过程会出现不规范的情况。另外，标段划分缺乏相应的理论指导和操作依据。在采购操作过程中，由于缺乏系统的采购操作策略，在对每批采购计划的招标公告、招标方案、招标文件进行编写时都需要寻找历史资料、国家电网公司的相关规定和相关法律法规，编写过程中造成大量时间浪费，降低工作效率。由于不同类别的非物资在招标过程中采用的评价方法不同，相应的合同文本也不同，目前的采购操作实践中缺乏对各类评审方式、合同范本等的总结和归类，特别是缺乏与新的非物资分类体系的对应，因此需要进行系统的梳理和归类。

由于电网企业非物资招标采购特别是运维修理、技术服务、综合服务等服务类集中招标采购尚处于蓬勃发展的初期，国内外都缺乏成熟的理论体系和经验可以借鉴，计划、合同、技术标准等方面缺乏配套的文件和系统的支撑，对象识别、范围定义能力不足，采购策略针对性不强，给采购实施阶段带来大量问题，直接影响了电网企业非物资招标采购水平的提升。为解决非物资招标采购存在的问题，必须做好采购对象分类体系设计和需求计划标准建设，以提升采购对象识别和范围定义能力；必须做好不同类别采购对象的采购策略体系建设，以提高采购策略制定能力，解决招标采购期间澄清率高、流标率高等问题，解决内外部检查和审计过程中可能提出的尖锐问题。

在这种采购需求快速增长、从业人员数量不变的环境下，要做好非物资招标采购工作，必须要有效提升采购效率和质量。只有深入探求非物资招标采购对象的特性和采购活动的内在规律，建立科学系统、定义清楚、边界明确、覆盖全面的分类体系，在此基础上分类梳理建立完善的非物资采购策略体系，实现非物资需求计划、采购方案、采购文件一体化运作，为采购实施环节的工作开展提供坚实的理论基础、有效的管理工具和技术工具，才能切实提升采购工作的科学性、规范性，从而有效地提升采购工作效率，满足规模快速增长的非物资采购需求。

1.1.2 研究目的

从电网企业非物资采购实践看，由于非物资采购具有内容多、范围广、对象差别大等特点，且电力行业内没有相应的较为完善的非物资分类体系，非物资需求单位在提报需求计划时容易出现类别上报错误；同时，不同的非物质采购对象又需要采用不同的采购策略，由于缺乏统一的采购策略，影响了非物资招标采购效率。

无论是非物资采购需求单位提报采购需求，还是招标采购部门实施采购行为，包括非物资供应商参与招标采购应答，建立一套科学的非物资分类体系并采用合适的采购策略显得非常重要，其目的可以概括为以下几个方面。

1）与国内外标准化分类体系接轨

国内外有很多标准的分类体系，例如国内有《国民经济行业分类》《政府采购品目分类目录》等，国际上有《Nice 分类法》《全部经济活动的国际标准产业分类》等。电网企业非物资采购的招标面向国内外所有的供应商，采用规范的、符合国际惯例的分类体系有助于供应商参与投标。现代采购的一种发展趋势是全球化和电子化，其基础是相对规范的采购对象分类标准，因此电网企业构建非物资分类体系有助于适应这种采购发展趋势。

2）提高需求单位需求提报的准确性

需求提报单位在提出采购需求时，应依据非物资分类体系，通过正确选择分类品类，根据相关资料，正确地提报采购需求计划条目内容，正确地编制发包人要求，选择报价方式、报价格式和合同范本，提出规范合理的资质要求。因此，建立标准的、科学合理的非物资分类体系并选择合适的采购策略，有助于电网企业分清采购对象，使得原本繁多且复杂的非物资采购对象变得清晰有序，非物资采购需求单位、招标部门和供应商都能在此基础上高效地开展工作，正确地满足非物资需求单位的需求。

3）提高采购数据的可用性

建立电网企业的非物资分类体系，可以统一企业内部各类非物资采购的统计口径，横向有助于使各分公司在统计非物资采购时获得的数据具有可比性，纵向有助于企业在比较不同时段的采购情况时具有相同的测度。有利于对海量的历史采购数据进行数据挖掘，探索非物资采购活动的内在规律，为相关决策提供科学的依据。

4）提升非物资采购管理水平

通过科学的分类方法对电网企业的工程及服务等非物资进行分类，有助于识别不同非物资类别之间的区别及特点，根据不同类别的特点制定公开招标、邀请招标、竞争性谈判、单一来源式采购等不同采购策略及采购方式，提高采购效率；有利于针对不同的采购对象确定集中采购、分散采购等不同采购形式，从而降低采购成本；可以为 ERP 系统运营提供支撑，有助于提升非物资采购招标的信息化程度；可以帮助识别重点采购对象和非重点采购对象，规范非物资的采购流程，强化非物资的采购管理，实现公司管理创新，对于电网企业的可持续发展有着深远影响。

1.1.3 研究意义

一方面,非物资分类理论和方法本身处在发展和完善的过程中;另一方面,电网企业非物资分类体系与采购策略研究需求来自企业实践,具有实际应用背景。因此,电网企业非物资分类体系与采用策略研究具有重要的理论意义和实际应用价值。

1) 理论意义

从学术研究的角度看,施工和服务等非物资分类的理论体系尚不完善,大多是站在不同行业和企业的角度进行研究,缺乏理论提升和总结。因此,电网企业结合自身特点构建的非物资分类体系是对非物资分类研究的重要补充和完善,从中总结的分类思想对非物资分类理论的提升和总结有重要参考价值,有助于丰富非物资分类研究的成果。采购策略方面,在服务供应商选择时的标段划分方法、供应商数量确定与评价方法等方面的工作主观性较强,通过系统的理论研究有助于完善相应理论和方法。

2) 应用价值

电网企业非物资分类体系和采购策略的创新性体现在采购管理方法和手段的重大改进,有助于实现非物资电子化采购管理。由于国家电网公司目前还没有完善的非物资分类体系,也没有相应的直接适用于电力行业的非物资分类理论,所以电网企业非物资分类体系填补了这一领域的空白。电网企业非物资分类体系和采购策略在应用方面完全结合电网企业非物资招标采购实践,具有很强的可操作性和应用价值。电网企业非物资分类体系和采购策略经过一定的实践总结后,可以为国家电网公司建立统一的非物资招标采购对象分类体系提供重要依据,也可以为能源、石油、化工等同类国有大型企业集团和相关行业建立非物资分类体系提供重要的参考价值。

1.2 国内外研究现状

随着服务类型的不断丰富和发展,服务业已经成为现代经济增长的重要推动力量,服务业对发达国家的 GDP 和就业贡献均超过 70%,对发展中国家的平均贡献也超过了 50%,服务逐渐成为各领域学者关注的重点[1]。但是,由于服务种类和形式的多样化,各种类型的服务呈现出不同的特点,特别是现代互联网技术的发展改变了传统服务的很多特性,所以要更好地完善服务领域的理论且有效地解释各种现象,首先需要研究服务分类方式。

目前,对服务分类方式的研究集中在产业经济和营销管理两个领域。产业经济领域中对服务的分类主要是基于经济活动的同质性,通过分类形成统一的宏观统计口径,揭示不同服务行业对国民经济发展的重要作用。常见的分类方式有:根据服务活动的功能划分、根据服务业在不同经济发展阶段的特点划分以及根据服务的生产过程划分。从产业经济领域对服务的分类已经形成了相对统一的标准(联合国统计署的国际标准产业分类 ISIC、北美产业分类体系 NAICS 以及联合国主要产品分类目录 CPC)。营销管理领域对服务分类的研究是基于服务的特点和属性,通过揭示同类服务的共同特征,寻求有效的服务管理方式,从而提高服务企业的竞争力。常见的分类方式有:根据服务提供的对象划分、根据服务的传递过程划分、根据服务企业与顾客的关系划分等。

1.2.1 基于运营管理的服务分类

1）基于服务本质的分类

Lovelock[8]（1996）根据服务的对象是人还是物，服务行为是有形还是无形两个维度将服务分为四类，分别为人体处理（即对人的有形服务，例如医疗、交通运输、住宿餐饮等）、脑刺激处理（即对人的无形服务，例如管理、咨询、教育、音乐会等）、物体处理（即对物的有形服务，例如货物运输、设备维修、仓储物流等）以及信息处理（即对物的无形服务，例如金融保险、数据处理、会计审计等）。Hsiech 和 Chu[13]（1992）认为服务的本质在于创造效用，所以他们从效用创造的角度对服务进行了概念化分类。由于服务过程中的效用包括时间效用和空间效用，服务接受者包括人和物，所以他们提出了四种服务类型：以时间效用为主且服务于人的服务、以空间效用为主且服务于人的服务、以时间效用为主且服务于物的服务、以空间效用为主且服务于物的服务。吴晓云和康凯[14]（2009）在进行跨国服务分类研究时发现没有从服务本质特征出发，所以在深入分析全球化服务本质特征后，对服务特征进行归类，萃取了两个影响全球服务营销的重要因子：服务可迁移性和服务交互性，从而构建了全球服务分类矩阵模型，将服务分为四种类型：低可迁移性/低交互性、高可迁移性/低交互性、高可迁移性/高交互性、低可迁移性/高交互性。

2）基于组织目标的分类

科特勒（1980）认为服务分类需要基于服务组织的目标，因此将服务分为四大类[15]：根据提供服务的对象不同将服务分为以机器设备为基础的服务和以人为基础的服务；根据顾客在服务现场出现的必要性将服务分为必须要求顾客到现场的服务和不需要顾客到现场的服务；根据个人与企业的不同需要将服务分为专门针对个人需要的专一化服务和针对个人需要与企业需要的混合性服务；根据服务组织的目的与所有制将服务分为盈利性服务、非盈利性服务、私人服务和公共服务。Valikangas 等[16]（1994）根据企业营销战略目标的不同将服务分为普通型服务、专门化服务和定制化服务，他们认为在实施营销战略的时候这三种服务形式不是相互排斥的，为了获得竞争优势这三种战略是可以混合，从而有效发现细分市场。

3）基于生产过程的分类

Erramilli 等[17]（1990）基于生产和消费的可分离程度将服务分为硬服务和软服务，硬服务是指生产和消费有一定的可分离性的服务，例如计算机软件、建筑设计、设备租赁等；软服务是指生产和消费同时发生的不能分离的服务，例如餐饮、旅馆、广告设计、健康保健。Deborah 等[18]（1995）认为服务企业要明确如何创造服务和创造什么服务才能获得准确的市场定位，所以基于服务过程架构（如何创造服务）和服务包架构（创造什么服务）提出了 SP/CP 矩阵，将服务分为服务工厂、服务商店和专家服务。Charlene[19]（2000）通过消费者对长途电话、书店服务和披萨店服务的评价，得出服务分类的两个重要维度，即过程无形和结果无形，从而将服务分为纯粹的无形服务、包含有形产品的无形服务、包含有形产品的有形服务。Kotabe 等[20]（2004）根据服务过程中包含的产品形式，把服务划分为两大类：一类是纯服务，是完全区别于有形产品的服务，例如银行、保险、律师；另一类是非纯服务，是指在服务活动中包含了有形产品的服务，这类服务的价值是通过有形产品体现出来的，例如设备维修、货物运输。Liu 等[21]（2008）认为有效的服务分类应该涵盖服务的全过程，所以基于在服务过程中涉及的影响因素，提出了"3P+C"综合型服务分类模型，其中 3P 分别指过程（Process）、地点（Place）和提供者（Provider），C 指客户（Customers）。

4）基于传递方式的分类

Terry 等[9]（1999）根据服务传递媒介的不同将服务分为四类：基于实体接触的服务、基于传输媒介的服务、基于资产专有的服务以及基于有形商品使用的服务。Leonard[10]（2006）认为服务的利益传递类型和服务的生产与消费过程是否能分割是新服务创造过程中的重要标准，因此根据这两个维度把新服务分为：柔性解决服务（可分割-传递新核心利益的服务）、舒适利益服务（不可分割-传递新核心利益的服务）、可控的便利性服务（可分割-采用新的核心利益传递方式的服务）、友好通路服务（不可分割-采用新的核心利益传递方式的服务）。王永贵[22]（2007）根据服务交付方式对服务进行分类，把服务区分成顾客介入服务组织（歌剧、餐厅）、服务组织介入顾客（清洁服务、搬家服务）以及顾客与服务组织的远距离交易（信用卡网上银行）三种类型。此外，随着服务形式的不断多样化，自助服务技术（Self-ServiceTechnologies，SSTs）的分类也成为学者们关注的方向。Kelley 等[23]（1990）认为自助服务需要更多的用户参与，所以从客户自助服务的角度，依据服务定制化水平和服务的对象（人/物）提出了服务分类的矩阵，并成为传统服务和自助服务之间的桥梁。Dabholkar[24]（1994）正式开始了对自助服务分类的研究，认为服务传递者、服务传递的位置以及服务传递的方式是自助服务的三个重要方面，建议以服务传递的位置和方式两个维度对自助服务进行分类。Meuter 等[25]（2000）通过使用目的（客户服务、交易服务、自助服务）和技术接口对自助服务（交互式电话、互联网、交互式终端、录像带/多媒体光碟）进行分类，这个分类标准主要强调的是自助服务的技术媒介差异和系统功能的不同。Wang[26]（2007）对 Dabholkar[24]（1994）和 Meuter 等[25]（2000）的研究进行归纳，认为可以根据两类自助服务的传递地点（专门的服务场所和顾客的家/工作场所）和 4 类技术接口（移动设备、互联网、交互式终端、电话/交互语音设备）将自助服务分为 8 类。

5）基于客户关系的分类

Richard[27]（1981）依据服务提供者与客户关系的程度不同，将服务分为高接触服务业和低接触服务业，高接触服务业是指客户参与程度高、与客户接触频繁的服务业，例如医疗、餐饮；低接触服务业是指客户参与程度低、与客户接触不频繁的服务业，例如快递批发。Lovelock[11]（1983）认为服务分类的目的是要概括不同行业中服务的共同特征，服务分类应当与管理过程结合起来，因此他提出了经典的五个角度分类方法，其中有三种分类是基于客户关系的。根据服务组织同顾客之间的关系是正式的还是非正式，服务传递是连续的还是间断的将服务分为连续性会员关系的服务、连续性非正式关系的服务、间断性会员关系的服务、间断性非正式关系的服务；根据顾客与服务组织之间相互作用的性质和服务网点的数量将服务分为顾客到服务组织的单一网点服务、顾客到服务组织的多网点服务、服务组织到顾客处的单一网点服务、服务组织到顾客处的多网点服务、顾客与服务组织远距离单一网点服务、顾客与服务组织远距离多网点服务;根据服务人员的专业化水平和顾客需求的个性化程度将服务分为需要服务人员专业水平高的定制化服务、需要服务人员专业水平低的定制化服务、需要服务人员专业水平高的个性化服务、需要服务人员专业水平低的个性化服务。Schemenner[28](1986)依据服务企业的劳动力密集程度和同客户之间的交互与定制化程度两个维度将服务分为劳动密集程度低且交互度低的服务(例如运输)、劳动密集程度高而交互度低的大众化服务(例如零售服务)、劳动密集程度低而交互度高的服务(例如设备维修)、劳动密集程度高且交互度高的专业服务(例如教师)。Vandermerwe 等[29](1989)根据服务中含有实体产品的程度和服务人员与顾客的互动强度两个维度将服务业分为 6 类:高互动程度的纯服务、低互动程度的纯服务、高互动程度的低程度商品服务、低互动程度的低程度商品服务、高互动程度的高程度商品服务、低互动程度的高程度商品服务。Terry 等[12](1996)基于服务确定性程度和与客户接触的程度,提出了基于接触的服务分类模型,将服务分为低客户接触低确定性服务、高客户接触低确定性服务、低客户接触高确定性服务以及高客户接触高确定性服务。王庆国等[30](2004)认为客户关系具有明显的生命周期特征,客户在不同阶段对服务的需求有所不同,提出了基于客户关系生命周期的客户服务分类,根据不同生命周期阶段,将服务分为开发期服务、接触期服务、确立期服务、成熟期服务、反复期服务以及消退期服务。

1.2.2 基于客户感知的服务分类

由于服务的无形性,只有通过顾客的感知才能有效地理解和区分服务之间的差异,因此有效的服务分类方法应该基于客户感知(Cunningham 等[31],2004)。近年来,国外学者对服务分类的研究开始关注客户感知,从客户的感知出发建立基于顾客视角的服务分类方法(吴海宁等[32],2009)。同时,基于客户感知的服务分类研究不仅广泛采用定量的研究方法,弥补了传统定性分类方法的不足,而且在涵盖更多维度的基础上提出核心分类维度。Bowen[33](1990)从 9 个维度(有形/无形、顾客与服务者的接触程度、人的重要性等)对 10 种服务进行分类(例如医院、电影院、摄影服务、酒店、宾馆等),基于用户使用提供的分类描述对所选择的服务进行聚类分类,并且基于分类维度的平均等级描述每类服务的特点,从分类维度的相似性或差异性中总结服务类型。Stell 等[34](1996)从风险感知、购买努力和服务参与三个维度对 8 类服务(电影加工、发型设计、音乐会、度假等)进行分类,通过对调查结果进行多元统计分析,将服务分成便利性服务、偏好性服务、购物性服务和特色服务四大类。Dawnlacobucci 等[35](1996)使用 INDSCAL(个体差异尺度分析)作为分类技术,基于质量可评估性的难易程度、购买的难易程度、无形性程度、标准化水平、服务提供者和用户之间的交互水平等 9 个维度对纯服务(例如专业服务)、商品和服务混合(例如快餐店和宾馆)以及涵盖了其他范围的服务进行分类,通过对服务的聚类和分类标准的降维,得出服务分类的两个重要维度:服务的个性化/标准化、服务核心价值/关系价值。Cunningham 等[36](1997)认为 MDS 技术(多维尺度分析)是对基于用户感知的服务进行分类最合适的方法,他综合前人的分类维度,提取了 7 种分类维度,在大量的服务研究中选取了 11 种被访者熟知的服务类型进行分类研究,分析结果显示服务的定制化/标准化、独特性/日常性两个维度能够解释 79%的方差。Cunningham 等[31](2004)选取 MDS 技术中的 MDPREF(多属性对应分析)方法研究美国和法国两种文化中服务感知的对比,将分类维度扩展到 11 个,服务种类也扩展到 13 种,通过对两个国家用户的感知空间图的分析可知,用户对服务分类的感知主要集中在服务的个性化/标准化、服务中物理成分的多少两个维度上。Cunningham 等[37](2005)扩展了文化差异的程度,对美国、韩国和中国台湾三个地区的顾客进行基于感知的服务分类研究,结果显示在这三个地区中消费者对服务感知有很强的一致性,最集中的两个维度分别为服务的个性化/标准化、服务的对象是人/物,解释度分别为 76.5%和 82%。Cunningham 等[38](2006)采用同样的方法和维度,比较了 13 种服务在美国、法国和韩国三种文化中的用户对服务感知的差异,通过对三个国家的两两比较得出了两个一致性的分类维度,分别为高参与、低参与;客体消费、感知服务。Cunningham 等[39](2009)比较传统服务和自助服务技术(SST)在服务分类方面的用户感知的差异,基于之前的 11 个分类维度,分别选取了 13 种传统服务和 12 种自助服务,对它们绘制了分类感知空间图,通过对比两大类服务的感知空间图可以得出传统服务与自助服务的维度感知是不同的,传统服务的主要两个维度是个性化/标准化、人/物,而自助服务的两个维度是个性化/标准化、可分离性/不可分离性。

综上所述,对服务分类方法的研究可谓成果颇丰,各具特色,研究从不同角度和侧面揭示了不同服务类型的内部运作方式和经济管理特性,加深了对相关服务类型内涵的理解和认识,为进一步发展服务分类方法的研究奠定了理论基础,提供了基本出发点。同时,也为服务营销人员跨越行业界限借鉴其他具有共同特征和运作模式的服务行业的成功经验,制定和实施合适的服务营销战略与营销策略提供了许多有意义的视角和启示。当然,这些服务分类方法也存在着明显的局限和不足:一是这些对服务分类方法的研究观点纷纭,学者们各执一端,难以形成一种统一的分类标准和分类方法,在理论上形成了"服务分类方法的理论丛林",究其原因主要在于不同学者研究角度不同,选取的分类维度不同;二是这些对服务分类方法的研究大部分都是采用的理论阐述的方法,很多学者都是在对原有理论回顾的基础上提出了自己的观点,只有个别的学者通过数据分析来支持自己的观点,这些分类方法的研究主要采用的是定性研究方法,缺乏实证研究,使其研究结论缺乏有力的实践支撑。

1.2.3 工程项目的分类

根据 2010 年中华人民共和国住房和城乡建设部、中华人民共和国国家质量监督检验检疫总局联合发布的《建设工程分类标准》,按建设工程的自然属性,将其分为建筑工程、土木工程和机电工程 3 大类,其中建筑工程分为民用建筑工程、工业建筑工程、构筑物工程等 3 类;土木工程分为道路工程、轨道工程、桥涵工程、隧道工程、水工工程、矿山工程、架线与管道工程、其他土木工程等 8 类;机电工程分为机械设备安装工程、静置设备与工艺金属结构工程、电气工程、自动化控制仪表工程、建筑智能化工程、管道工程、消防工程、净化工程、通风与空调工程、设备及管道防腐蚀绝热工程、炉窑工程、电子与信息通信工程等 12 类。每一个大类别分 5 至 6 个层级,每一层级按工程的结构进行细分,各层级依次为工程类别、建设项目、单项工程、单位工程、分部工程等予以表述。

在《建设工程工程量清单计价规范(GB 50500-2013)》中将工程分为房屋建筑与装饰工

程、仿古建筑工程、通用安装工程、市政工程、园林绿化工程、矿山工程、构筑物工程、城市轨道交通工程、爆破工程等9类。

在《建筑企业资质新标准(2014年修订版)》中将建筑业企业资质分为施工总承包、专业承包和施工劳务3个序列。其中施工总承包序列设有建筑工程施工总承包、公路工程施工总承包、铁路工程施工总承包、港口与航道工程施工总承包、水利水电工程施工总承包、电力工程施工总承包、矿山工程施工总承包、冶金工程施工总承包、石油化工工程施工总承包、市政公用工程施工总承包、通信工程施工总承包、机电工程施工总承包等12个类别,每一类别一般分为特级、一级、二级、三级4个等级;专业承包序列设有地基基础工程专业承包、电子与智能化工程专业承包、消防设施工程专业承包、防水防腐保温工程专业承包、桥梁工程专业承包、隧道工程专业承包、钢结构工程专业承包等36个类别,每个类别一般又分为一级、二级、三级3个等级;施工劳务序列不分类别和等级。

综上所述可以看出住房和城乡建设部对建设工程的分类较为细致,覆盖较为全面,对电网企业的施工分类具有一定的参考价值,但无法体现电网企业施工的特点,不适合电网企业招标采购。

1.2.4 服务采购中供应商选择策略

目前关于供应商选择策略的研究是针对物资采购的,对于服务采购的供应商选择研究较少。Lammgård等[40](2014)认为采购物流服务时对于供应商的选择最重要的是考虑可靠性和运输的质量,其次才是覆盖范围和低廉的价格。Bals等[41](2009)研究了采购部门在服务采购时遇到的主要困难,例如缺乏经验、缺少动力、缺少机会等,建立了营销服务采购的概念模型,通过减少采购时间和采购复杂度来提高采购效率。Pemer等[42](2014)主要研究了不同的文化背景下专业服务采购的不同之处,从经验上升到理论探讨国际文化对于专业服务采购过程的影响。Degraeve等[43](2004)研究服务采购中的供应商选择问题,以成本为基础建立了相关的选择模型,并用实例验证模型的可行性。Björklund[44](2011)研究了物流服务购买力的影响因素,如内部管理、企业资金、顾客需求、运输商以及政府政策。Lian等[45](2004)研究了健康服务采购中公共采购和私人采购之间的对比,考虑了环境因素和政策因素对健康服务采购的影响程度。Schiele[46](2005)研究政府采购部门对于咨询服务的采购,分析了其中的几个影响因素。Hallikas等[47](2014)研究了服务采购中存在的问题以及服务采购对于企业的价值。金海水[48](2008)从明确企业服务采购的战略地位、选择合适的服务采购供应商、规范企业的服务采购流程3个方面提出企业服务采购的重要因素。张瑾[49](2010)分析我国政府服务采购的现状及存在的问题,提出了一些开放我国政府服务采购市场的策略以及完善我国服务采购立法的建议。郝慧娟[50](2008)分析我国旅行社服务采购的现状,并在此基础上提出了针对我国旅行社服务的采购策略。潘翠芳[51](2014)研究了纳税机关咨询服务的采购问题,分析了服务采购的影响因素,针对咨询服务的采购流程提出了一些建议。

在服务采购中如何选择良好的供应商进行合作是服务采购的核心内容,目前对于服务供应商选择的研究还很匮乏,大多针对的是物资供应商的研究。服务采购的对象是服务,服务本身的范围难以界定,使标段划分更加困难,服务难以量化,对供应商的数量确定和评价提出了更高的要求。下面从标段划分、供应商数量确定、候选供应商评价三个方面分析研究现状。

1) 服务供应商标段划分

所谓标段划分是指将某一个项目划分为若干个子项目,对一些相似的子项目进行合并打包化为一个标段,分配给不同的供应商进行投标。标段划分对招标成本、招标工期、项目质量以及项目管理都有很大的影响。

关于标段划分的定性研究,王纪黔[52](2004)以某工程项目的招标实践为例,分析了标段划分对招标项目的影响,阐述了合理划分标段的一般方法及应考虑的主要因素。刘静等[53](2013)以项目群管理思想为核心,按照专业、路段、混合三种方式对高速公路标段进行划分,并分析了各种划分方式的优缺点。吴智泉等[54](2009)主要研究火电厂项目施工过程中标段划分的意义、必要性、可行性以及相关的标段划分方法。李庆梅[55](2010)主要阐述了标段划分的现状、与建设成本的关系、标段划分的原则等。张峰[56](2014)从合法性角度讨论标段划分的规则,同时分析了项目标段划分的评标标准。

关于标段划分的定量研究,张利荣[57](2006)首次采用基于建设成本和承包商实施成本的标段划分定量研究,明确最优的标段数量。洪伟民等[58](2008)在张利荣模型的基础上进行改进,研究了合同交易前费用、生产费用以及合同交易后费用与标段数关系的研究,并使用蒙特卡罗算法进行求解。孟磔[59](2011)在此基础上给出了改进模型,并通过使用蒙特卡罗算法求解这个模型。张传文等[60](2012)给出了在工程造价控制下的招标标段划分模型,成本主要考虑交易费用和生产费用。张利荣等[61](2013)针对工程项目标段划分,分析了子项目粒度对招标标段划分的影响。刘小丹[62](2010)对外刊采购的标段划分进行研究,使用了自组织神经网络算法,并给出了两个有效性指标程序。唐振宇等[63](2012)使用 k-prototypes 算法进行分析,给出了文献资源招标最佳标段数量模型。模糊聚类准确性较高,稳定性强,可以很大程度地降低聚类的不确定性,而服务采购标段的很多影响因素都是模糊语言形式,因此模糊聚类更加适用于解决服务采购的标段划分。模糊聚类算法主要于 1969 年由 Ruspini 首次应用,并对模糊划分的概念进行了定义。在此基础上开始出现各种模糊聚类的理论和算法,包括基于模糊等价关系的传递闭包算法[64],以及 Dunn 提出的模糊 C-均值算法,在此基础上 Bezdek 又进一步改进形成了比较系统的模糊聚类算法。目前的研究很多都是针对模糊聚类问题的改进算法,雷亚国等[65](2007)从点密度函数算法、聚类有效性指标以及 3 层前馈神经网络对模糊聚类算法进行改进,提高了聚类的准确性。李洁[66](2004)从遗传算法理论和免疫网络理论对模糊聚类算法进行改进,解决混合属性模糊聚类问题。周思达等[67](2015)提出一个基于模态置信准则的距离函数,以此完成模态振型的模糊聚类,并通过实验进行验证,证明该方法是合理有效的。

2) 服务供应商数量选择

钟德强等[68](2003)在合作竞争环境下研究了确定零部件最优供应商数量模型。蒋琦玮等[69](2008)提出了一种供应商数量风险分析方法,并建立了基于风险最小和成本最优的供应商最优数量模型。Berger 等[70](2004)对供应商选择的风险进行量化,并在此基础上建立了风险条件下的最优供应商数量决策模型。刘臣等[71](2010)在数量弹性契约的基础上研究供应商数量对企业的风险和成本的影响,建立了供应商最佳数量选择模型。

3) 服务供应商评价

关于供应商评价,Byrne 等[72](2013)从定性的角度研究了 DELL 电脑的售后服务对采购供应商选择的重要性。Björklund[73](2011)研究了绿色运输服务中影响采购环境的因素,包括司机、部门管理、企业财务、客户需求、政府控制手段等。Lammgård 等[74](2014)针对物流服务供应商选择,在可靠性、运输质量、地理条件、价格之外添加了涉及碳排放的环境指标作为供应商评价指标。Feeny 等[75](2012)从交付能力、变革能力以及关系能力三个层次提出服务外包供应商能力评估模型。林立华[76](2014)引入供应商选择应遵循的 5R 标准,包括适价、适质、适时、适量、适地等标准。Ancarani[77](2009)研究如何评估公共服务的供应商表现,通过使用 Agent-Based 模型,建立客户对供应商的服务质量满意度模型。Peng[78](2012)使用 AHP 层次分析法研究物流服务外包供应商选择,建立了基于成本、实施效率、服务质量、技术水平的供应商评价指标体系。Oliveira 等[79](2002)主要研究服务供应商之间的订单分配问题,从管理能力、质量保证、工作表现三个方面来衡量服务供应商的优劣。Feng 等[80](2011)研究关于多种服务外包的供应商选择问题,以合作效用、服务外包成本、服务等待时间建立了多目标规划模型来解决企业选择多个合作供应商的问题。宋丹霞等[81](2010)从生产性服务外包的角度构建了服务供应链的管理模型,认为影响生产性服务供应商选择的主要指标是服务质量、服务价格、服务柔性、服务能力、合作能力和发展潜力 6 个二级指标和 18 个三级指标,并使用层次分析法和熵值法结合的思想进行评价。李云华等[82](2011)针对物流服务供应商选择进行研究,认为服务质量、价格、管理能力、市场能力以及其他因素是影响物流服务供应商选择的重要因素,通过使用模糊综合评价法对物流服务供应商进行评价选择。陈可嘉等[83](2012)针对逆向物流的供应商选择进行研究,通过使用 ANP 方法构建逆向物流供应商的质量、服务能力、联盟性、成本等选择指标,并使用 Super Decisions 进行求解。王宁等[84](2009)在联盟性、运作绩效、财务、柔性管理上使用 ANP 方法建立汽车行业的物流服务供应商选择指标体系,使用综合评价法解决问题。

目前针对服务供应商选择策略的研究大多属于定性方面的,定量方面的研究大多涉及的是关于物流服务的供应商选择,建立的数学模型或者方法也仅是对服务供应商选择指标的某一方面进行量化,例如只单纯地考虑成本或者满意度方面的数学模型。

1.3 本书的思路和框架

本书以提高管理效率、提升经济效益为根本,运用采购管理理论、SWOT 分析法、文献分类法等工具,以招标采购的业务流程为基础、法律法规为依据设计电网企业科学合理、覆盖全面的非物资分类体系以及相应的招标采购报价要求和发包人要求,构建由采购方式、招标采购评审标准、合同条件和标段划分等策略组成的采购策略体系,重点解决由于非物资招标采购集约化程度不断提高、集中采购覆盖范围不断扩大、采购环境日益复杂带来的采购效率降低和采购成本增加等问题,实现由基于经验的采购操作方式向基于一体化采购策略体系的采购操作方式转变，推动非物资招标采购水平的提高。

第 1 章绪论。主要介绍了写作本书的背景、目的和意义，综述了国内外相关研究现状。

第 2 章非物资分类理论与方法。简要介绍了常用的分类方法，对非物资进行了具体界定，分析了非物资的特点，总结了常见的非物资分类体系及其适应对象。

第 3 章电网企业非物资分类体系。依据文献分类法理论，选择《政府采购品目分类目录》的分类思想作为电网企业非物资分类的主要依据，同时考虑到电网企业工程、服务采购对象特性等因素，设计了电网企业非物资分类体系。非物资分类体系按照层次构建，将全部非物资招标采购对象按照工程类型、内容等逻辑关系划分为一级、二级和三级目录。非物资包括工程和服务两个类别，依据采购对象与电力工程的相关性，把工程类别划分为电力工程施工和非电力工程施工；依据采购对象与工程的相关性，把服务类别划分为工程服务、技术服务和综合服务，这样共形成 5 个一级目录。每个一级目录又分为若干二级目录，共计 30 个二级目录，其中电力工程施工依据工程类型进行划分，非电力工程施工依据工程内容进行划分，工程服务依据工程实施顺序和服务内容进行划分，技术服务依据服务类型进行划分，综合服务主要参照《政府采购品目分类目录》进行划分。三级目录共计 208 个，其中电力工程施工下的三级目录主要依据施工内容和工程类型进行划分，非电力工程施工下的三级目录主要参照《政府采购品目分类目录》进行划分，工程服务下的三级目录主要依据工程类型、工程阶段同时结合《政府采购品目分类目录》进行划分，技术服务下的三级目录分别依据信息系统全生命周期过程、服务内容、设备品类和维修类别等进行划分，综合服务下的三级目录主要依据服务内容并结合 Nice 分类法和《政府采购品目分类目录》进行划分。

第 4 章电网企业非物资采购模式和采购方式。运用 SWOT 分析法，对影响电网企业非物资采购的内外部因素进行逐一分析，找出其内在优势和弱势、外在机会和挑战。通过对电网企业非物资采购模式和采购方式的系统梳理，总结归纳了它们各自的适用范围。同时，通过分析电网企业非物资采购对象的特点，借助 Kraljic 矩阵模型，从采购对象对于电网企业的价值和供应风险两个维度对非物资采购对象进行定位。在此基础上，并以政府相关法律法规(包括《政府采购法》《中华人民共和国招标投标法》等)为准绳，为设计的非物资分类体系中的各采购对象匹配了最优的采购模式和采购方式。对采购方式进行系统梳理后，便于根据采购对象选用采购方式，方便了投标人的响应，也缩短了采购环节，提高了采购效率，降低了采购成本。

第 5 章电网企业非物资招标采购报价方式。通过运用理论研究与实践探索相结合的方式，选取工程量清单、预算工程量清单、固定单价、固定总价、费率报价和折扣比例报价等 6 种报价方式作为电网企业非物资招标采购的主要报价方式。对于电力工程施工项目，一般情况下采用工程量清单报价方式，其中 20 kV 及以下的配电网项目以及技改、检修类项目主要采用预算工程量清单的报价方式；非电力工程施工项目在一般情况下同样采用工程量清单报价方式，但是其参照的计价规范和定额标准区别于电力工程施工，选取地方标准；对于工程服务、技术服务和综合服务项目，如果对其取费存在具体规定，可以采用费率报价或折扣比例报价，其他的服务类项目一般采用固定总价报价方式。在此基础上，设计了 4 种工程类报价要求范本、8 种服务类报价要求范本，梳理了报价方式、报价要求与非物资招标采购对象的对应关系。

第6章电网企业非物资招标采购发包人要求。在长期实践的基础上，结合设计的非物资分类体系的特性，并考虑招标过程中的实际需要，按照二级目录对非物资分类体系进行发包人要求格式的规范。发包人要求范本在概述以及目标等部分对于如何明确发包人要求的特点进行了阐述；工作范围等部分对每一类的发包人要求范本的适用范围和使用方法进行了详细阐明。分别设计了设计前咨询服务、工程设计服务、工程监理服务、工程造价咨询服务、其他工程服务、信息技术服务、电网技术服务、电网运维修理服务、金融服务、法律服务、管理咨询服务、物业管理服务、财会服务、物流服务、零星日常服务等15个类别适用的发包人要求范本。对于个别二级目录的一种发包人要求范本无法适用于其所有下属三级目录需求的情况，按照三级目录设计了发包人要求范本。

第7章电网企业非物资招标采购评审方法。一是梳理了非物资招标采购对象与国家电网公司在用评标模板的对应关系，并结合电网企业非物资特点补充了新的采购对象评审标准。二是对评标模板中的具体内容进行分析，分别提炼出商务初评、技术初评、商务详评、技术详评等的通用评价指标，并针对采购对象的特点提出指标和分值设置的原则。三是研究了价格分计算方法的理论、适用范围和优缺点，便于工作过程中针对具体项目选用。四是根据采购对象的特点和供应商等外部环境条件的分析，结合相关法律法规要求，对非物资招标采购对象分类体系中所有的三级目录进行了商务、技术和价格三个维度的权重设置。通过这些工作，在国家电网公司原有评标模板的基础上，重新设计出了4类新评标模板以对应新的分类体系。另外针对评标模板中的内容，共整理出3类商务初评模板、7类技术初评模板、13类商务详评指标体系和评分细则、14类技术详评指标体系和评分细则，并提出评标模板设计的原则，方便工作人员进行新评标模板的设计。

第8章电网企业非物资采购合同。建立了施工类二级目录与合同文本范本、服务类三级目录与合同文本范本的主要对应关系。对国家电网公司文本范本未覆盖的采购对象类型，按照《国家电网公司合同管理办法》中相关规定，优先考虑行业示范文本，对部分类型合同文本范本进行了补充。对国家电网公司合同文本范本中的支付条款、合同双方权利义务等部分空白条款，结合采购对象的特点进行了补充制定。

第9章电网企业非物资招标采购标段划分。针对不同类型的工程服务项目，提出了需求计划申报时标包划分的原则。按照项目群管理的理念，综合考虑专业类别、项目性质、管理属性、不同采购对象类别的评审方式、合同文本范本等因素，制定了51个标段划分策略，其中，电力工程施工制定了19个标段划分策略，非电力工程施工制定了3个标段划分策略，工程服务制定了16个标段划分策略，技术服务制定了5个标段划分策略，综合服务制定了8个标段划分策略。另外，对电网企业非物资项目标段划分进行量化研究，通过使用改进的模糊聚类算法，对混合多属性影响的标段进行划分，解决了传统标段划分主要依赖人的主观判断存在的问题。明确了服务采购的范围，提高了标段划分的科学性，降低了招标的采购成本，使招标采购的效率得到进一步提高。

第10章电网企业非物资采购供应商选择策略。建立了基于风险和效用的供应商数量优化决策模型，确定非物资招标采购项目的最优供应商数量。应用平衡记分卡理论建立了非物资采购供应商评价指标体系，应用投影理论建立了非物资采购供应商评价模型，为非物资供应商选择提供了定量工具。

全书各章内容之间的逻辑关系如图 1.1 所示。

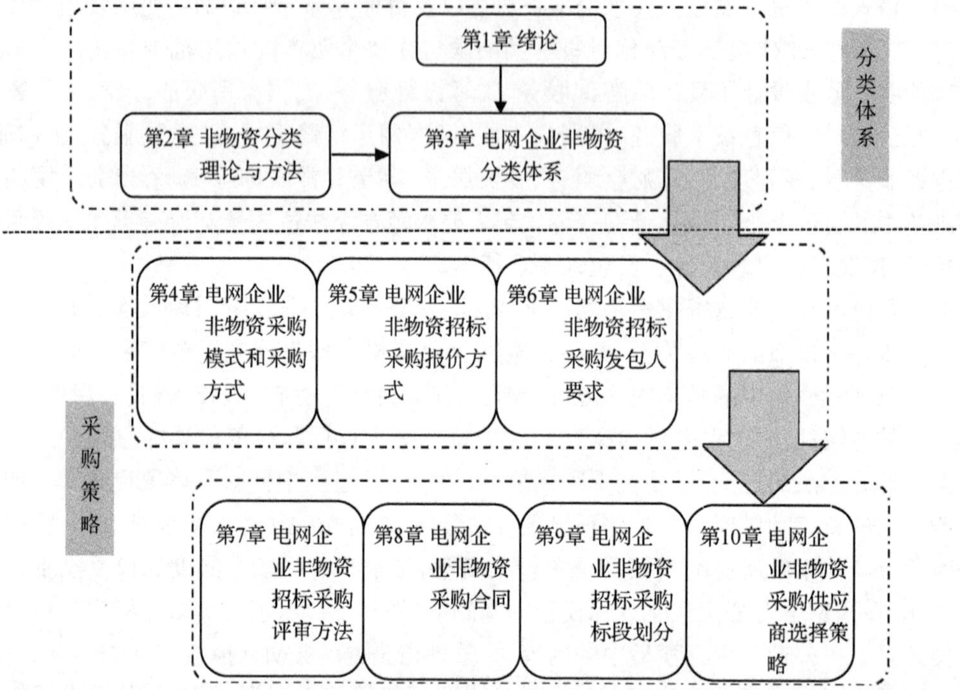

图 1.1　全书各章内容之间的逻辑关系

第2章 非物资分类理论与方法

2.1 常用分类方法

科学的分类法是建立分类体系的基础，分类法发展到今天经历了一个漫长的过程，从早期分类思想的萌芽到现代分类法的发展体现了科学与知识发展的过程，下面是一些目前常用的分类方法。

2.1.1 文献分类法

传统的文献分类法是一种按照事先规定好的学科或体系范畴，依照一定的属性将文献分门别类地组织起来以便查检的方法，主要包括等级列举式分类法、分面组配式分类法、半分面分类法3种类型。等级列举式分类法是按等级层层展开并详尽列举的文献分类法，又称为科学体系分类法、等级体系分类法。等级列举式分类法多数类目以文献的内容属性为主要类目划分标准，以文献的形式属性为辅助标准；少数类目以形式属性为主要标准，如《中国图书馆图书分类法》的“文学”类。分面组配式分类法是根据概念的分析和综合原理编制的文献分类法，又称为分面分类法、组配分类法、分析—综合分类法。它将主题概念分解为简单概念，按照它们所属的方面或范畴分别编列成表，标引时用两个或多个简单概念分类号的组合来表达一个复杂的主题概念。半分面分类法是等级列举式分类法与分面组配式分类法相结合的混合式分类法，它的主体是基本类表和分面类表，此外还有编制使用说明、大纲、分面公式、索引等。目前，国内使用的文献分类法主要有《中国图书馆分类法》(CLC)和《中国科学院图书馆图书分类法》，国外使用的文献分类法主要有《杜威十进制分类法》(DDC)、《国际十进制分类法》(UDC)等。

2.1.2 信息分类法

信息分类法是网络出现后为适应信息发展而产生的一种分类法，它根据传统文献法中的分类思想和方法，以网络信息资源为分类对象，没有一个严格的分类标准。其分类的对象类型多种多样，包括文本、图像、多媒体、网站等，网络的超文本和超链接使得信息分类组织打破了传统的线性结构，为揭示非结构化的信息资源提供了一条可行的途径。

2.1.3 分众分类法

分众分类法是互联网时代的一个创造词，是一种由非专业信息人员创造的分类法，国内也有称为"自由分类法""通俗分类法""社会分类法"等。与传统结构严谨的金字塔式目录分类法(文献分类法)和网站预设的信息组织体系(信息分类法)不同,它强调的是一种自下而上的、社会性的、用户共同创造的、自由的分类法,由用户将自己感兴趣的信息加以组织整理,自由选择关键词为信息贴加标签,具有强烈的个人背景特色。

2.1.4 ABC 分类法

ABC(Activity Based Classification)分类法是由意大利经济学家维尔弗雷多·帕累托首创的,该分类法的核心思想是在决定一个事物的众多因素中分清主次,识别出少数的但对事物起决定作用的关键因素和多数的但对事物影响较少的次要因素。它是一种从名目众多、错综复杂的客观事物或经济现象中通过分析找出主次,分类排队,并根据其不同情况分别加以管理的方法。这种方法能提高管理效率,因此在国内外具有广泛的应用。

2.1.5 Kraljic 矩阵分类法

Kraljic 矩阵是由彼得·卡拉杰克(Peter Kraljic)提出的,该矩阵以收益影响和供应风险这两个采购所涉及的重要方面作为维度,分为 4 个类别,分别是杠杆项目、战略项目、非关键性项目和瓶颈项目。Kraljic 矩阵常被用作公司采购组合的分析工具。

上述分类法中,文献分类法提供了不同的分类思路,例如借鉴等级列举式分类法的思路,将类目按等级层层展开并详尽列举,这样可以保证分类的严密性和逻辑性;若按分面组配式分类法,虽然类目较少但能通过类目的组配表示众多的类别,可以在分类目录不宜穷举小类时,抽取采购对象特征值,作为分类体系的有效补充。因此,文献分类法可以作为电网企业非物资分类的主要方法。ABC 分类法的主要思想是重点识别少数价值高的因素,体现了"关键的少数和次要的多数"的管理思想,有利于寻找关键的类别并进行重点分析,清晰识别并管理核心业务,从而使分类更具针对性,可以作为电网企业非物资分类的重要工具。此外运用 Kraljic 矩阵分类法对电网企业采购的非物资进行分类,并针对不同类别的采购对象采用不同的控制策略,在一定程度上可以有效控制和降低供应风险。

综上所述,在构建电网企业非物资分类体系的过程中,采用等级列举式分类法为主,ABC 分类法、Kraljic 矩阵和分面组配式分类法为辅的分类方法。

2.2 非物资的界定及分类角度

2.2.1 非物资的界定及特点

根据《中华人民共和国政府采购法》及财政部 2013 年 10 月 29 日正式发布的《政府采购品目分类目录》,采购主要分为货物类采购、工程类采购和服务类采购。《中华人民共和国政府采购法》对于货物、工程和服务的定义如下:本法所称货物,是指各种形态和种类的物品,包括原材料、燃料、设备、产品等;本法所称工程,是指建设工程,包括建筑物和构筑物的新建、改建、扩建、装修、拆除、修缮等;本法所称服务,是指除货物和工程以外的其他政府采购对象。

在电网企业现有的采购体系中，称货物类采购为物资采购，已建立了较为完善的分类体系。称工程类采购为施工类采购，主要指基建工程、技改工程、配网工程、新建居住区电力设施工程、营销工程、农网工程、电网检修工程、专项电力工程以及建筑物、装修修缮等工程的施工服务采购。而服务类采购是指物资采购和施工采购以外的其他所有采购对象的采购，包括工程咨询、设计、监理等工程服务，信息技术、电网技术、电网运维修理等技术服务，金融、法律、物业管理、财会、物流等综合服务。

电网企业采购的施工项目，除了部分非电力工程外，占有比例较大的是与电能输送、分配等电力工程相关的施工项目，具有较强的专业性和独特性，与工程类型密切相关，具有涵盖范围广、品类杂、分类维度多等特点。

电网企业采购的服务项目具有一般服务项目的特点，即具有无形性、易变性和无法存储性，服务项目是不可分割的，采购过程中的评审侧重质量而不是价格，采购后一般不能进行再销售。服务采购的一些具体特点体现在以下几个方面：一是服务采购策略难以把握和控制，在实际采购过程中较难准确识别采购对象，不易准确描述服务采购需求，不正确的采购对象识别、单一的采购策略会影响采购成功率，导致采购活动失败；二是服务采购标准较难评定，对服务本身或服务供应商的评价更多的是主观评价，较难对供应商的供应范围和要求给出明确的描述；三是服务采购工作复杂繁琐，不同服务类别的采购流程差异较大，较难管理与控制，增加了管理复杂度。

由于施工和服务本身的特点及复杂性，加上施工和服务采购理论相比物资采购理论具有一定的滞后性，与电网企业成熟的物资分类体系相比，施工和服务采购体系尚待进一步完善。在本书中，为了方便，把施工和服务合并称为非物资，以便与物资相对应。

2.2.2　非物资的分类角度

随着施工和服务招标采购需求的增加，企业在招标采购实践中不断总结和提炼，从不同的角度进行了分类探索；学者们也结合不同需求和研究背景，从不同的角度进行了分类体系的理论研究。

1) 施工的分类角度

(1) 基于工程性质的分类

根据工程性质的不同，划分为新建工程、扩建工程、改建工程、迁建工程和恢复工程 5 类。

(2) 基于工程规模的分类

根据工程规模的大小不同，主要划分为大型工程、中型工程和小型工程 3 类。

(3) 基于工程对象的分类

根据工程中施工对象的不同，分为建筑工程、电力工程、通信工程、铁路工程、公路工程、水利工程等类别。

2) 服务的分类角度

(1) 基于服务本质的分类

Lovelock 提出基于服务本质的分类思想，根据服务的对象是人还是物、服务行为是有形还是无形两个维度将服务分为 4 类，分别为人体处理（即对人的有形服务，例如医疗、交通运输、住宿餐饮等）、脑刺激处理（即对人的无形服务，例如管理咨询、教育、音乐会等）、物体处理（即对物的有形服务，例如货物运输、设备维修、仓储物流等）以及信息处理（即对物的无形服务，例如金融保险、数据处理、会计审计等）。

（2）Schemnner 的分类

Schemnner 提出了一种服务分类思想，依据服务企业的劳动密集程度和客户之间的交互与定制化程度两个维度将服务分为劳动密集程度低且交互程度低的服务（如运输服务）、劳动密集程度高而交互程度低的大众服务（如办公清洁）、劳动密集程度低而交互程度高的服务（如设备维修）、劳动密集程度高且交互程度高的专业服务（如咨询服务）。

（3）基于服务过程的分类

Kotabe 和 Murray 根据服务过程中包含的产品形式，将服务分为两个大类：一类是纯服务，如法律咨询等；另一类是非纯服务，是指在服务过程中包含了有形产品，而且服务的价值是通过有形产品体现，如设备维修等。

电网企业在确定不同类别非物资的招标采购策略时，将结合具体非物资的属性，综合考虑上述分类角度和分类思想。

2.3 常见的非物资分类体系

除了学者对施工和服务等非物资的分类方法、分类角度等进行研究外，在企业的采购实践中，许多组织机构以及大型企业结合理论方法和实践情况，提出了一些适合自身需求的非物资分类体系，表 2.1 是国内外部分组织机构及企业的非物资分类体系。

表 2.1 国内外部分组织机构及企业的非物资分类体系

名称	概述
CPC(Central Product Classification)分类体系	联合国主要产品分类体系，根据所提供服务的特性将非物资主要分为建筑工程和建筑服务、经销业服务、金融及相关服务、商务和生产服务等
CPV(Common Procurement Vocabulary)分类体系	欧盟公共采购分类体系，对于采购对象的分类主要是依据经济活动，把按照经济活动划分的产品分类法直接应用到政府采购活动中
Nice 分类体系	Nice 分类体系是国际商标注册用商品和服务分类法，将采购对象主要分为商品和服务两个大类，其中商品有 34 类（第 1 类至第 34 类），服务共有 11 类（第 35 类至第 45 类）
政府采购品分类体系	政府采购品分类体系主要是依据《全国主要产品分类与代码》、CPC 等构建的，将采购对象分为货物、工程及服务三个大类。其中，工程类主要根据施工工序分类，服务类主要根据服务内容和服务方法分类
中国电信广东分公司采购品分类体系	将采购对象划分为物资和服务两大类，其中服务是指除物资以外的其他采购对象，包括工程服务（含设计、施工等）、营销服务、咨询等

续表 2.1

名称	概述
IBM 公司采购品分类体系	主要将采购对象分为产品物料采购、服务及普通物料采购和物流采购三大类
中国移动通信集团公司采购品分类体系	根据采购金额来源将采购对象分为两大类，一类是公司年度资本性支出计划的采购对象，包括勘察设计、运输服务、工程设计、监理等；另一类是公司年度成本费用支出计划的采购对象，包括维修、广告、审计服务等

CPC 分类体系构建了一个包括能在国内或国际之间进行交易、能被储存的所有商品和服务的全面分类体系，是一项具有国际可比性的产品分类通用工具，现已成为协调各种国际经济分类的重要工具。CPC 包罗万象，涉及范围广，导致分类的颗粒度较低，而各国在分类时需要一种更为详尽、贴近自身实际情况的分类标准，因此各国可以参照 CPC 制定出符合本国实际情况的分类体系。CPV 分类体系是欧盟把按经济活动划分的产品分类法直接应用到政府采购活动中的分类标准，参照了《主要产品分类》(CPC)、《国际产业标准分类》(ISIC)和《按经济活动划分的产品分类》(CPA)，主要应用于公共采购领域，可以精确地描述采购标的物。Nice 分类体系是 Nice 联盟中的成员国为了采用共同的商标注册用商品和服务分类而制定的，为商标检索和管理提供了很大的方便。在充分参照国际、国内现有的分类体系后，我国财政部制定了《政府采购品目分类目录》。《政府采购品目分类目录》充分考虑国内政府采购范围不断扩大、采购品目不断增加等实际情况，基本上能保证涵盖国内经济活动产出的各种产品以及可市场交易的各种无形资产。中国电信广东分公司采购品分类体系、IBM 公司采购品分类体系和中国移动通信集团公司采购品分类体系均是根据各公司的实际采购情况编制的，具有很强的企业特色。

由于非物资的分类体系较多，每种分类体系都存在一定的优缺点并有各自的适用范围。下面主要选择几类用得最为广泛的分类体系，分析比较其优点、局限性、适用范围、分类依据、制定主体和制定目的等方面，如表 2.2 所示，为电网企业非物资分类提供理论支撑。

表 2.2　常见非物资分类体系比较

	CPC 分类体系	CPV 分类体系	Nice 分类体系	政府采购品分类体系
优点	分类体系全面，具有国际通用性，是协调各种国际经济活动分类的重要工具	根据欧盟公共采购的特点而制定，具有很强的针对性	商品与服务的分类较全面	品目覆盖范围广，操作适用性强，分类属性统一且可扩展
局限性	具体应用于各个国家时针对性不强	主要适用于欧盟公共采购，适用范围较窄	工程类分类不全面	主要适用国内政府采购，适用范围窄
适用范围	适用于各国国民经济的统计活动	适用于欧盟公共采购活动	适用于商标管理和服务分类	适用于国内政府采购
分类依据	商品的物理特性和所提供服务的特性，工程类按照施工工序分类	参照了一些国际分类体系，如 CPC、ISIC	商品和服务的属性	货物类和工程类主要参照 CPC，服务类主要参照世界贸易组织《服务部门分类清单》

续表 2.2

	CPC 分类体系	CPV 分类体系	Nice 分类体系	政府采购品分类体系
制定主体	联合国统计委员会	欧洲委员会	Nice 联盟	中华人民共和国财政部
制定目的	为各国产品统计口径提供基本的参照标准，为各国制定具体的产品分类办法提供统一的指南	为欧盟公共采购制定一个单一的分类系统，为公共采购参与方提供合适的描述合同主体的工具	成员国为了采用共同的商标注册用商品和服务分类	为适应政府采购制度改革和对外开放的需要

电网企业是从事电网建设、运营和管理的企业，其采购方法和性质与政府采购有类似之处，所以《政府采购品目分类目录》相比于 CPC 分类体系、CPV 分类体系、Nice 分类体系更加适用于电网企业的非物资采购，《政府采购品目分类目录》中的分类方法和分类角度对构建电网企业的非物资分类体系有重要的借鉴意义。

结合以上对非物资分类体系的比较分析，电网企业对于非物资采购对象的分类，可以选择以《政府采购品目分类目录》为主要分类参考依据，与《政府采购品目分类目录》重合度较高的类别，可以考虑直接采用其分类；与《政府采购品目分类目录》重合度较低的类别，可以参照《政府采购品目分类目录》、CPC 分类体系等。

第 3 章　电网企业非物资分类体系

3.1　电网企业非物资分类指导思想和原则

3.1.1　电网企业非物资分类指导思想

考虑到电网企业本身的企业性质、体系制度、历史演变和工程/服务特性等因素，依据非物资分类相关理论和方法，在现有的非物资分类方法中，《政府采购品目分类目录》的分类思想可作为电网企业非物资分类的主要参考。而电网企业的非物资采购主要是与电力相关的工程和服务，具有较强的专业性和独特性。因此，主要参照《政府采购品目分类目录》的分类思想，结合以 ABC 分类法和 Kraljic 矩阵分类法等多种分类方法。

1）一级目录分类思想

由于电网企业工程类采购主要围绕电力工程展开，因此工程类采购可根据工程对象是否与电力工程相关划分为电力工程施工和非电力工程施工。服务类采购可根据服务对象是否与工程相关划分为工程服务、技术服务和综合服务。

2）二级目录分类思想

从国际、国内的工程分类体系来看，工程分类角度主要包括工程类型和工程施工顺序两个方面。按照工程类型进行分类具有直观明了、与电网企业目前的工程管理体制相匹配等优点。参考国际上对于工程分类的通行做法，电力工程施工根据工程类型进行划分。非电力工程施工由于其涵盖范围广、品类杂，只能通过对招标项目历史数据的分析和未来业务的估计，列举出存在或可能存在的招标项目，进而根据工程内容进行分类。工程实施的这些过程都涉及相关的服务需要，根据电网企业相关规定，工程项目涉及的服务类采购需要单独招标采购，因而工程服务将根据工程实施顺序进行划分。对于技术服务，依据服务类型进行划分。综合服务是既与工程无关又与技术无关的但与公司日常运营有关的服务。参照《政府采购品目分类目录》以及电网企业具体的招标项目，将综合服务分为金融服务、法律服务、管理咨询服务、物业管理服务、财会服务、物流服务、零星日常服务。

3）三级目录分类思想

对于电力工程施工下的三级目录，主要根据施工内容和施工工程类型进行划分。对于非电力工程施工下的三级目录，主要根据施工对象，历史数据同时结合《政府采购品目分类目录》进行划分。对于工程服务下的三级目录，主要根据施工类型、工程阶段、历史数据同时结合《政府采购品目分类目录》进行划分。对于技术服务下的三级目录，根据信息系统全生命周期过程、服务内容、设备的主次和维修的程度轻重等进行划分。对于综合服务下的三级目录，主要根据服务内容、历史数据、物流功能并结合 Nice 分类法和《政府采购品目分类》进行划分。

3.1.2 电网企业非物资分类原则

1）系统完整原则

能够对电网企业历年非物资招标采购的数据进行全面覆盖，同时也能兼容未来可能会出现的新的非物资类别。

2）科学严谨性原则

分类必须有理有据，每一个类别的划分都要有科学的指导思想，按照科学严谨的原则进行划分。

3）突出重点原则

电网企业非物资招标采购的数据量极为庞大，涉及的种类繁多，在分类中要突出重点，有主有次，能够更好地把握招标采购的重点。

4）适用性原则

非物资分类体系必须有较强的适用性，要能够适用目前以及将来电网企业的采购招标情况，也能够适应国家的采购管理需求。

电网企业非物资分类体系按照层次来分类，采用自顶向下的方法，将全部非物资按照一定的逻辑关系划分为一级、二级和三级目录。

3.2 电网企业非物资分类目录

3.2.1 电网企业非物资一级目录

电网企业主要从事电网建设、运行与管理，经营电力销售业务。由于电网企业工程类采购主要围绕电力工程展开，因此工程类采购可根据工程对象是否与电力工程相关进行划分。与电能输送、分配等相关的工程是电网企业的核心工程业务，将其命名为电力工程施工；其他与电力无关的工程所占总工程类采购的比重较小，可归为一类，将其命名为非电力工程施工。

电网企业服务类采购包括与工程相关的服务以及商务服务、物流服务等与工程无关的服务。服务类采购可根据服务对象是否与工程相关进行划分，将与工程相关的服务称为工程服务；其他与工程无关的服务划归为一类，称为非工程服务。在非工程服务中，与信息技术、电力工程技术等相关的服务采购比重较大，因此结合电网企业的实际采购情况，根据服务内容是否与技术相关将非工程服务划分为技术服务和综合服务。

一级目录的分类思路如图 3.1 所示，具体分类结果如表 3.1 所示。

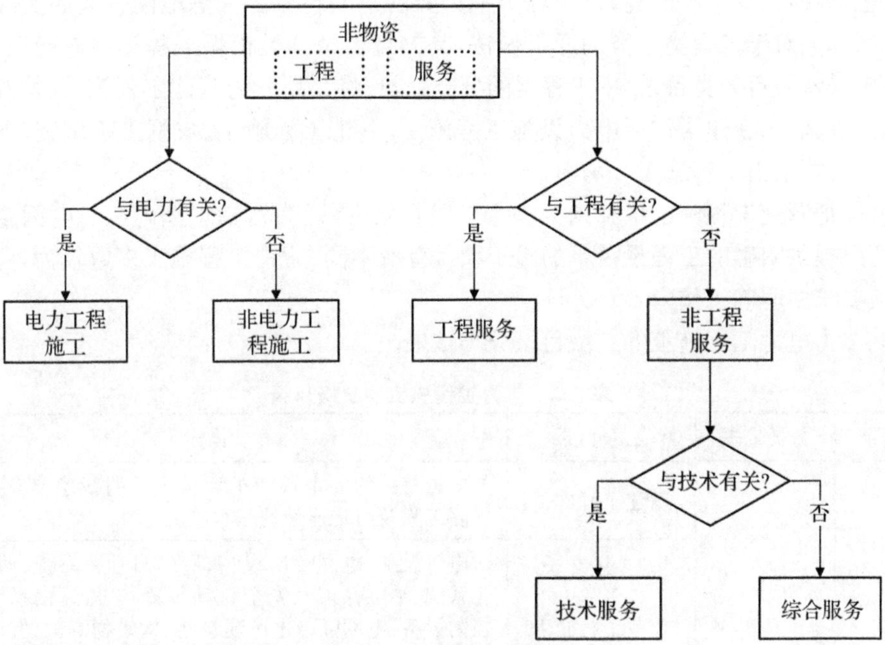

图 3.1　一级目录分类思路

表 3.1　一级目录分类

	分类依据	一级目录名称	描述
工程	对象是否与电力工程有关	电力工程施工	与电力工程有关的施工，主要是与电能的输送、分配有关的工程等，包括变电、线路工程等，是工程类中重要的采购对象
		非电力工程施工	与电力工程无直接关系的施工，主要是一些小型基建项目以及非生产性项目的新建、扩建、改造、修缮等
服务	对象是否与工程有关	工程服务	与工程有关的设计前咨询、勘探、设计、监理、造价咨询等服务
		技术服务	与技术有关的服务，能够推进企业未来发展，提高企业管理水平和业务水平，包括信息技术、电网技术、电网运维修理等服务
		综合服务	与技术无关的服务，能够保障及支撑企业日常运营，包括卫生保洁、安保等服务

3.2.2　电网企业非物资二级目录

1）电力工程施工

从国际、国内的工程分类体系来看，工程分类角度主要包括工程类型和工程施工顺序两个方面，例如《政府采购品目分类目录》就是依据工程类型进行分类的，而国际通用分类标准《主要产品分类》(CPC)、美国《产品与服务代码》(PSC)和欧盟《通用采购词汇》(CPV)都是采用工程施工顺序进行分类。

按照工程类型进行分类具有直观明了、与电网企业目前的工程管理体制相匹配等优点。电力工程施工是与电力相关的工程，主要是与基础电力设施建设、电能的输送和分配有关的工程等，包括线路、变电和土建，是工程类中重要的采购对象。考虑电网企业的实际采购情况，参考国际上对于工程类分类的通行做法，其二级目录分类根据工程类型进行划分，并且参照《政府采购品目分类目录》中工程类的分类思想，将其划分为基建工程施工、技改工程施工、配网工程施工、新建居住区电力设施工程施工、营销工程施工、农网工程施工、电网检修工程施工、专项电力工程施工。

之所以把营销工程施工单独列为一个二级目录，是因为营销工程施工与电网企业其他的一般可以提供明确的工程量清单的施工项目有所不同，营销工程施工多数较为零星，一般在发包人要求中明确工作内容。

表 3.2 为电力工程施工的二级目录分类结果。

表 3.2　电力工程施工的二级目录

一级目录	分类依据	二级目录	描述
电力工程施工	工程类型	基建工程施工	与电力有关的固定资产扩大再生产的新建、改建、扩建、恢复工程及与之连带的工程施工
		技改工程施工	对电厂设备、电网一次设备、厂站自动化系统、调度自动化系统、继电保护及安全自动装置、电力通信系统、自动控制设备、电网(厂)生产建筑物、构筑物等辅助及附属设施、安全技术劳动保护设施、非贸易结算电能计量装置、监测装置等进行技术改造时进行的施工
		配网工程施工	电网公司投资的 10 kV 及以下线路和设备新建或者改造的工程项目
		新建居住区电力设施工程施工	从电网电源点起至居民电能计量装置(含表箱、电表)以及低压供电公建电气设施的产权分界处止的电气工程施工
		营销工程施工	主要包括电力用户用电信息采集系统建设、计量装置专项修理、专变终端建设与改造、智能充换电站建设及其他营销工程施工
		农网工程施工	农村范围内进行的基建、技改、配网、营销、电网检修、专项电力等工程施工
		电网检修工程施工	与电网检验和维修有关的工程施工
		专项电力工程施工	作用在电力设施上的专业工程施工，包括防腐、防污、防闪等

2）非电力工程施工

非电力工程施工是指不直接作用在电网上的工程。由于其涵盖范围广、品类杂，在分类目录设计时，可以通过对招标项目历史数据的分析和未来业务的估计，列举出存在或是可能存在的招标项目，进而根据工程内容进行分类。参照《政府采购品目分类目录》中工程类的分类目录，提取与电网企业相关的招标项目，将非电力工程施工分为工程准备、建筑物施工、建筑安装工程、装修修缮工程。此外，在与电网企业相关的招标项目中，不能归类到以上类别中的非电力工程项目统称为其他工程。

表 3.3 为非电力工程施工的二级目录分类结果。

表 3.3　非电力工程施工的二级目录

一级目录	分类依据	二级目录	描述
非电力工程施工	工程内容	工程准备	工程施工前所做的现场准备工作
		建筑物施工	工程建设实施阶段的生产活动，是各类建筑物的建造过程以及与为新建、扩建、改建建筑物所进行的施工工作而完成的工程实体有关的工程
		建筑安装工程	对建筑物中相关的设施设备进行安装，包括立体车库、空调、暖通设备、电梯、消防设施、建筑智能化、电气、建筑节能等设备的安装
		装修修缮工程	建筑物和构筑物的装修、拆除和修缮等
		其他工程	包括园林绿化工程、幕墙工程、钢结构工程等

3）工程服务

工程服务是指与工程相关的服务，由于工程项目具有一定的运作顺序，所以工程服务存在于工程实施之前的准备工作、实施过程中的监理及工程结束的验收、维护等过程中，如图 3.2 所示。

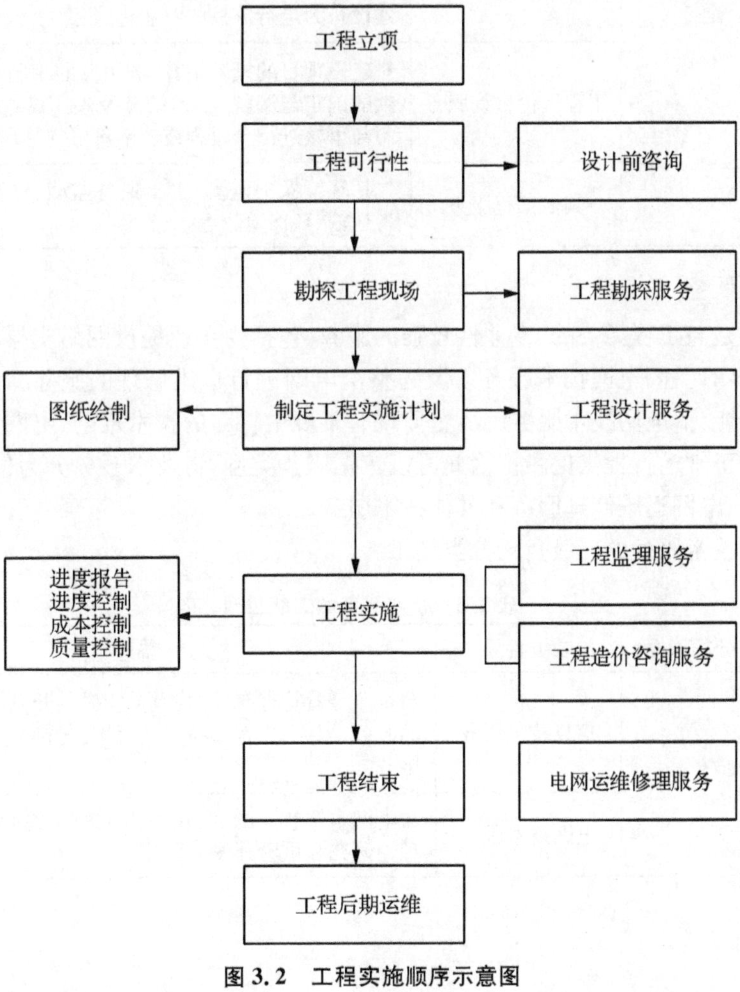

图 3.2　工程实施顺序示意图

工程实施的这些过程都涉及相关的服务需要，根据电网企业相关规定，工程项目涉及的服务类采购需要单独招标采购，因而根据服务内容将与工程相关的服务进行划分，既能按照顺序将工程服务包含的项目进行罗列，又可以防止重复或遗漏。按照工程实施顺序并结合国家电网的实际需要将工程服务分为设计前咨询服务、工程设计服务、工程监理服务、工程造价咨询服务，将环境保护监测、水土保持监测、桩基检测、大型设备运输、环保验收等不归属于以上工程任一道工序的项目整合到一起，统称为其他工程服务。

表 3.4 为工程服务的二级目录分类结果。

表 3.4　工程服务的二级目录

一级目录	分类依据	二级目录	描述
工程服务	服务内容	设计前咨询服务	对工程技术可行性、环境影响研究、经济性评估等设计前提供咨询活动的服务
		工程设计服务	运用科技知识和方法，有目标地创造工程产品构思和计划的过程，包括设计图纸绘制、成本限制、施工计划等
		工程监理服务	具有相应资质的工程监理企业，接受建设单位的委托，承担其项目管理工作，并代表建设单位对承建单位的建设行为进行监控的专业化服务
		工程造价咨询服务	对建设项目的投资估算、概预算的编制与审核、合同价款的确定与调整、工程结算及竣工结(决)算报告的编制与审核进行全过程或若干阶段的管理和服务
		其他工程服务	包括环境保护监测、水土保持监测、桩基检测、大型设备运输、环保验收等

4) 技术服务

技术服务是与工程无关的、专业性较强的服务，包括为企业提供网络支撑的信息技术服务、与电网本体有关的电网技术服务以及为整个电网进行运维修理的服务。信息技术服务促进企业的智能化，电网技术服务解决企业现有发展中存在的技术难题，电网运维修理服务为整个电网的正常运行提供保障。因此可以依据服务类型，将技术服务分为信息技术服务、电网技术服务、电网运维修理服务和其他技术服务。

表 3.5 为技术服务的二级目录分类结果。

表 3.5　技术服务的二级目录

一级目录	分类依据	二级目录	描述
技术服务	服务内容	信息技术服务	与企业经营管理有关的、为企业提供开发、应用信息技术的服务，以及以信息技术为手段支持公司业务活动的服务
		电网技术服务	与电网本体有关的、利用电力工程相关的科学知识进行理论研究和试验开发的服务

续表 3.5

一级目录	分类依据	二级目录	描述
技术服务	服务内容	电网运维修理服务	电网机械设备、设施、元器件以及其他设备的运维修理和保养服务
		其他技术服务	规划技术咨询等

5）综合服务

综合服务是既与工程无关又与技术无关的但与公司日常运营有关的服务。参照《政府采购品目分类目录》以及电网企业具体的招标项目，将综合服务分为金融服务、法律服务、管理咨询服务、物业管理服务、财会服务、物流服务，将人员招聘、会务接待、会展服务等采购频次较少的维持公司日常运营的项目统一归为零星日常服务，其余的各类服务归为其他综合服务。

表 3.6 为综合服务的二级目录分类结果。

表 3.6　综合服务的二级目录

一级目录	分类依据	二级目录	描述
综合服务	服务内容	金融服务	运用货币交易手段融通有价物品，向金融活动参与者和顾客提供共同受益、获得满足的服务
		法律服务	包括诉讼服务和非诉讼服务
		管理咨询服务	为企业经营战略和经营管理提供咨询的服务
		物业管理服务	办公场所或其他公用场所水电供应、设备运行、保养维护、保洁绿化等的管理和服务
		财会服务	核算企业日常现金流的服务
		物流服务	商品在装载、流通、仓储等环节中需要的服务
		零星日常服务	采购频次较少的维持企业日常运营的服务
		其他综合服务	

3.2.3　电网企业非物资三级目录

1）基建工程施工

基建工程就是基础建设工程，它包括基础设施建设和建筑主体的基础建设。电网建设中的基建工程施工是施工的重要阶段。

在基建工程施工中根据工程的特点，按照施工内容对工程进行分类并做统筹安排：建筑施工过程中，由工程项目部安排电气技术人员配合建筑施工，相互协作；根据电气安装要求，土建施工中预留孔洞、预埋件位置等均在电气技术人员的正确指导下施工；在工程中间验收合格后，电气一次设备安装、电气二次设备安装及电气调试同时进行作业。具体的分类结果如表 3.7 所示。

表 3.7　基建工程施工的三级目录

二级目录	分类依据	三级目录	描述
基建工程施工	施工内容	电气安装	全站接地、设备接地、构支架安装、一/二次设备安装及调试(含单体、分系统、特殊项目调试)、全站电缆安装(含电缆支架)、站内通信(含远动、安防、视频监控)、系统通信(ADSS)等
		土建安装总承包	设备基础、电缆沟管、设备接地、构支架安装、一/二次设备安装及调试(含单体、分系统、特殊项目调试)、电缆安装(含电缆支架)、防火封堵、站内通信(含远动、安防、视频监控)(若有)、系统通信(ADSS)(若有)、设备拆除(若有)、对侧间隔扩建或改造(若有)等
		线路(架空线路)	土方开挖和回填、杆塔接地、基础施工、杆塔组立、导地线架设及附件安装(含光缆敷设及接续)、线路参数试验、线路拆除(若有)、线路架空地线改造(含 OPGW)(若有)等
		线路(含电缆)	土方开挖和回填、杆塔接地、基础施工、杆塔组立、导地线架设及附件安装(含光缆敷设及接续)、线路参数试验、线路拆除(若有)、线路架空地线改造(含 OPGW)(若有)、土方开挖和回填、电缆接地系统、电缆隧道、电缆沟与电缆排管等土建结构施工、电缆隧道通风系统、排水系统与动力照明系统安装、电缆构支架安装、电缆敷设、附件安装、电缆试验调试、电缆防火封堵等
		电缆安装	电缆构支架安装、电缆敷设、附件安装、电缆试验调试、电缆防火封堵等
		电缆总承包	土方开挖和回填、电缆接地系统、电缆隧道、电缆沟与电缆排管等土建结构施工、电缆隧道通风系统、排水系统与动力照明系统安装、电缆构支架安装、电缆敷设、附件安装、电缆试验调试、电缆防火封堵等
		线路(含间隔)	土方开挖和回填、杆塔接地、基础施工、杆塔组立、导地线架设及附件安装(含光缆敷设及接续)、线路参数试验、线路拆除、线路架空地线改造(含 OPGW)、设备基础、电缆沟管、设备接地、构支架安装、一/二次设备安装及调试(含单体、分系统、特殊项目调试)等
		变电站土建	全站接地、地基处理、全站接地网、建筑物防雷接地、站区回填土方、综合楼、配电装置室、暖通系统、构支架及设备基础、电缆沟管、站内外道路、围墙(大门)、消防水池、油水分离池、泵房、给排水(含站外排水)、室内、外动力照明、消防水系统、火灾报警系统、绿化工程等
		电缆土建	土方开挖和回填、电缆接地系统、电缆隧道、电缆沟与电缆排管等土建结构施工、电缆隧道通风系统、排水系统与动力照明系统安装等

续表 3.7

二级目录	分类依据	三级目录	描述
基建工程施工	施工内容	通信工程施工（含光缆）	包括机房建筑、微波塔（天线支架）及基础、卫星天线支架及基础、太阳能供电系统支架及基础、供水系统建筑，辅助生产工程包括辅助生产建筑、站区性建筑、特殊构筑物、站区绿化，与站址有关的单项工程包括地基处理、站外道路、站外水源
		智能化安装	对智能化一/二次设备的安装
		独立二次项目	
		其他基建工程施工	包括桥梁工程施工、隧道工程施工

2）技改工程施工

在电力系统的工程中，技改工程占了相当大的比重，具有举重若轻的地位。电网技改工程是针对电力设施中某一个设备或者系统进行技术改造升级，使其技术更加先进、更加节能。技改工程和基建工程的施工性质不同，但是施工内容上并无较大差异，因此把技改工程施工按照施工内容分为电气安装、土建安装总承包、线路（架空线路）、线路（含电缆）、电缆安装、电缆总承包、线路（含间隔）、变电站土建、电缆土建、通信工程施工（含光缆）、智能化安装、其他技改工程施工。电气安装工程施工包括相应的电缆敷设、塔筒内防坠安全钢丝绳安装、TBC100 塔基柜安装、塔筒间爬梯对接；机舱塔筒上接油罩安装、通风道安装、接雨板安装；轮毂滑环、变桨感应片、雷电计数卡等后续安装工作。土建工程施工与基建工程中的土建工程施工类似，包括开闭室、配电所建设、电缆土建、变电土建侧变电站扩建工程、主变电站扩容等。线路工程施工包括电缆通道建设、电缆分支箱建设、高压设备和低压设备建设等。具体的分类结果如表 3.8 所示。

表 3.8　技改工程施工的三级目录

二级目录	分类依据	三级目录	描述
技改工程施工	施工内容	电气安装	电气一次设备安装、电气二次设备安装及电气调试等工作
		土建安装总承包	对土建活动和安装活动进行的总体承包
		线路（架空线路）	包括基础工程、杆塔工程、接地工程、架线工程、附件安装工程和辅助工程等的施工
		线路（含电缆）	包括土石方、构筑物、辅助工程等的建设施工
		电缆安装	包括电缆桥、支架的制作安装以及电缆敷、电缆附件、电缆防火、调试及实验、电缆监控系统等装置的安装
		电缆总承包	对电缆安装的一系列工作进行的总体承包
		线路（含间隔）	铁塔基础施工、铁塔组立安装、混凝土杆组立安装、架线施工、低压线路安装等

续表 3.8

二级目录	分类依据	三级目录	描述
技改工程施工	施工内容	变电站土建	包括主要生产建筑、配电装置建筑、供水系统建筑，辅助生产工程包括辅助生产建筑、站区性建筑、特殊构筑物，与站址有关的单项工程包括地基处理、站外道路、站外水源、站外排水、施工降水、临时工程
		电缆土建	包括土石方、构筑物、辅助工程等的建设施工
		通信工程施工（含光缆）	包括机房建筑、微波塔（天线支架）及基础、卫星天线支架及基础、太阳能供电系统支架及基础、供水系统建筑，辅助生产工程包括辅助生产建筑、站区性建筑、特殊构筑物、站区绿化，与站址有关的单项工程包括地基处理、站外道路、站外水源
		智能化安装	对智能化一/二次设备的安装
		其他技改工程施工	

3）配网工程施工

配网工程是指电网企业投资的 20 kV 及以下线路和设备新建或者改造的工程项目。20 kV 配电网在整个电网中十分重要，是电网的基础。配网工程建设能够完善 20 kV 电网结构，使配网结构更趋合理，从而提高供电可靠性及配网安全运行水平。

配网工程和上面两项工程类似，性质不同但是施工内容相同，同样可以按照施工内容分为电气安装、土建安装总承包、线路（架空线路）、线路（含电缆）、电缆安装、电缆总承包、线路（含间隔）、变电站土建、电缆土建、通信工程施工（含光缆）、智能化安装、其他配网工程施工。土建工程施工包括开闭室、配电所建设、电缆土建、变电站土建及安装总承包。线路工程施工包括电缆敷设、铁塔基础施工铁塔组立安装、混凝土杆组立安装、架线施工、安装低压线路等。电气安装工程施工包括台架横担、绝缘子安装、户外高压隔离开关、高压引下线安装、高压避雷器配电箱安装、变压器安装及其他安装。具体的分类结果如表 3.9 所示。

表 3.9　配网工程施工的三级目录

二级目录	分类依据	三级目录	描述
配网工程施工	施工内容	电气安装	电气一次设备安装、电气二次设备安装及电气调试等工作
		土建安装总承包	对土建活动和安装活动进行的总体承包
		线路（架空线路）	包括基础工程、杆塔工程、接地工程、架线工程、附件安装工程和辅助工程等的施工
		线路（含电缆）	包括土石方、构筑物、辅助工程等的建设施工
		电缆安装	包括电缆桥、支架的制作安装、电缆敷设、电缆附件、电缆防火、调试及实验、电缆监控系统等装置的安装
		电缆总承包	对电缆安装的一系列工作进行的总体承包

续表 3.9

二级目录	分类依据	三级目录	描述
配网工程施工	施工内容	线路(含间隔)	铁塔基础施工、铁塔组立安装、混凝土杆组立安装、架线施工、低压线路安装等
		变电站土建	包括主要生产建筑、配电装置建筑、供水系统建筑，辅助生产工程包括辅助生产建筑、站区性建筑、特殊构筑物，与站址有关的单项工程包括地基处理、站外道路、站外水源、站外排水、施工降水、临时工程
		电缆土建	包括土石方、构筑物、辅助工程等的建设施工
		通信工程施工(含光缆)	包括机房建筑、微波塔(天线支架)及基础、卫星天线支架及基础、太阳能供电系统支架及基础、供水系统建筑，辅助生产工程包括辅助生产建筑、站区性建筑、特殊构筑物、站区绿化，与站址有关的单项工程包括地基处理、站外道路、站外水源
		智能化安装	对智能化一/二次设备的安装
		其他配网工程施工	

4) 新建居住区电力设施工程施工

这里的居住区泛指不同居住人口规模的生活聚居地和特指城市干道或自然分界线所围合，并与居住人口规模(3 万～5 万人)相对应，包括配建的公共服务设施，规模上涵盖了居住小区、居住组团和零星住宅。

根据新建居住区施工的描述，按照工程内容可以将新建居住区电力设施工程施工分为安装、土建、总承包。安装包括电缆通道建设、电缆分支箱建设、高压设备和低压设备建设等；土建包括变电所、配电所、环网柜、配电变压器和箱式变电站等设施设备的建设；总承包包括输电线路安装和变电设施建设的总体承包。具体的分类结果如表 3.10 所示。

表 3.10　新建居住区电力设施工程施工的三级目录

二级目录	分类依据	三级目录	描述
新建居住区电力设施工程施工	工程内容	安装	包括电缆通道建设、电缆分支箱建设、高压设备和低压设备建设等
		土建	包括变电所、配电所、环网柜、配电变压器和箱式变电站等设施设备的建设
		总承包	包括输电线路安装和变电设施建设的总体承包

5) 营销工程施工

营销工程是指电网公司为了增强电力营销市场竞争力，提高电力服务水平和用户用电质量而进行的工程项目，包括用户用电数据采集、计量修理等。根据施工内容分为电力用户用电信息采集系统建设、计量装置专项修理、专变终端建设与改造、智能充换电站建设和其他营销工程施工。具体的分类结果如表 3.11 所示。

表 3.11 营销工程施工的三级目录

二级目录	分类依据	三级目录	描述
营销工程施工	施工内容	电力用户用电信息采集系统建设	对电力用户的用电信息采集系统的建设与改造
		计量装置专项修理	对电力用户的电能计量装置进行修理、更换、维护等
		专变终端建设与改造	对负控终端、基站、前置机等进行的升级与改造，以提高基站负载、终端通讯质量等
		智能充换电站建设	对为电动汽车的动力电池提供充电和动力电池快速更换的电站进行的安装、土建等
		其他营销工程施工	营销项目投入的其他电力相关的施工

6）农网工程施工

农网工程施工主要是指农村范围内的电网工程施工，与基建工程施工类似，只是施工的地点不同，所以其三级目录同样可以按照施工内容分为电气安装、土建安装总承包、线路(架空线路)、线路(含电缆)、电缆安装、电缆总承包、线路(含间隔)、变电站土建、电缆土建、智能化安装、其他农网工程施工。具体的分类结果如表 3.12 所示。

表 3.12 农网工程施工的三级目录

二级目录	分类依据	三级目录	描述
农网工程施工	施工内容	电气安装	电气一次设备安装、电气二次设备安装及电气调试等工作
		土建安装总承包	对土建活动进行的总体承包
		线路(架空线路)	架线施工、低压线路安装等
		线路(含电缆)	电缆敷设、铁塔基础施工、铁塔组立安装、混凝土杆组立安装、架线施工、低压线路安装等
		电缆安装	电缆敷设
		电缆总承包	对电缆安装的一系列工作进行的总体承包
		线路(含间隔)	铁塔基础施工、铁塔组立安装、混凝土杆组立安装、架线施工、低压线路安装等
		变电站土建	变电站内的房屋建筑施工等
		电缆土建	电缆敷设过程中涉及的建筑物施工等
		智能化安装	对智能化一/二次设备的安装
		其他农网工程施工	

7）电网检修工程施工

电网检修工程施工主要指与电网检验和维修有关的工程施工，是维持电力工程正常运行的基础，在整个电力工程施工中是不可或缺的环节。根据工程类型将电网检修工程施工分为变电设备检修、线路设备检修、配电设备检修、调度设备检修、通信设备检修、消防安保设备检修。因不可避免地会出现一些突发性事件造成电力工程损坏，故将抢修纳入电网检修工程施工。变电设备检修主要指为维护变电设备的正常运行进行的检查修理。线路设备检修主要指为维护线路设备的正常运行而进行的检查修理。配电设备检修主要指为维护配电设备的正常运行而进行的检查修理。调度设备检修主要指为维护调度设备的正常运行而进行的检查修理。通信设备检修主要指为维护通信设备的正常运行而进行的检查修理。消防安保设备检修主要指为维护消防安保设备的正常运行而进行的检查修理。抢修主要指在工程发生突然事故危及运行安全时，紧急进行的修复工作。具体的分类结果如表 3.13 所示。

表 3.13　电网检修工程施工的三级目录

二级目录	分类依据	三级目录	描述
电网检修工程施工	工程类型	变电设备检修	为维护变电设备的正常运行进行的检查修理
		线路设备检修	为维护线路设备的正常运行而进行的检查修理
		配电设备检修	为维护配电设备的正常运行而进行的检查修理
		调度设备检修	为维护调度设备的正常运行而进行的检查修理
		通信设备检修	为维护通信设备的正常运行而进行的检查修理
		消防安保设备检修	为维护消防安保设备的正常运行而进行的检查修理
		抢修	在工程发生突然事故危及运行安全时，紧急进行的修复工作

8）专项电力工程施工

专项电力工程施工指特定对象的专业电力工程施工。按照工程类型将专项电力工程施工分为防腐处理工程、防污闪处理工程、其他专项电力工程。防腐处理工程主要是指对于为防止电力设备受到腐蚀而进行的维护处理工程。防污闪处理工程指为防止电力系统输变电设备外绝缘污闪事故的发生而进行的处理工程。其他专项电力工程指基础沉降综合整治、接地网改造等。具体的分类结果如表 3.14 所示。

表 3.14　专项电力工程施工的三级目录

二级目录	分类依据	三级目录	描述
专项电力工程施工	工程类型	防腐处理工程	对于为防止电力设备受到腐蚀而进行的维护处理工程
		防污闪处理工程	为防止电力系统输变电设备外绝缘污闪事故的发生而进行的处理工程
		其他专项电力工程	基础沉降综合整治、接地网改造等

9）工程准备

工程准备是指工程施工前所做的工作，是组织施工的前提，是顺利完成工程任务的关键。按施工对象的规模和阶段，工程准备可分为全场性和单位工程的施工准备。全场性施工准备指的是大、中型工业建设项目、大型公共建筑或民用建筑群等带有全局性的部署，包括技术、组织、物资、劳力和现场准备，是各项准备工作的基础。单位工程施工准备是全场性施工准备的继续和具体化，要求做得细致，预见到施工中可能出现的各种问题，能确保单位工程均衡、连续和科学合理地施工。参照《政府采购品目分类目录》中工程准备的分类目录，将电网企业的工程准备分为拆除工程、土地平整和清理、地基与基础处理、土石方工程、工程给排水施工、其他工程准备。具体的分类结果如表 3.15 所示。

表 3.15　工程准备的三级目录

二级目录	分类依据	三级目录	描述
工程准备	施工对象	拆除工程	对已经建成或部分建成的建筑物进行拆除的工程
		土地平整和清理	通过拆迁、土方工程对土地表层状况进行改造，拆除建筑物、构筑物以及存在较明显的土地不同位置的高差，以达到后续施工的要求
		地基与基础处理	用于改善支承建筑物的地基(土或岩石)的承载能力，改善其变形性能或抗渗能力所采取的工程技术措施
		土石方工程	包括基坑(槽)与管沟开挖、路基开挖、人防工程开挖、地坪填土、路基填筑以及基坑回填等
		工程给排水施工	在工程准备期间用于水供给、废水排放和水质改善的工程
		其他工程准备	包括建设区域的工程测量、放线定位、设置永久性的经纬坐标和水平基桩等

10）建筑物施工

建筑物施工是指是为新建、改建或扩建房屋建筑物和附属构筑物设施所进行的施工。对于电网企业，即为企业生产经营服务的调度控制、生产管理、运行检修、营销服务、物资仓储、科研实验、教育培训用房和其他非经营性生产配套设施的新建、扩建和改建。参照《政府采购品目分类目录》中建筑物施工的分类目录以及《建筑工程施工质量验收统一标准》(GB 50300-2013)，将电网企业的建筑物施工分为行政用房施工、仓储用房施工和房屋附属设施施工。具体的分类结果如表 3.16 所示。

表 3.16　建筑物施工的三级目录

二级目录	分类依据	三级目录	描述
建筑物施工	《政府采购品目分类目录》	行政用房施工	为企业生产经营服务的调度控制、生产管理、运行检修、营销服务、科研实验、教育培训用房的新建、扩建和改建
		仓储用房施工	为企业生产经营服务的物资仓储用房的新建、扩建和改建
		房屋附属设施施工	为企业生产经营服务的其他非经营性生产配套设施的新建、扩建和改建

11）建筑安装工程

参照《政府采购品目分类目录》中建筑物施工的分类目录以及《建筑工程施工质量验收统一标准》(GB 50300-2013)，将电网企业的建筑安装工程分为立体车库安装、建筑智能化、建筑电气安装、空调设备安装、电梯安装、暖通设备安装、建筑节能工程、消防设施设备工程。具体的分类结果如表 3.17 所示。

表 3.17　建筑安装工程的三级目录

二级目录	分类依据	三级目录	描述
建筑安装工程	《政府采购品目分类目录》	立体车库安装	对立体车库的安装与调试
		建筑智能化安装	以建筑为平台，为提供安全高效、便捷、环保、健康的建筑环境所进行的工程，包括楼宇设备自控系统工程、保安监控和防盗报警系统工程、通信系统工程、计算机网络系统工程、火灾报警系统工程等
		建筑电气安装	电气设备安装工程，包括照明设备安装等
		空调设备安装	包括制冷或空调设备的安装
		电梯安装	对电梯的安装与调试
		暖通设备安装	对通风、供暖设备的安装与调试
		建筑节能工程	在建筑材料生产、房屋建筑和构筑物施工过程中，达到相同要求的条件下，尽可能降低能耗，包括围护系统节能、供暖空调设备及管网节能、监控系统节能、可再生能源等
		消防设施设备工程	对消防设施设备的安装与调试

12）装修修缮工程

装修修缮工程是指为建筑物或构筑物进行的装饰装修、修缮工程，包括抹灰、涂饰、幕墙、加固等。参照《政府采购品目分类目录》，根据施工对象是否已交付使用，将其分为装饰装修工程和修缮工程。具体的分类结果如表 3.18 所示。

表 3.18　装修修缮工程的三级目录

二级目录	分类依据	三级目录	描述
装修修缮工程	《政府采购品目分类目录》	装饰装修工程	对未交付使用的建筑物、构筑物的装饰装修，包括木工装修、瓷砖装修、抹灰装修、涂饰等
		修缮工程	对已交付使用的建筑物、构筑物进行的维修、翻修和维护，包括抗震加固、节能改造、门窗修理等

13）其他工程

其他工程是指在历史数据中存在的、但不能划分到以上类别的项目。根据历史数据进行分类，可分为园林绿化工程、幕墙工程、钢结构工程，招标条目数较少的厨房、洗衣房等工程统称为其他专项工程。具体的分类结果如表 3.19 所示。

表 3.19　其他建筑工程的三级目录

二级目录	分类依据	三级目录	描述
其他工程	《政府采购品目分类目录》	园林绿化工程	风景园林绿地的施工
		幕墙工程	建筑物不承重的外墙围护，通常包括面板（玻璃、铝板、石板、陶瓷板等）和后面的支承结构（铝横梁立柱、钢结构、玻璃肋等）的施工
		钢结构工程	钢质框架的专门行业建筑服务、建筑物预制（非自制的）结构钢质构件装配服务、其他构筑物预制（非自制）结构钢质构件装配服务、构筑物连接焊接服务、其他钢结构工程
		其他专项工程	厨房、洗衣房等工程

14）设计前咨询服务

电网企业在工程前期需要对环境、能源、社会等各个方面进行评估。《政府采购品目分类目录》中将设计前咨询服务的概念描述为涉及工程技术可行性、环境影响研究、经济性评估等。所以参照《政府采购品目分类目录》从工程技术可行性、环境影响、咨询评估三方面并结合电网企业工程前期所需相关服务的实际调研，可将其三级目录细分为环境影响评价、水土保持方案、可行性研究工作委托、可行性研究评审、节能评估、社会稳定风险评估、输变电工程核准申请技术咨询、土地预审、地灾压矿、地质勘测、其他设计前咨询服务。具体的分类结果如表 3.20 所示。

表 3.20　设计前咨询服务的三级目录

二级目录	分类依据	三级目录	描述
设计前咨询服务	《政府采购品目分类目录》	环境影响评价	对规划和建设项目实施后可能造成的环境影响进行分析、预测和评估，提出预防或者减轻不良环境影响的对策和措施以及进行跟踪监测的方法与制度
		水土保持方案	对自然因素和人为活动造成水土流失所采取的预防和治理措施
		可行性研究工作委托	在调查的基础上通过市场分析、技术分析、财务分析和国民经济分析，对各种投资项目的技术可行性与经济合理性进行综合评价
		可行性研究评审	在调查的基础上通过市场分析、技术分析、财务分析和国民经济分析，对各种投资项目的技术可行性与经济合理性进行审查和批准
		节能评估	根据节能法规、标准，对投资项目的能源利用是否科学合理进行分析评估

续表 3.20

二级目录	分类依据	三级目录	描述
设计前咨询服务	《政府采购品目分类目录》	社会稳定风险评估	与人民群众利益密切相关的重大决策、重要政策、重大改革措施、重大工程建设项目以及与社会公共秩序相关的重大活动等重大事项在制定出台、组织实施或审批审核前，对可能影响社会稳定的因素开展系统的调查，科学地预测、分析和评估，制定风险应对策略和预案
		输变电工程核准申请技术咨询	对于输变电工程项目核准申请的技术咨询
		土地预审、地灾压矿	对建设项目涉及的土地利用事项进行审查，对建设用地地质灾害危险性及压覆矿产进行评估
		地质勘测	通过各种手段、方法对地质进行勘查、探测，确定合适的持力层，根据持力层的地基承载力确定基础类型，计算基础参数的调查研究活动
		其他设计前咨询服务	包含通信工程设计前咨询服务等

15）工程设计服务

工程设计是指对工程项目的建设提供有技术依据的设计文件和图纸的整个活动过程，工程设计服务是根据建设工程和法律法规的要求，对建设工程所需的技术、经济、资源、环境等条件进行综合分析、论证，编制建设工程设计文件，提供相关服务的活动，包括总图、工艺设备设计以及建筑、结构、动力、储运、自动控制、技术经济等工作。电网企业所需有关设计的采购项目主要是与施工类项目相对应的，设计的对象涵盖所有的电力工程施工和部分专项工程施工。按照工程类型进行划分，其三级目录分为基建输变电设计、基建变电工程设计、基建线路工程设计、技改输变电设计、技改变电工程设计、技改线路工程设计、通信工程设计、配网工程设计、营销工程设计、农网工程设计、专项电力工程设计、新建居住区电力设施工程设计、房屋建筑设计、房屋修缮工程设计、装饰装修工程设计、其他工程设计。具体的分类结果如表 3.21 所示。

表 3.21　工程设计服务的三级目录

二级目录	分类依据	三级目录	描述
工程设计服务	工程类型	基建输变电设计	对输变电基础建设工程进行构思和计划的过程（资金较大）
		基建变电工程设计	对变电基础建设工程进行构思和计划的过程（资金较大）
		基建线路工程设计	对线路基础建设工程进行构思和计划的过程（资金较大）
		技改输变电设计	对输变电改建工程进行构思和计划的过程（资金较小）

续表 3.21

二级目录	分类依据	三级目录	描述
工程设计服务	工程类型	技改变电工程设计	对变电改建工程进行构思和计划的过程（资金较小）
		技改线路工程设计	对线路改建工程进行构思和计划的过程（资金较小）
		通信工程设计	对与电力相关的通信改造工程进行构思和计划的过程，将设计项目分成大型、中型和小型项目
		配网工程设计	对电网公司投资的 10 kV 及以下线路和设备新建或者改造的工程项目进行构思和计划的过程
		营销工程设计	对电力用户用电信息采集系统建设与改造工程、电力用户电能计量装置修理工程等进行构思和计划的过程
		农网工程设计	对农网输变电工程、变电工程、线路工程进行构思和计划的过程
		专项电力工程设计	对防腐处理工程和绝缘子防污闪处理工程进行构思和计划的过程
		新建居住区电力设施工程设计	对新建居住区的变电、线路和土建工程进行构思和计划的过程
		房屋建筑设计	对新建、改建或扩建房屋建筑物和附属构筑物施工进行构思和计划的过程
		房屋修缮工程设计	房屋从建成到报废的整个过程中，对房屋进行维修、更新等修葺活动的构思和计划过程
		装饰装修工程设计	对建筑物内部装饰装修进行构思和计划的过程
		其他工程设计	

16）工程监理服务

工程监理工作的依据是工程承包合同和监理合同及相关规范，监理的职责就是在贯彻执行国家有关法律、法规的前提下，促使甲、乙双方签定的工程承包合同得到全面履行。工程监理按监理阶段可分为设计监理和施工监理。设计监理是在设计阶段对设计项目所进行的监理，其主要目的是确保设计质量和时间等目标满足业主的要求；施工监理是在施工阶段对施工项目所进行的监理，其主要目的在于确保施工安全、质量、投资和工期等满足业主的要求，所以把工程监理服务三级目录分为设计监理和其他与施工相关的监理。与施工相关的监理按照相应的工程类型进行划分，结合电网企业的实际采购情况可知与工程相关的监理涵盖了全部的电力工程施工。将工程监理服务三级目录分为基建工程监理、技改工程监理、配网工程监理、营销工程监理、农网工程监理、电网检修工程监理、专项电力工程监理、新建居住区电力设施工程监理、设计监理、其他工程监理。具体的分类结果如表 3.22 所示。

表 3.22　工程监理服务的三级目录

二级目录	分类依据	三级目录	描述
工程监理服务	工程阶段和工程类型	基建工程监理	对电器安装、土建安装总承包、线路、电缆总承包、电缆安装、线路(含电缆)、线路(含间隔)、变电站土建和电缆土建进行构思和计划的过程(资金较大)进行监视、督察、控制和评价
		技改工程监理	对电器安装、土建安装总承包、线路、电缆总承包、电缆安装、线路(含电缆)、线路(含间隔)、变电站土建和电缆土建进行构思和计划的过程(资金较小)进行监视、督察、控制和评价
		配网工程监理	对变电、线路和土建工程进行监视、督察、控制和评价
		营销工程监理	对电力用户用电信息采集系统建设与改造工程、电力用户电能计量装置修理工程等进行监视、督察、控制和评价
		农网工程监理	对农网工程进行监视、督察、控制和评价
		电网检修工程监理	对变电设备检修、线路设备检修、配电设备检修和抢修进行监视、督察、控制和评价
		专项电力工程监理	对防腐处理工程和绝缘子防污闪处理工程进行监视、督察、控制和评价
		新建居住区电力设施工程监理	对新建居住区的变电、线路和土建工程进行监视、督察、控制和评价
		设计监理	在设计阶段对设计项目所进行的监理,其主要目的是确保设计质量和时间等目标满足业主的要求
		其他工程监理	

17) 工程造价咨询服务

工程造价咨询是指面向社会接受委托、承担建设项目的全过程、动态的造价管理,包括可行性研究、投资估算、项目经济评价、工程概算、预算、工程结算、工程竣工结算、工程招标标底、投标报价的编制和审核、对工程造价进行监控以及提供有关工程造价信息资料等业务。《政府采购品目分类目录》对工程造价咨询服务的描述为对建设项目的投资估算、概预算的编制与审核、合同价款的确定与调整、工程结算及竣工结(决)算报告的编制与审核进行全过程或若干阶段的管理和服务。参照《政府采购品目分类目录》对工程造价咨询服务概念的描述将工程造价咨询细分为投资估算、概预算的编制与审核、合同价款的确定与调整、工程结算审计、竣工决算审计、其他工程造价咨询服务。具体的分类结果如表 3.23 所示。

表 3.23　工程造价咨询服务的三级目录

二级目录	分类依据	三级目录	描述
工程造价咨询服务	《政府采购品目分类目录》	投资估算	在整个投资决策过程中，依据现有的资料和一定的方法，对建设项目的投资额进行的估计
		概预算的编制与审核	根据施工图、预算定额、各项取费标准、建设地区的自然及技术经济条件等资料编制建筑安装工程预算造价文件
		合同价款的确定与调整	按有关规定和协议条款约定的各种取费标准计算、用以支付承包人按照合同要求完成工程内容时的价款的确定与调整
		工程结算审计	总包、监理、造价咨询单位及建设单位对各承包单位提交的工程结算资料所进行的审计活动
		竣工决算审计	在工程竣工验收交付使用阶段，对由建设单位编制的建设项目从筹建到竣工验收、交付使用全过程中实际支付的全部建设费用是否超支，有无隐匿资金、截留基建收入和投资包干结余，以及有无以投资包干结余的名义私分基建投资的违纪行为等
		其他工程造价咨询服务	

18）其他工程服务

其他工程服务指一些专业性较强，不属于工程施工顺序中的特殊项目，且招标次数较少。根据历史数据的统计结果，将其他工程服务的三级目录分为环境保护监测、水土保持监测、工程质量检测、大型设备运输、环保验收、水土保持验收、监造。具体的分类结果如表 3.24 所示。

表 3.24　其他工程服务的三级目录

二级目录	分类依据	三级目录	描述
其他工程服务	历史数据	环境保护监测	研究环境质量的变化，描述环境状态与演化，科学预报环境质量的发展趋势
		水土保持监测	与水土保持相关的监测活动，一般包括水土流失过程及其流失数量、水土保持的措施以及水土流失对周围环境的影响监测等，水土保持监测也被称为水土保持观测或者试验观测等
		工程质量检测	对工程施工过程或成果的质量进行监测、检测及检验、试验等，包括桩基检测、基坑监测、材料检验试验等
		大型设备运输	超限的大型电力设备在运输过程中发生的路桥加固、改造以及障碍物迁移等措施的费用
		环保验收	建设项目竣工后，专门的环境保护验收机构依据环境验收监测或调查结果考核项目是否达到环保要求

续表 3.24

二级目录	分类依据	三级目录	描述
其他工程服务	历史数据	水土保持验收	建设项目竣工后，对水土的影响进行调查和评估其是否符合环保标准
		监造	对工程项目所需设备在制造和生产过程中的工艺流程、制造质量及设备制造单位的质量体系进行监督并对委托人负责的服务

19）信息技术服务

信息技术服务是指为用户提供开发、应用信息技术的服务以及以信息技术为手段支持用户业务活动的服务。信息技术服务主要包括以信息技术为服务对象和服务内容的服务、借助信息技术来提供各种业务的服务两方面的内容，其重点是对信息服务的技术支撑，而技术支撑的核心是信息系统，如图 3.3 所示。

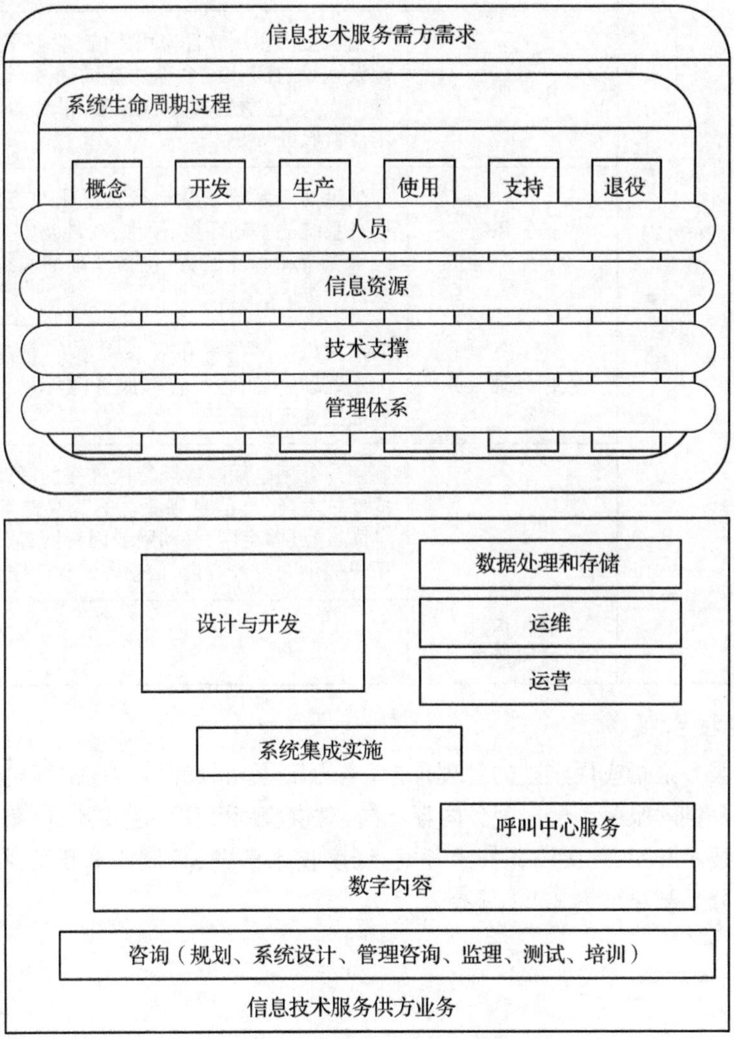

图 3.3　信息系统全生命周期

因此，参照《政府采购品目分类目录》和 CPC 的分类粒度，根据信息系统的全生命周期过程将信息系统服务划分为信息技术咨询服务、软件开发服务、信息系统集成实施服务、运营服务、信息系统运维服务、数据处理服务、呼叫中心服务和其他信息技术服务。具体的分类结果如表 3.25 所示。

表 3.25　信息系统服务的三级分类

二级目录	分类依据	三级目录	描述
信息技术服务	信息系统的全生命周期过程	信息技术咨询服务	在信息资源开发利用、工程建设、管理体系建设、技术支撑等方面向用户提供的管理或技术咨询服务，包括信息化规划服务、信息系统设计服务、信息技术管理咨询服务
		软件开发服务	专门从事计算机软件的程序编制、分析等服务
		信息系统集成实施服务	基础环境集成实施服务、硬件集成实施服务、软件集成实施服务
		运营服务	向用户提供租用软件应用系统、业务平台、信息系统基础设施等的部分或全部功能的服务，配备操作人员或维护人员，包括软件运营服务、平台运营服务、基础设施运营服务等
		信息系统运维服务	为满足信息系统正常运行及优化改进的要求，对用户信息系统的基础环境、硬件、软件及安全等提供的各种技术支持和管理服务，包括基础环境运维、硬件运维、软件运维、安全运维等
		数据处理服务	向用户提供的信息和数据的分析、整理、计算、存储等加工处理服务，包括存储服务、数据加工处理、数字内容加工处理服务等
		呼叫中心服务	利用与公用电话网或因特网连接的呼叫中心系统和数据库技术，经过信息采集、加工、存储等操作后建立信息库，通过固定网、移动网或因特网等公共通信网络向用户提供的业务咨询、信息咨询和数据查询等服务
		其他信息技术服务	

20）电网技术服务

电网技术服务是指应用先进的管理理念、电力工程相关的科学技术等电力工程专业技术为企业发展提供的服务。根据服务内容不同，对供应商资质要求也不同，将电网技术服务分为一次设备技术开发、二次设备技术开发、调度技术开发、其他技术开发、技术咨询、科学研究。具体的分类结果如表 3.26 所示。

表 3.26　电网技术服务的三级目录

二级目录	分类依据	三级目录	描述
电网技术服务	服务内容	一次设备技术开发	与一次设备相关的专业技术、设施设备、系统的研究与开发
		二次设备技术开发	与二次设备相关的专业技术、设施设备、系统的研究与开发
		调度技术开发	与调度相关的专业技术、设施设备、系统的研究与开发
		其他技术开发	与电网技术相关的除一次设备、二次设备、调度设备以外的技术开发
		技术咨询	
		科学研究	运用电力工程专业知识提供与电网有关的问题的解决方法和模型等，通过专利和论文等方式展示

21）电网运维修理服务

电网运维修理服务指电网机械设备以及其他设备的运维修理和保养服务。电网企业在工程建设过程中的机械设备主要是电力设备，其运维服务是对电力设备运行过程中的检测。电力设备运维修理服务按照设备的主次可以分为变电设备的运维修理和其他设备的运维修理，又按其设备损坏需要维修的轻重程度顺序可以分为变电一次设备运维、变电二次设备运维、调度设备运维修理、通信设备运维修理、通信线路运维修理、线路设施运维、电缆运维、配电设备运维、安措设施运维修理、辅助设施运维、仪器仪表运维修理、设备返厂大修维护、配电自动化运维、设备检测、设备安装调试、低压采集运维、负控采集运维、基站运行维护、数据清理及其他运维服务。具体的分类结果如表 3.27 所示。

表 3.27　电网运维修理服务的三级目录

二级目录	分类依据	三级目录	描述
电网运维修理服务	设备的主次和维修的轻重程度	变电一次设备运维	对变电一次（主要）设备的运行采取的巡视检查、保养、修理、检测、清扫、标志维护等
		变电二次设备运维	对变电二次（辅助）设备的运行采取的巡视检查、保养、修理、检测、清扫、标志维护等
		调度设备运维修理	对调度设备的运行采取的巡视检查、保养、修理、检测、清扫、标志维护等
		通信设备运维修理	对通信设备的运行采取的巡视检查、保养、修理、检测、清扫、标志维护等
		通信线路运维修理	对通信线路的运行采取的巡视检查、保养、修理、检测、清扫、标志维护等
		线路设施运维	对线路的运行采取的巡视检查、保养、修理、检测、清扫、标志维护等
		电缆运维	对电缆的运行采取的巡视检查、保养、修理、检测、清扫、标志维护等，包括电缆通道清理项目等

续表 3.27

二级目录	分类依据	三级目录	描述
电网运维修理服务	设备的主次和维修的轻重程度	配电设备运维	对配电设备的运行采取的巡视检查、保养、修理、检测、清扫、标志维护等
		安措设施运维修理	对安措设施的运行采取的巡视检查、保养、修理、检测、清扫、标志维护等
		辅助设施运维	对辅助设施的运行采取的巡视检查、保养、修理、检测、清扫、标志维护等
		仪器仪表运维修理	对仪器仪表的运行采取的巡视检查、保养、修理、检测、清扫、标志维护等,包括工器具检测、试验服务
		设备返厂大修维护	对返厂设备进行修理和维护
		配电自动化运维	对配电自动化系统及设备的运行和维护
		设备检测	采用各类检测仪器对设备各项指标进行检测,以达到保障安全使用的目的
		设备安装调试	对硬件设备、软件或整个系统进行安装、运行、调试
		低压采集运维	对低压用电数据采集现场的运行维护服务
		负控采集运维	对电站负控采集终端的运行维护服务
		基站运行维护	对电网通信基站的运行维护服务
		数据清理	检查数据一致性,处理无效值和缺失值等
		其他运维服务	

22）金融服务

金融服务指金融机构运用货币交易手段融通有价物品,向金融活动参与者和顾客提供的共同受益、获得满足的活动。电网企业涉及的金融服务主要包括保险和贷款两部分,其中保险主要是对人和车辆等实物的保险,包括人身保险、医疗保险、车辆保险和资产保险等;贷款包括银行对电网企业各种工程项目的借贷服务。根据服务内容和《政府采购品目分类目录》,将金融服务分为人身保险、医疗保险、车辆保险、资产保险、供电责任保险、贷款服务、其他金融服务。具体的分类结果如表 3.28 所示。

表 3.28　金融服务的三级目录

二级目录	分类依据	三级目录	描述
金融服务	服务内容	人身保险	以人的寿命和身体为保险标的的保险
		医疗保险	为补偿疾病所带来的医疗费用的保险
		车辆保险	对机动车辆由于自然灾害或意外事故所造成的人身伤亡或财产损失负赔偿责任的商业保险

续表 3.28

二级目录	分类依据	三级目录	描述
金融服务	服务内容	资产保险	投保人根据合同约定，向保险人交付保险费，保险人按保险合同的约定对所承保的财产及其有关利益因自然灾害或意外事故造成的损失承担赔偿责任的保险
		供电责任保险	对供电企业在运营过程中可能出现因施工造成的供电线路断路、短路、搭错线等现象，导致第三者人身伤亡或财产损失负赔偿责任的商业保险
		贷款服务	银行或其他金融机构按一定利率和必须归还等条件提供出借货币资金的服务
		其他金融服务	

23）法律服务

法律服务是指律师、非律师法律工作者、法律专业人士（包括法人内部在职人员、退离休政法人员等）或相关机构以其法律知识和技能为法人或自然人实现其正当权益、提高经济效益、排除不法侵害、防范法律风险、维护自身合法权益而提供的专业活动。法律服务的内容包括诉讼服务和非诉讼服务，其中的诉讼服务是指各种经济、民事、行政案件的诉讼代理和仲裁代理；非诉讼服务包含咨询及文书服务、专项法律服务、商务资信调查、见证、公正等。专项法律服务主要包括企业专项法律服务、建筑与房地产专项法律服务、金融、保险、证券专项法律服务、知识产权专项法律事务、商账管理、非诉催收事务。具体的分类结果如表 3.29 所示。

表 3.29　法律服务的三级目录

二级目录	分类依据	三级目录	描述
法律服务	服务内容	诉讼服务	包括各种经济、民事、行政案件的诉讼代理和仲裁代理
		非诉讼服务	包括咨询、文书服务、专项法律服务、法律顾问服务及其他服务

24）管理咨询服务

管理咨询服务是指由具有丰富经营理论知识和实践经验的专家与企业有关人员密切配合，到企业进行实地调查研究，应用科学的方法找出企业经营战略和经营管理上存在的问题，分析产生问题的原因，提出改进方案。当企业接受改进方案后，咨询师则负责为企业培训人员，帮助指导企业实施改进方案。管理咨询服务的内容包括企业战略管理咨询服务和日常运营管理咨询服务。企业战略管理咨询服务主要是指企业级、战略级的咨询服务，而日常运营管理咨询服务是指为企业日常经营管理提供的咨询服务。具体的分类结果如表 3.30 所示。

表 3.30　管理咨询服务的三级目录

二级目录	分类依据	三级目录	描述
管理咨询服务	服务内容	企业战略管理咨询服务	为企业经营战略提供的咨询服务
		日常运营管理咨询服务	为企业日常经营管理提供的咨询服务

25）物业管理服务

受物业所有人的委托，依据物业管理委托合同，对物业的房屋建筑及其设备、市政公用设施、绿化、卫生、交通、治安和环境容貌等管理项目进行维护、修缮和整治，并向物业所有人和使用人提供综合性的有偿服务。根据服务内容，同时结合国家电网物业管理类的采购现状，将物业管理服务分为卫生保洁服务、安保服务、园林绿化美化、电梯运维修理、消防设施设备运维修理、空调运维修理、立体车库运维修理、其他物业运维修理、物业服务总承包。具体的分类结果如表 3.31 所示。

表 3.31　物业管理服务的三级目录

二级目录	分类依据	三级目录	描述
物业管理服务	服务内容和历史数据	卫生保洁服务	提供保障公司内部各建筑物和设施的干净整洁的服务
		安保服务	公司内部的门卫、巡逻、内部消防管理等安保服务
		园林绿化美化	对公司内部公共建筑物进行的场地绿化美化服务
		电梯运维修理	电梯运营修理服务
		消防设施设备运维修理	消防设施设备的运行维护和修理
		空调运维修理	空调运行维护与修理服务
		立体车库运维修理	立体车库运行维护与修理服务
		其他物业运维修理	建筑物内其他设备运行维护与修理服务
		物业服务总承包	提供包括房屋建筑小型运行维护管理、楼宇共用设备设施运行操作管理、公共环境卫生保洁服务、安全保卫等服务项目，室外道路与地面停车场设施管理、环境卫生保洁服务、车辆管理等一系列的物业服务

26）财会服务

财会服务是指对企业再生产过程中的资金运动的服务。根据 Nice 分类法可将财会分为会计、簿记、绘制账单、账目报表、审计、拟备工资单、税款准备。实际上簿记指会计工作的账务处理工作，包括填制凭证、登记账目、结算账目、编制报表等，属于会计。参照《政府采购品目分类目录》中的商务服务涉及会计、审计、税务，与 Nice 分类法大体一致，所以将财会服务细分为会计服务、审计服务、税务服务。具体的分类结果如表 3.32 示。

表 3.32 财会服务的三级目录

二级目录	分类依据	三级目录	描述
财会服务	Nice分类法和《政府采购品目分类目录》	会计服务	财务报表编制服务和记账服务等
		审计服务	按照公认的会计原则，审查某机构的会计账册和其他单据的服务，跟踪审计服务等
		税务服务	纳税清缴、税务代理等服务

27）物流服务

物流是指物质实体从供应者向需求者的物理移动，它由一系列创造时间价值和空间价值的经济活动组成，包括运输、保管、配送、包装、装卸、流通加工及物流信息处理等多项基本活动，是这些活动的统一。根据物流功能将电网企业的物流服务分为运输、仓储、配送、包装、总承包。具体的分类结果如表3.33所示。

表 3.33 物流服务的三级目录

二级目录	分类依据	三级目录	描述
物流服务	物流功能	运输	用设备和工具将物品从某一地点向另一地点运送的物流活动
		仓储	对物品进行保存及对其数量、质量进行管理控制的活动
		配送	对物品进行拣选、加工、包装、分割、组配等作业
		包装	为在流通过程中保护产品、方便储运、促进销售，按一定的技术方法所用的容器、材料和辅助物等物品的总体名称；也指为达到上述目的在采用容器、材料和辅助物的过程中施加一定技术方法的操作活动
		总承包	将运输、仓储、包装等所需的综合物流服务外包给一家物流公司

28）零星日常服务

零星日常服务是指采购频次少且不易划分的维持企业日常运营的服务，可以将其分为人员招聘、会务接待、教育培训服务、劳务服务、印刷和出版服务、会展服务、广告服务、加油服务、租赁服务、其他日常零星服务，企业也可以根据今后的发展在此项中添加新的内容，同时，如果其中某项采购频次发生改变，可以将其提出列为二级目录。具体的分类结果如表3.34所示。

表 3.34 零星日常服务的三级目录

二级目录	分类依据	三级目录	描述
零星日常服务	历史数据	人员招聘	对所需人员进行发布信息、筛选人员、面试、录用等流程的职业中介服务
		会务接待	会议筹办方与主办方商谈、签订会议接待标准合同，对约定的事项提供全程的服务活动

续表 3.34

二级目录	分类依据	三级目录	描述
零星日常服务	历史数据	教育培训服务	为特定人员提供专业知识培训的服务
		劳务服务	以活劳动形式为他人提供某种特殊使用价值的劳动，包括抄表服务等
		印刷和出版服务	为企业提供大规模的图书编印发行服务
		会展服务	包括各种类型的博览会、展销活动、大中小型会议、文化活动、节庆活动等
		广告服务	通过书面、影像等方式制作各种公告、启事、声明等
		加油服务	为企业拥有的车辆选择提供油品的供应商
		租赁服务	不配备操作人员的机械设备、设施等的租赁服务，包括车辆租赁、仓库租赁等
		其他零星日常服务	其他用来维护企业日常运营的服务

综上，电网企业非物资共分为 5 个一级目录、30 个二级目录和 208 个三级目录，具体见附录中附表 1。

第4章 电网企业非物资采购模式和采购方式

4.1 非物资采购模式

采购模式是企业进行采购时所采取的组织方式或控制手段，是企业制定采购策略时首先考虑的问题。电网企业非物资采购模式主要是集中采购、分散采购、授权采购及其他采购模式(如框架协议采购、定点采购、批次采购)，其中集中采购是最主要的采购模式。

4.1.1 集中采购

集中采购是采购的一种组织实施形式，是企业将具有规模包括批量规模的采购项目纳入集中采购目录，统一由集中采购机构控制或开展采购活动，从而获得采购的规模效益。集中采购模式强调采购资源(包括供应商资源、采购组织等)的集中控制，在该采购模式下由专门的集中采购机构组织相关机构统一确定供应商、统一制定采购政策规范，建立统一的采购关键过程控制体系并集中进行控制，或由集中采购机构直接开展采购活动。

集中采购模式有利于企业采购资源的整合和采购队伍的专业化，可以保证采购项目的质量；有利于实现规模采购，降低交易费用，节约采购成本；有利于提高采购过程的透明度，规范采购行为；有利于提高与供应商谈判的筹码，选择有竞争力的供应商，获得较优的价格和服务。但是，集中采购缺乏柔性，难以适应零星采购、跨地域采购以及紧急采购，同时存在手续繁琐、过程繁杂及时效性差等问题。

4.1.2 分散采购

分散采购是由企业下属各单位实施满足自身生产经营需求的采购，是与集中采购相对应的采购形式。分散采购模式下，供应商由需求单位自行选择，采购活动由需求方自行进行，且采购过程的控制按职能环节分散在各职能部门。

分散采购模式具有较好的灵活性，一般用于临时性的、紧急需求的采购对象。分散采购的效率一般较高，采购部门能与其他相关部门及时沟通，节省时间，提高效率。但是在分散采购模式下，可选择的供应商范围小，竞争对象少，很难降低采购成本；信息渠道窄，采购渠道分散，采购环节增多，总体采购成本加大。

4.1.3 授权采购

授权采购是指集团公司总部对分支机构授予一定权限使其有权利进行采购活动，分支机构在集团公司总部监督下开展采购活动，与集团公司总部的采购活动使用同一种规章制度和模式。这种采购模式适用于零星的、无需上报到总部进行集中采购的项目采购活动，使用这种模式进行采购能够减少不必要的采购上报流程，有效地提高企业采购的效率，降低采购成本。

4.1.4 其他采购模式

1）框架协议采购

框架协议采购是指采购方通过预测一定时期内的采购需求，经过招标或谈判的方式，一次性地与供应商签订提供货物、工程和服务的协议，协议确定在固定期限内供应商不定期不定量地按协议规定的条件多次分散提供货物和服务，是目前国际上先进的采购模式。

采用框架协议采购可以减少单个项目招标，避免同类物资、工程和服务的重复招标，缩短采购时间，提高采购效率；对于单位价值低的同类物资、工程和服务实行框架协议招标，有利于实现规模效益，降低采购成本；有利于与协议供应商建立伙伴关系，减少采购环节，确保及时供货，使得供需双方实现“双赢”；有助于推进资源合理优化配置，加强集中采购管控，实现集团化运作。框架协议采购一般适用于采购需要持续供应且清晰明确的工程或服务。

2）定点采购

定点采购是指采购部门通过招投标等方式，综合考虑采购对象（如工程或服务）的质量、价格和售后服务等因素，择优确定一家或几家定点供应商，同定点供应商签署定点采购协议，由定点供应商根据协议在定点期限内提供有关工程或服务。在实际采购活动中，一般是通过招标的方式择优选定定点单位，即定点采购的直接标的不是一定数量的货物、工程或者服务，而是一个或几个供应商，其最终标的才是货物、工程或者服务，但却是不定期、不定量的。

定点采购的期限基本是一年，一般是通过公开或者邀请招标等方式确定定点供应商，在本年度里所确定采购的工程、服务由定点供应商根据合同规定进行服务，并定期结算和支付。定点采购可以保证供货和服务的稳定性和连续性，容易操作，进行采购活动的工作量相对减少，采购效率较高，结算和支付也比较方便。但是定点采购存在着一定的局限性，由于确定一定的协议供货期限，加上采购量不大，不容易得到潜在供应商的响应，不容易寻找最佳供应商。

定点采购一般适用于单次采购，金额小，服务内容单一、明确，采购价格能依据市场价格或者政府指导价格确定的项目，如汽车加油、车辆维修、印刷服务等一些日常采购重复次数较多，采购数量又较少，采购金额不大，而且在使用过程中必须保证连续供应的工程或服务。

3）批次采购

批次采购是将全年的采购项目分成若干批去实施的一种采购模式，一般按照项目种类进行划分，将相同种类或近似的项目集中于一个批次中进行招标采购，便于项目管理和提高采购效率。

4.2 非物资采购方式

电网企业的非物资采购方式主要包括招标采购和非招标采购两种，其中招标采购包括公开招标和邀请招标，非招标采购包括竞争性谈判、单一来源采购及询价采购。目前，公开招标是电网企业最主要的非物资采购方式，一般用于基建工程施工、技改工程施工、配网工程施工、工程设计、工程监理等工程或服务类采购。

4.2.1 公开招标

公开招标又叫竞争性招标，是基本的采购方式。公开招标是指招标人以招标公告的方式邀请不特定的法人或者其他组织投标，即由招标人在报刊、网络或其他媒体上刊登招标公告，吸引众多企业参加投标竞争，招标人从中优先选择中标单位的招标方式。符合国家有关法律、法规、规章以及国家电网公司有关规定的招标范围和规模标准的项目必须实行公开招标。

公开招标公开发布招标信息，公开程度高，能够在最大限度内选择投标商，竞争性更强，择优率更高，同时也可以在较大程度上避免招标活动中的贿标行为，是政府采购中通常采用的采购方式。然而，公开招标由于投标人众多，耗时较长，所花费的成本较高，一般不适用于采购标的较小的招标。

公开招标的基本流程如图 4.1 所示。

4.2.2 邀请招标

邀请招标又称为有限竞争招标，是指投标人以投标邀请的方式邀请特定的法人或其他组织投标，即一种由招标人选择若干供应商或承包商(不能少于 3 家)，向其发出投标邀请，由被邀请的供应商或承包商投标竞争，从中选定中标者的招标方式。其主要特点是邀请投标不使用公开的公告形式，接受邀请的单位才是合格投标人且投标人的数量有限。

相比于公开招标，邀请招标大大缩短了招标时间，因此降低了招标费用。邀请招标一般适用于以下情形：项目技术复杂或有特殊要求，具有资格承接的潜在投标人较少的项目；受自然地域环境限制的；涉及国家安全、国家秘密或者抢险救灾，适宜招标但不宜公开招标的；拟公开招标的费用与拟公开招标的节资相比得不偿失；法律、法规规定不宜公开招标的。

邀请招标的基本流程如图 4.2 所示。

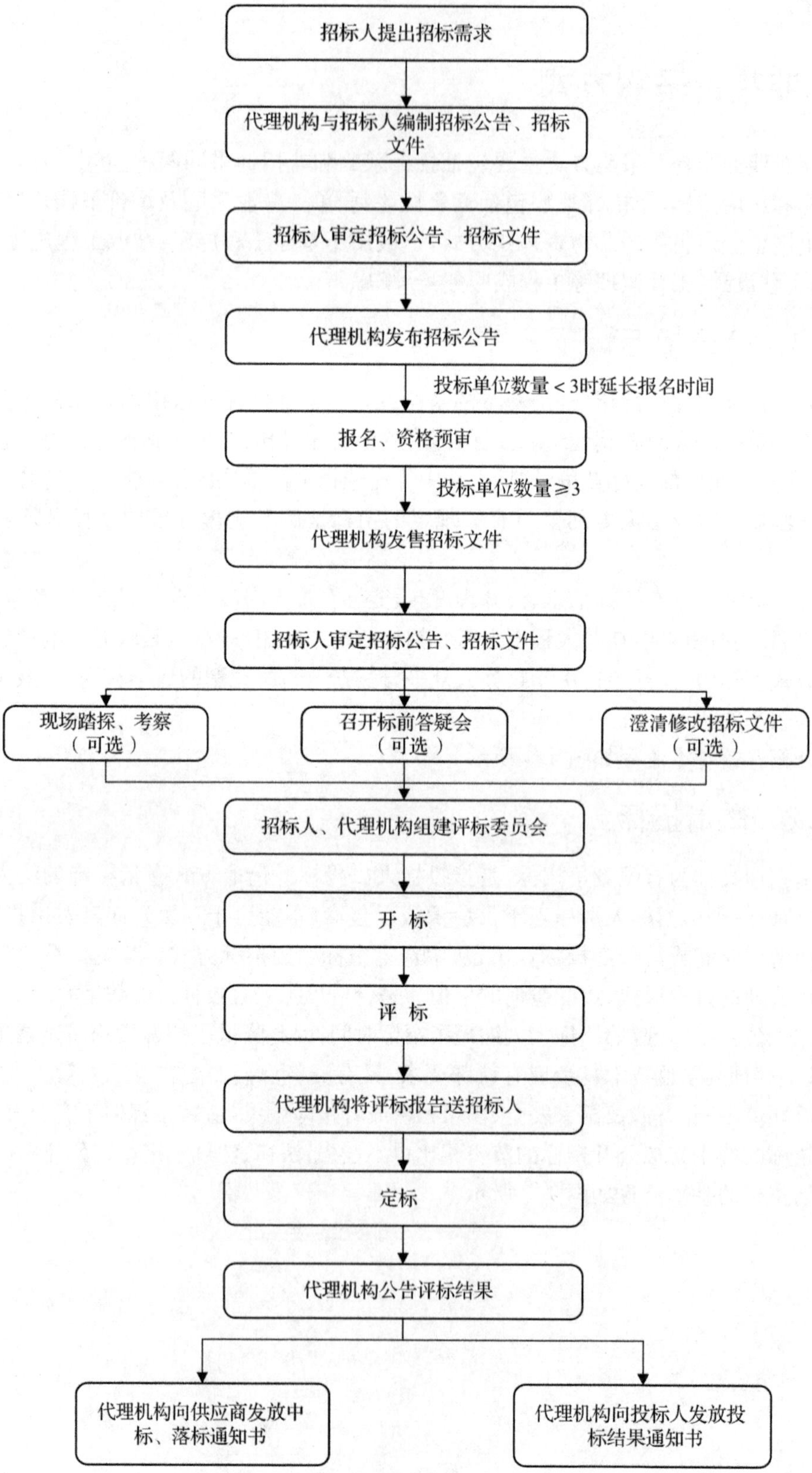

图 4.1　公开招标的基本流程

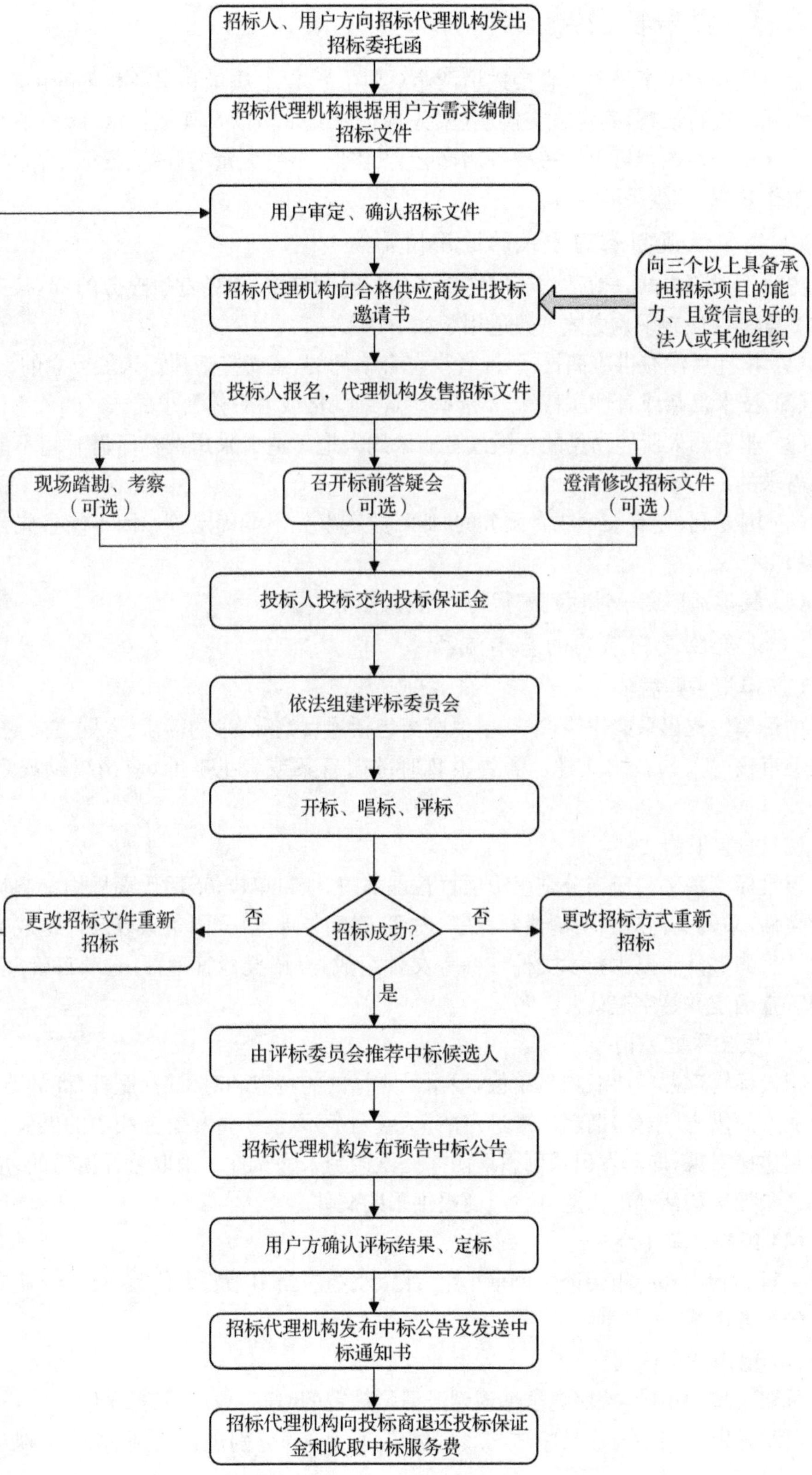

图 4. 2　邀请招标的基本流程

4.2.3 竞争性谈判

竞争性谈判是指采购人直接邀请两个(或两个)以上质量和服务相等的供应(服务)商,就采购标的进行谈判,确定成交供应(服务)商、成交价格以及其他技术、商务条件的一种采购方式。竞争性谈判可以缩短准备期,减少工作量,节省大量的开标、投标工作时间,有利于提高工作效率,减少采购成本。

1) 竞争性谈判采购方式的适用情形

竞争性谈判方式一般适用于潜在供应(服务)商较多、市场竞争充分的货物、工程或服务采购。竞争性谈判采购方式一般适用于如下情形:

(1) 招标后没有供应商投标,或者没有合格标的,或者重新招标未能成立的。

(2) 技术复杂或者性质特殊,不能确定详细规格或者具体要求的。

(3) 非采购人所能预见的原因或者非采购人拖延造成采用招标所需时间不能满足用户紧急需求的。

(4) 因专利、专有技术或者服务的时间、数量事先不能确定等原因不能事先计算出价格总额的。

(5) 其他适应竞争性谈判的货物、工程及服务。

2) 竞争性谈判采购的基本流程

(1) 申报采购需求

项目单位提出采购申请,采购申请应当包括项目概况、采购需求、采购方式建议等内容,提供经审核的采购技术文件。需要报政府部门备案或者批准的,应当提供或者取得相应文件。

(2) 编制采购文件

招投标管理部门应当分别组织项目管理部门、项目单位、招标代理机构编制竞争性谈判采购文件,采购文件应当明确谈判程序、内容、时间与地点、合同条款以及评定成交的标准等事项。采购文件主要由技术文件和商务文件组成,经招投标管理部门、项目管理部门、法律部门审查确定并签字确认。

(3) 发出采购邀请

招投标管理部门组织项目单位,根据采购标的的特点和对供应(服务)商的要求,从具有相应能力的供应(服务)商名单中选定两个(或两个)以上质量和服务相等的供应(服务)商作为谈判邀请对象,向其发出谈判邀请函并提供谈判采购文件。采取公开邀请的,应当向所有有意愿参加采购活动的供应(服务)商提供采购文件。

(4) 组建评审小组

招投标管理部门组建谈判评审小组,评审小组应当由采购人代表、有关专业专家3人及以上的单数组成。

(5) 组织评审谈判

采取直接邀请的,按照竞争性谈判邀请函规定的时间、地点,依据采购文件,招投标管理部门组织评审小组所有成员集体与每个供应(服务)商分别进行谈判,确认谈判对象就采购标的提交的技术、商务条件应答文件并比较其报价。

采取公开邀请的，评审小组所有成员首先应当按照采购文件公布的资格条件，集体对参加采购活动的供应(服务)商进行资格性和符合性审查；再按照采购文件公布的评审标准与满足资格条件规定的供应(服务)商分别进行谈判评审，确认并比较合格谈判对象就采购标的提交的技术、商务条件应答文件以及报价。

谈判中，谈判的任何一方不得透露与谈判有关的一切技术资料、价格或者其他信息。采购文件有变动的，谈判小组应当以书面形式通知所有参加谈判的供应(服务)商。

(6) 限时最后报价

评审小组根据供应(服务)商的报价及谈判情况，可以要求供应(服务)商进行多轮报价，但必须保证每个供应(服务)商得到均等的报价机会，不得单独同某一供应(服务)商就其最终报价进行谈判。评审小组应当要求所有的供应(服务)商在规定时间内提出最后报价及有关承诺。

(7) 推荐成交结果

评审小组根据谈判评审情况和各供应(服务)商的最后报价，货物采购按照符合采购需求、质量和服务相等且报价最低的规则推荐成交供应商以及成交价格；服务采购应当按照采购文件公布的评审标准进行评价，并按照评价最优的规则推荐成交服务商以及成交价格。

采取公开邀请方式进行的科研开发、课题研究项目采购可以不竞价，并按照研究、验证实力以及成果目标评价最优的规则推荐成交供应(服务)商。

4.2.4　单一来源采购

单一来源采购也称直接采购，是指采购人就某一采购标的与单一供应(服务)商进行洽谈，确定成交价格以及其他技术、商务条件的一种采购方式。

1) 单一来源采购方式的适用情形

单一来源采购方式一般适用于以下几种情况：只能从唯一供应商处采购的采购项目；发生了不可预见的紧急情况而不能从其他供应商处采购的采购项目；必须保证原有采购项目一致性或者服务配套的要求，需要继续从原供应商处添购，且添购资金总额不超过原合同采购金额 10%的采购项目等。

2) 单一来源采购的基本流程

(1) 申报采购方式

项目单位提出采购申请，采购申请应当包括项目概况、采购需求，采购方式建议等内容。需要报政府部门备案或批准的，应当提供或者取得相应文件。

(2) 编制采购文件

招投标管理部门应当分别组织项目管理部门、项目单位、招标代理机构编制单一来源采购文件，文件应当明确采购程序、内容、时间与地点、合同条款以及评定成交标准等事项。采购文件主要由技术文件和商务文件组成，经招投标管理部门、项目管理部门、法律部门审查确定并签字确认。

(3) 发出采购邀请

招投标管理部门应当向符合相应资格的唯一供应(服务)商发出采购标的单一来源采购邀请函并提供采购文件。

(4) 组建评审小组

招投标管理部门组建谈判评审小组,评审小组应当由采购人的代表、有关专业专家3人及以上的单数组成。

(5) 组织评审谈判

按照单一来源采购邀请函规定的时间、地点,依据采购文件,招投标管理部门组织评审小组所有成员集中与唯一供应(服务)商进行谈判,确认谈判对象就采购标的技术、商务条件的应答文件以及报价。

(6) 推荐成交结果

评审小组根据谈判评审情况和供应(服务)商的最后报价,按照符合采购需求、质量和服务满足采购文件且价格合理的规则推荐成交供应(服务)商以及成交价格。

4.2.5 询价采购

询价采购是指对几个供应商的报价进行比较以确保价格具有竞争性的一种采购方式。询价采购邀请报价的数量至少为3个,且只允许供应商提供一个报价。该采购方式一般适用于对合同价值较低且价格弹性不大的标准化货物或服务的采购,其基本流程如下。

(1) 申报采购方式

项目单位提出采购申请,采购申请应当包括项目概况、采购需求,采购方式建议等内容。

(2) 编制采购文件

招投标管理部门应当分别组织项目管理部门、项目单位、招标代理机构编制询价采购文件,文件应当明确报价方法、询价内容、合同条款以及评定成交的标准等事项。采购文件主要由技术文件和商务文件组成,经招投标管理部门、项目管理部门、法律部门审查确定并签字确认。

(3) 确定邀请对象

招投标管理部门组织项目单位,根据所采购标的特点和对供应商的要求,从具有相应能力的供应商名单中选定3个(含本数)以上质量和服务相等的供应商作为询价邀请对象,向其分别发出采购标的询价采购邀请函并提供询价采购文件。

(4) 组建评审小组

招投标管理部门组建谈判评审小组,评审小组应当由采购人的代表、有关专业专家3人及以上的单数组成。

(5) 组织询价评审

按照询价采购邀请函规定的时间、地点,依据采购文件,招投标管理部门组织评审小组评审确认询价对象就采购标的技术、商务条件的应答文件,要求供应商一次或者多次报出不得更改的价格。采用多轮询价时,应当保证所有供应商具有均等的报价机会,不得单独同某一供应商就其最终报价进行谈判。

(6) 推荐成交结果

评审小组根据评审情况和供应商最后报价，按照符合采购需求、质量和服务相等且报价最低的规则推荐成交供应商以及成交价格。

4.3　电网企业非物资采购模式与采购方式选择

4.3.1　电力工程施工采购模式与采购方式选择

1) 基建工程施工采购模式与采购方式选择

电网企业的大多数基建工程施工项目都具有明确的技术标准和相应的计价标准，且具有强的需求计划性，因此采用批次采购方式。其中，通信工程施工(含光缆)具有较明显的服务区域性，因此基建工程施工的采购模式为批次采购或定点采购，采购方式为公开招标，如表 4.1 所示。

表 4.1　基建工程施工的采购模式与采购方式

二级目录	三级目录	采购模式	采购方式
基建工程施工	电气安装	批次采购	公开招标
	土建安装总承包	批次采购	公开招标
	线路(架空线路)	批次采购	公开招标
	线路(含电缆)	批次采购	公开招标
	电缆安装	批次采购	公开招标
	电缆总承包	批次采购	公开招标
	线路(含间隔)	批次采购	公开招标
	变电站土建	批次采购	公开招标
	电缆土建	批次采购	公开招标
	通信工程施工(含光缆)	批次采购/定点采购	公开招标
	智能化安装	批次采购	公开招标
	独立二次项目	批次采购	公开招标
	其他基建工程施工	批次采购	公开招标

2) 技改工程施工采购模式与采购方式选择

电网企业的技改工程施工与基建工程施工类似，主要的采购模式也是批次采购。但是，由于许多技改工程施工项目的实施周期短，因此也可使用框架协议采购模式，采购方式为公开招标，如表 4.2 所示。

表 4.2　技改工程施工的采购模式与采购方式

二级目录	三级目录	采购模式	采购方式
技改工程施工	电气安装	批次采购/框架协议采购	公开招标
	土建安装总承包	批次采购/框架协议采购	公开招标
	线路(架空线路)	批次采购/框架协议采购	公开招标
	线路(含电缆)	批次采购/框架协议采购	公开招标
	电缆安装	批次采购/框架协议采购	公开招标
	电缆总承包	批次采购/框架协议采购	公开招标
	线路(含间隔)	批次采购/框架协议采购	公开招标
	变电站土建	批次采购/框架协议采购	公开招标
	电缆土建	批次采购/框架协议采购	公开招标
	通信工程施工(含光缆)	批次采购/定点采购	公开招标
	智能化安装	批次采购/框架协议采购	公开招标
	其他技改工程施工	批次采购	公开招标

3）配网工程、农网工程施工采购模式与采购方式选择

电网企业的大多数配网工程和农网工程施工项目的实施周期短、技术标准清晰，可持续采购，因此其采购模式为框架协议采购，采购方式为公开招标。其中，通信工程施工(含电缆)项目的采购模式为框架协议采购或定点采购，如表 4.3 所示。

表 4.3　配网工程、农网工程施工的采购模式与采购方式

二级目录	三级目录	采购模式	采购方式
配网工程施工	电气安装	框架协议采购	公开招标
	土建安装总承包	框架协议采购	公开招标
	线路(架空线路)	框架协议采购	公开招标
	线路(含电缆)	框架协议采购	公开招标
	电缆安装	框架协议采购	公开招标
	电缆总承包	框架协议采购	公开招标
	线路(含间隔)	框架协议采购	公开招标
	变电站土建	框架协议采购	公开招标
	电缆土建	框架协议采购	公开招标
	通信工程施工(含光缆)	框架协议采购/定点采购	公开招标
	智能化安装	框架协议采购	公开招标
	其他配网工程施工	框架协议采购	公开招标

续表 4.3

二级目录	三级目录	采购模式	采购方式
农网工程施工	电气安装	框架协议采购	公开招标
	土建安装总承包	框架协议采购	公开招标
	线路(架空线路)	框架协议采购	公开招标
	线路(含电缆)	框架协议采购	公开招标
	电缆安装	框架协议采购	公开招标
	电缆总承包	框架协议采购	公开招标
	线路(含间隔)	框架协议采购	公开招标
	变电站土建	框架协议采购	公开招标
	电缆土建	框架协议采购	公开招标
	智能化安装	框架协议采购	公开招标
	其他农网工程施工	框架协议采购	公开招标

4）新建居住区电力设施工程施工采购模式与采购方式选择

新建居住区电力设施工程施工的采购模式主要为批次采购，对于实施周期短的项目，为提高采购效率可使用框架协议采购模式，采购方式为公开招标，如表 4.4 所示。

表 4.4　新建居住区电力设施工程施工的采购模式与采购方式

二级目录	三级目录	采购模式	采购方式
新建居住区电力设施工程施工	安装	批次采购/框架协议采购	公开招标
	土建	批次采购/框架协议采购	公开招标
	总承包	批次采购/框架协议采购	公开招标

5）营销工程、电网检修工程、专项电力工程施工采购模式与采购方式选择

由于营销工程施工、电网检修工程施工、专项电力工程施工的需求计划性强，其主要采购模式为批次采购。其中，电网检修工程施工的抢修及部分检修，由于不具有明确的需求计划，因此采用框架协议采购模式。采购方式为公开招标，如表 4.5 所示。

表 4.5　营销工程、电网检修工程、专项电力工程施工的采购模式与采购方式

二级目录	三级目录	采购模式	采购方式
营销工程施工	电力用户用电信息采集系统建设	批次采购	公开招标
	计量装置专项修理	批次采购	公开招标
	专变终端建设与改造	批次采购	公开招标
	智能充换电站建设	批次采购	公开招标
	其他营销工程施工	批次采购	公开招标

续表 4.5

二级目录	三级目录	采购模式	采购方式
电网检修工程施工	变电设备检修	批次采购	公开招标
	线路设备检修	批次采购	公开招标
	配电设备检修	批次采购	公开招标
	调度设备检修	框架协议采购	公开招标
	通信设备检修	框架协议采购	公开招标
	消防安保设备检修	框架协议采购	公开招标
	抢修	框架协议采购	公开招标
专项电力工程施工	防腐处理工程	批次采购	公开招标
	防污闪处理工程	批次采购	公开招标
	其他专项电力工程	批次采购	公开招标

4.3.2 非电力工程施工采购模式与采购方式选择

非电力工程施工主要是非生产性施工项目，需求计划性较强、技术标准明确且有相应的计价标准，因此其采购模式主要为批次采购，采购方式为公开招标，如表 4.6 所示。

表 4.6 非电力工程施工的采购模式与采购方式

二级目录	三级目录	采购模式	采购方式
工程准备	拆除工程	框架协议采购	公开招标
	土地平整和清理	批次采购	公开招标
	地基与基础处理	批次采购	公开招标
	土石方工程	批次采购	公开招标
	工程给排水施工	批次采购	公开招标
	其他工程准备	批次采购	公开招标
建筑物施工	行政用房施工	批次采购	公开招标
	仓储用房施工	批次采购	公开招标
	房屋附属设施施工	批次采购	公开招标
建筑安装工程	立体车库安装	批次采购	公开招标
	建筑智能化安装	批次采购	公开招标
	建筑电气安装	批次采购	公开招标
	空调设备安装	批次采购	公开招标
	电梯安装	批次采购	公开招标
	暖通设备安装	批次采购	公开招标

续表 4.6

二级目录	三级目录	采购模式	采购方式
建筑安装工程	建筑节能工程	批次采购	公开招标
	消防设施设备工程	批次采购	公开招标
装修修缮工程	装饰装修工程	批次采购	公开招标
	修缮工程	批次采购	公开招标
其他工程	园林绿化工程	批次采购	公开招标
	幕墙工程	批次采购	公开招标
	钢结构工程	批次采购	公开招标
	其他专项工程	批次采购	邀请招标

4.3.3　工程服务采购模式与采购方式选择

1）设计前咨询服务采购模式与采购方式选择

设计前咨询服务中对于需求计划性强的服务采用批次采购模式，而对于区域性较明显的服务采用定点采购模式，采购方式主要为公开招标，如表 4.7 所示。

表 4.7　设计前咨询服务的采购模式与采购方式

二级目录	三级目录	采购模式	采购方式
设计前咨询服务	环境影响评价	批次采购	邀请招标
	水土保持方案	批次采购	公开招标
	可行性研究工作委托	批次采购	公开招标
	可行性研究评审	批次采购	公开招标
	节能评估	批次采购	公开招标
	社会稳定风险评估	批次采购	公开招标
	输变电工程核准申请技术咨询	批次采购	公开招标
	土地预审、地灾压矿	批次采购	公开招标
	地质勘测	批次采购	公开招标
	其他设计前咨询服务	定点采购	公开招标

2）工程设计、工程监理服务采购模式与采购方式选择

工程设计和工程监理服务中对于需求计划性强的服务采用批次采购模式，而对于需求不确定的服务采用框架协议采购模式，采购方式为公开招标，如表 4.8 所示。

表 4.8 工程设计、工程监理服务的采购模式与采购方式

二级目录	三级目录	采购模式	采购方式
工程设计服务	基建输变电设计	定点采购	公开招标
	基建变电工程设计	定点采购	公开招标
	基建线路工程设计	定点采购	公开招标
	技改输变电设计	定点采购	公开招标
	技改变电工程设计	批次采购/定点采购	公开招标
	技改线路工程设计	批次采购/框架协议采购	公开招标
	通信工程设计	批次采购/框架协议采购	公开招标
	配网工程设计	批次采购/框架协议采购	公开招标
	营销工程设计	批次采购/框架协议采购	公开招标
	农网工程设计	批次采购/框架协议采购	公开招标
	专项电力工程设计	批次采购/框架协议采购	公开招标
	新建居住区电力设施工程设计	批次采购/框架协议采购	公开招标
	房屋建筑设计	批次采购/框架协议采购	公开招标
	房屋修缮工程设计	批次采购/框架协议采购	公开招标
	装饰装修工程设计	批次采购/框架协议采购	公开招标
	其他工程设计	批次采购/框架协议采购	公开招标
工程监理服务	基建工程监理	批次采购/框架协议采购	公开招标
	技改工程监理	批次采购/框架协议采购	公开招标
	配网工程监理	批次采购/框架协议采购	公开招标
	营销工程监理	批次采购/框架协议采购	公开招标
	农网工程监理	批次采购/框架协议采购	公开招标
	电网检修工程监理	批次采购/框架协议采购	公开招标
	专项电力工程监理	批次采购/框架协议采购	公开招标
	新建居住区电力设施工程监理	批次采购/框架协议采购	公开招标
	设计监理	批次采购/框架协议采购	公开招标
	其他工程监理	批次采购/框架协议采购	公开招标

3）工程造价咨询服务采购模式与采购方式选择

工程造价咨询服务中对于需求计划性强的服务采用批次采购模式，而对于需求不确定的服务采用框架协议采购模式。其中，竣工决算审计服务具有实施周期短、可持续采购等特点，因此其采购模式为框架协议采购。采购方式为公开招标，如表 4.9 所示。

表 4.9　工程造价咨询服务的采购模式与采购方式

二级目录	三级目录	采购模式	采购方式
工程造价咨询服务	投资估算	批次采购/框架协议采购	公开招标
	概预算的编制与审核	批次采购/框架协议采购	公开招标
	合同价款的确定与调整	批次采购/框架协议采购	公开招标
	工程结算审计	批次采购/框架协议采购	公开招标
	竣工决算审计	框架协议采购	公开招标
	其他工程造价咨询服务	框架协议采购	公开招标

4）其他工程服务采购模式与采购方式选择

其他工程服务中对于具有需求明确且具有明确的技术标准等特点的服务，其采购模式为批次采购，而对于需求不明确的服务选择框架协议采购模式，采购方式为公开招标，如表 4.10 所示。

表 4.10　其他工程服务的采购模式与采购方式

二级目录	三级目录	采购模式	采购方式
其他工程服务	环境保护监测	框架协议采购	公开招标
	水土保持监测	框架协议采购	公开招标
	工程质量检测	框架协议采购	公开招标
	大型设备运输	框架协议采购	公开招标
	环保验收	框架协议采购	公开招标
	水土保持验收	批次采购	公开招标
	监造	批次采购	公开招标

4.3.4　技术服务采购模式与采购方式选择

1）信息技术服务采购模式与采购方式选择

信息技术服务的主要采购模式是批次采购，采购方式是公开招标，如表 4.11 所示。

表 4.11　信息技术服务的采购模式与采购方式

二级目录	三级目录	采购模式	采购方式
信息技术服务	信息技术咨询服务	批次采购	公开招标
	软件开发服务	批次采购	公开招标
	信息系统集成实施服务	批次采购	公开招标
	运营服务	批次采购	公开招标
	信息系统运维服务	批次采购	公开招标

续表 4.11

二级目录	三级目录	采购模式	采购方式
信息技术服务	数据处理服务	批次采购	公开招标
	呼叫中心服务	批次采购	公开招标
	其他信息技术服务	批次采购	公开招标

2）电网技术服务采购模式与采购方式选择

电网技术服务具有明确的技术标准且需求计划性强，因此其采购模式为批次采购，采购方式为公开招标或竞争性谈判或单一来源采购，如表 4.12 所示。

表 4.12　电网技术服务的采购模式与采购方式

二级目录	三级目录	采购模式	采购方式
电网技术服务	一次设备技术开发	批次采购	公开招标
	二次设备技术开发	批次采购	公开招标
	调度技术开发	批次采购	公开招标
	其他技术开发	批次采购	公开招标/竞争性谈判/单一来源采购
	技术咨询	批次采购	公开招标/竞争性谈判/单一来源采购
	科学研究	批次采购	公开招标/竞争性谈判/单一来源采购

3）电网运维修理服务采购模式与采购方式选择

电网运维修理服务具有高及时性要求等特点，因此其采购模式主要为定点采购。其中，对于变电一次设备运维、变电二次设备运维根据其特点选择批次采购模式，设备检测选择批次采购或者框架协议采购模式。采购方式主要是竞争性谈判，如表 4.13 所示。

表 4.13　电网运维修理服务的采购模式与采购方式

二级目录	三级目录	采购模式	采购方式
电网运维修理服务	变电一次设备运维	批次采购	竞争性谈判
	变电二次设备运维	批次采购	竞争性谈判
	调度设备运维修理	定点采购	竞争性谈判
	通信设备运维修理	定点采购	竞争性谈判
	通信线路运维修理	定点采购	竞争性谈判
	线路设施运维	定点采购	竞争性谈判
	电缆运维	定点采购	竞争性谈判
	配电设备运维	定点采购	竞争性谈判

续表 4.13

二级目录	三级目录	采购模式	采购方式
电网运维修理服务	安措设施运维修理	定点采购	竞争性谈判
	辅助设施运维	定点采购	竞争性谈判
	仪器仪表运维修理	定点采购	竞争性谈判
	设备返厂大修维护	定点采购	竞争性谈判
	配电自动化运维	定点采购	竞争性谈判
	设备检测	批次采购/框架协议采购	公开招标
	设备安装调试	定点采购	竞争性谈判
	低压采集运维	定点采购	竞争性谈判
	负控采集运维	定点采购	竞争性谈判
	基站运行维护	定点采购	竞争性谈判
	数据清理	定点采购	竞争性谈判
	其他运维服务	定点采购	竞争性谈判

4.3.5　综合服务采购模式与采购方式选择

综合服务中大多数的服务是属于日常采购重复次数多、采购数量少且采购金额不大的服务，因此采购模式主要为定点采购。其中，非诉讼服务、企业战略管理咨询服务、日常运营管理咨询服务、卫生保洁服务选择批次采购模式，会计服务、税务服务及运输由于具有需求不确定性、实施周期短、可持续采购等特点，因此选择框架协议采购模式。采购方式包括竞争性谈判、公开招标、单一来源采购等，如表 4.14 所示。

表 4.14　综合服务的采购模式与采购方式

二级目录	三级目录	采购模式	采购方式
金融服务	人身保险	定点采购	竞争性谈判
	医疗保险	定点采购	竞争性谈判
	车辆保险	定点采购	竞争性谈判
	资产保险	定点采购	竞争性谈判
	供电责任保险	定点采购	竞争性谈判
	贷款服务	定点采购	竞争性谈判
	其他金融服务	框架协议采购	竞争性谈判
法律服务	诉讼服务	定点采购/框架协议采购	公开招标/竞争性谈判
	非诉讼服务	批次采购	公开招标

续表 4.14

二级目录	三级目录	采购模式	采购方式
管理咨询服务	企业战略管理咨询服务	批次采购	公开招标
	日常运营管理咨询服务	批次采购	竞争性谈判/单一来源采购
物业管理服务	卫生保洁服务	批次采购	竞争性谈判/单一来源采购
	安保服务	定点采购	竞争性谈判
	园林绿化美化	定点采购	竞争性谈判
	电梯运维修理	定点采购	竞争性谈判
	消防设施设备运维修理	定点采购	竞争性谈判
	空调运维修理	定点采购	竞争性谈判
	立体车库运维修理	定点采购	竞争性谈判
	其他物业运维修理	定点采购	竞争性谈判
	物业服务总承包	定点采购	竞争性谈判
财会服务	会计服务	框架协议采购	竞争性谈判
	审计服务	定点采购	竞争性谈判
	税务服务	框架协议采购	竞争性谈判
物流服务	运输	框架协议采购	公开招标
	仓储	定点采购	公开招标
	配送	定点采购	公开招标
	包装	定点采购	公开招标
	总承包	定点采购	公开招标
零星日常服务	人员招聘	定点采购	公开招标
	会务接待	定点采购	公开招标
	教育培训服务	定点采购	公开招标
	劳务服务	定点采购	竞争性谈判
	印刷和出版服务	定点采购	公开招标
	会展服务	定点采购	竞争性谈判
	广告服务	定点采购	公开招标
	加油服务	定点采购	公开招标
	租赁服务	定点采购	公开招标
	其他零星日常服务	定点采购	竞争性谈判

第5章 电网企业非物资招标采购报价方式

5.1 报价方式概述

报价方式作为招标文件的组成部分，有以下几个方面的重要现实意义：

(1) 有利于节省时间，减少不必要的重复劳动，使投标单位集中精力于报价的精确度和投标策略上，更有利于招标工作的公开、公平和科学合理，节省社会财富。

(2) 有利于评标的科学性，正确选定中标单位。由于可以根据详细的分项报价表进行评标，对各投标方报价进行全面考核，从而使评标工作更为合理。

(3) 有利于简化目前的各种拨款和结算方法，更好地进行合同结算。

电网企业采购招标中运用比较广泛的报价方式主要有三种类型：金额报价、费率报价和折扣比例报价。

5.1.1 金额报价

金额报价就是以具体金额的形式进行投标报价，包括工程量清单报价、固定总价报价、固定单价报价等。其对各项基本的费用都有明码标价，有利于招标人规避风险。

5.1.2 费率报价

费率报价一般假定建筑工程、装饰工程、安装工程的市价定额直接费及其中的人工费，各投标单位以招标文件中规定的工程类别及取费等级计取间接费、利润、人工费调增的最高级别，在此基础上各投标单位填报费率(可以优惠也可以不优惠)计算各种费用，得出投标报价，中标单位以投标时填报的费率作为结算的依据。费率报价有时也采用填报利润优惠率或总造价优惠率的方式进行，这种招标报价方式主要用于可调总价的合同方式招标中。费率报价的特点是招标定标快，但是执行起来问题多，结算麻烦。费率报价存在以下的风险：

(1) 招标人的风险。费率报价的主要弊病就是忽视了工程造价的“事前”控制，会给工程建设期间的工程造价管理工作带来困难，从而可能造成投资“三超”。仅仅对占工程总造价比例较小的间接费进行控制，不能有效控制工程成本。总之费率报价对招标人的工程管理水平要求很高，否则容易造成投资失控。

(2) 投标人的风险。费率报价方式对投标人的风险较小，通过这种招标方式确定中标人之后，中标人投标时所报的费率将以施工合同的形式被固定，一般不得随意改变。该费率与招标时工程所在地的工程造价管理部门规定的费率之差，即所谓的“让利”部分，将成为投标人承担的风险因素。除此之外，对于施工管理费和利润等几项间接费用以外的其他所有费用基本上不存在风险。无论是直接费中的实物消耗量及其所对应的价格，还是施工技术措施费，或是因设计变更所增加的部分，均可以在工程施工合同中约定“据实结算”。

5.1.3 折扣比例报价

折扣比例报价就是在标准价格或标准费率的基础上，根据需要给予折扣与费率优惠的报价方式。

5.2 电网企业非物资招标采购报价方式选择

在工程类项目招标采购报价中，主要运用的是工程量清单报价、折扣比例报价和固定单价报价。服务类项目由于涵盖的范围较广、内容多样，所以其对应的招标采购报价方式主要是固定总价报价和折扣比例报价。

5.2.1 电力工程施工招标采购报价方式选择

1）工程量清单报价方式

如果所招标的项目已经基本具备如下条件，则需要运用工程量清单报价方式进行招标：

(1) 工程施工图纸已完成设计。

(2) 工程功能完善。

(3) 设计深度满足工程需求。

(4) 施工现场已具备施工条件。

工程量清单报价是建设工程招投标工作中，由招标人按国家统一的工程量计算规则提供工程数量，由投标人自主报价，并按照经评审低价中标的工程造价计价模式。招标人需要提供工程量清单，其所需的全部费用包括分部分项工程费、措施项目费、其他项目费、规费和税金。

以下项目采用工程量清单报价方式：

(1) 35 kV 及以上变电工程项目

工程量清单的编制以及计价参考《国家电网公司企业标准 Q/GDW 593.1-2011》。

(2) 35 kV 及以上输电工程项目

工程量清单的编制以及计价参考《国家电网公司企业标准 Q/GDW 593.2-2011》。

(3) 技改、检修类项目

技改、检修类项目采用预算工程量清单的报价方式，其预算工程量清单的编制参考《电网技术改造工程预算编制与计算标准(试行)》(2010 年版)，不同项目的预算定额参考不同：电网技术改造类项目参考《电网技术改造工程预算编制与计算标准(试行)》(2010 年版)和《电网技术改造工程预算定额(试行)》(2010 年版，包括电气工程、送变电线路工程、调试工程、通信工程4册)；电网拆除工程类项目参考《电网拆除工程预算定额(试行)》(2010年版，包括电气工程、送变电线路工程、通信工程3册)；电网检修工程类项目参考《电网检修工程预算编制与计算标准(试行)》(2010年版)和《电网检修工程预算定额》(2010年版，包括电气工程、送变电线路工程、调试工程、通信工程4册)。

(4) 20 kV及以下配电网工程

20 kV及以下配电网工程类项目采用预算工程量清单的报价方式，其工程量清单的编制以及预算定额参考《20 kV及以下配电网工程建设预算编制与计算标准》(2009年版)和《20 kV及以下配网工程预算定额》(2009年版，包括建筑工程、电气设备安装工程、架空线路工程、电缆工程、调试工程和通信及自动化工程6册)。

35 kV及以上变电工程项目的清单表格组成如表5.1所示，其他项目类似。

表5.1　35 kV及以上变电工程项目的清单表格组成

序号	表名	表序
1	封面	清单封-1
2	填表须知	清单封-2
3	总说明	清单表-1
4	分部分项工程量清单	清单表-2
5	措施项目清单(一)	清单表-3
6	措施项目清单(二)	清单表-4
7	其他项目清单	清单表-5
8	暂列金额明细表	清单表-5.1
9	材料暂估单价表	清单表-5.2
10	专业工程暂估价表	清单表-5.3
11	计日工表	清单表-5.4
12	施工总承包服务项目内容表	清单表-5.5
13	拆除工程项目清单	清单表-5.6
14	规费、税金项目清单	清单表-6
15	投标人采购设备(材料)表	清单表-7
16	招标人采购材料表	清单表-8

具体的工程量清单格式如下。

清单封-1

工程

工程量清单

法定代表人

招标人：　　　　　　　　　　　　　　　　或授权人：

（单位盖章）　　　　　　　　　　　　　　（签字或盖章）

工程造价　　　　　　　　　　　　　　　　法定代表人

咨询人：　　　　　　　　　　　　　　　　或其授权人：

（单位资质专用章）　　　　　　　　　　　（签字或盖章）

复核人：　　　　　　　　　　　　　　　　编制人：

（签字、盖执业专用章）　　　　　　　　　（签字、盖执业专用章）

复核时间：　年　月　日　　　　　　　　　编制时间：　年　月　日

清单封-2

填表须知

1. 工程量清单应由具有编制招标文件能力的招标人、受其委托具有相应资质的电力工程造价咨询人或招标代理人进行编制。

2. 招标人提供的工程量清单的任何内容不得删除或涂改。

3. 工程量清单格式的填写应符合下列规定：

(1) 工程量清单中所有要求签字、盖章的地方，必须由规定的单位和人员签字、盖章。

(2) 总说明应按下列内容填写：

① 工程概况应包括建设性质、本期容量、规划容量、电气主接线方式、配电装置、补偿装置、设计单位、建设地点等内容。

② 其他说明应按如下内容填写：

a. 工程招标和分包范围。

b. 工程量清单编制依据。

c. 工程质量、材料等要求。

d. 施工特殊要求。

e. 交通运输情况、健康环境保护和安全文明施工。

f. 其他需要说明的内容。

(3) 分部分项工程量清单按序号、项目编号、项目名称、项目特征、计量单位、工程量、工程内容、单位、数量、备注等内容填写。

(4) 措施项目清单按序号、项目名称等内容填写。

(5) 其他项目清单按序号、项目名称等内容填写。

(6) 规费、税金项目清单按序号、项目名称等内容填写。

(7) 投标人采购设备(材料)清单按序号、设备(材料)名称、型号规格、计量单位、数量、单价等内容填写。

(8) 招标人采购材料表按序号、材料名称、型号规格、计量单位、数量、单价、交货地点及方式等内容填写。

4. 如有需要说明其他事项可增加条款。

清单表-1

总说明

工程名称：

<table>
<tr><td rowspan="6">工程概况</td><td>工程名称</td><td></td><td>建设性质</td><td></td></tr>
<tr><td>本期容量</td><td>台万 kVA</td><td>规划容量</td><td>台万 kVA</td></tr>
<tr><td>电气主接线方式</td><td colspan="3"></td></tr>
<tr><td>配电装置</td><td colspan="3"></td></tr>
<tr><td>补偿装置</td><td colspan="3"></td></tr>
<tr><td>设计单位</td><td></td><td>建设地点</td><td></td></tr>
<tr><td>其他说明</td><td colspan="4"></td></tr>
</table>

清单表-2

分部分项工程量清单

工程名称：

<table>
<tr><td>序号</td><td>项目编号</td><td>项目名称</td><td>项目特征</td><td>计量单位</td><td>工程量</td><td>工程内容</td><td>单位</td><td>数量</td><td>备注</td></tr>
<tr><td rowspan="2"></td><td rowspan="2"></td><td rowspan="2"></td><td rowspan="2"></td><td rowspan="2"></td><td rowspan="2"></td><td></td><td></td><td></td><td></td></tr>
<tr><td></td><td></td><td></td><td></td></tr>
<tr><td rowspan="2"></td><td rowspan="2"></td><td rowspan="2"></td><td rowspan="2"></td><td rowspan="2"></td><td rowspan="2"></td><td></td><td></td><td></td><td></td></tr>
<tr><td></td><td></td><td></td><td></td></tr>
</table>

清单表-3

措施项目清单(一)

工程名称：

序号	项目名称	备注
1	冬雨季施工增加费	
2	夜间施工增加费	
3	施工工具用具使用费	
4	特殊地区施工增加费	
5	临时设施费	
6	施工机构转移费	
7	安全文明施工费	
注:本表适用于以“项”计价的措施项目。		

清单表-4

措施项目清单(二)

工程名称：

序号	项目名称	项目特征	计量单位	工程量	备注
注:本表适用于以综合单价形式计价的措施项目。					

清单表-5

其他项目清单

工程名称：

序号	项目名称	计量单位	金额(元)	备注
1	暂列金额			明细详见清单表-5.1
2	暂估			
2.1	材料暂估单价		—	明细详见清单表-5.2
2.2	专业工程暂估价			明细详见清单表-5.3
3	计日工			明细详见清单表-5.4
4	施工总承包服务项目			明细详见清单表-5.5
5	其他			
5.1	拆除工程项目			明细详见清单表-5.6
5.2	招标人供应设备、材料卸车保管费			
5.3	施工企业配合调试费			
注：材料暂估单价由投标人在投标时计入清单项目综合单价，此处不汇总。				

清单表-5.1

暂列金额明细表

工程名称：

序号	项目名称	计量单位	暂列金额(元)	备注
合计				—
注：此表由招标人填写，可只列暂列金额总额，由投标人将上述暂列金额计入清单表-5中。				

清单表-5.2

材料暂估单价表

工程名称:

序号	材料名称	型号规格	计量单位	单价(元)	备注
注:此表由招标人填写,且注明该材料是由招标人还是投标人采购,由投标人将上述材料暂估单价计入工程量清单综合单价报价中。					

清单表-5.3

专业工程暂估价表

工程名称:

序号	工程名称	主要工程内容	金额(元)	备注
合计				
注:此表由招标人填写,由投标人将上述专业工程暂估价计入清单表-5 中。				

清单表-5.4

计日工表

工程名称:

编号	项目名称	计量单位	暂列数量	备注
一	人工			
1				
2				
二	材料			
1				
2				
三	施工机械			
1				
2				
注:此表项目名称、暂列数量由招标人填写。编制招标控制价时,单价由招标人按有关计价规定确定;投标时,单价由投标人自主报价,汇总计入清单表-5 中。				

清单表-5.5

施工总承包服务项目内容表

工程名称：

序号	工程名称	项目价值(元)	服务内容	备注
1	(招标人发包专业工程)			
	……			
注：此表由招标人按工程实际情况填写。				

清单表-5.6

拆除工程项目清单

工程名称：

序号	项目名称	项目特征	计量单位	工程量	备注
注：此表由招标人按工程实际情况填写。					

清单表-6

规费、税金项目清单

工程名称：

序号	项目名称	备注
1	规费	
1.1	社会保障费	
(1)	基本养老保险费	
(2)	失业保险费	
(3)	基本医疗保险费	
1.2	住房公积金	
1.3	危险作业意外伤害保险费	
2	税金	

清单表-7

投标人采购设备(材料)表

工程名称：

序号	设备(材料)名称	型号规格	计量单位	数量	单位(元)	备注
注:此表由招标人填写,对投标人采购的材料有品牌要求的,在此表中列出。如有暂估价的,招标人需在备注栏中说明。						

清单表-8

招标人采购材料表

工程名称：

序号	材料名称	型号规格	计量单位	数量	单位(元)	交货地点及方式	备注
注:此表由招标人填写,如有暂估价的,招标人需在备注栏中说明。							

工程量清单计价的基本过程为:在统一的工程量计算规则的基础上,制定工程量清单项目设置规则,根据具体工程的施工图纸计算出各个清单项目的工程量,再根据各种渠道所获得的工程造价信息和经验数据计算得到工程造价。编制过程可以分为两个阶段:编制工程量清单格式和利用工程量清单来编制投标报价。投标报价是在业主提供的工程量计算结果的基础上,根据企业自身掌握的各种信息、资料,结合企业定额编制得出的。

2) 折扣比例报价方式

在实际工作中,还有一些工程项目因无施工图纸或图纸不齐全,导致计算工程量困难,直接影响标价确定,而工程又要急于开工。在这种情况下,通过按折扣比例报价的方式招标,选定施工队伍,以便不影响工程进行,充分体现了“统一量、指导价、竞争费”的工程计价指导思想。其基本做法是商务标只报出投标折扣比例,结算时取费按中标费率结算,直接费部分仍然按图纸或现场签证单为依据计算,套定额,其原理基本与传统的程序方法一样,只是加大了取费上的竞争。

该报价方法的优点在于：

(1) 招标计价十分简便，商务标内容单一，只报出投标费率即可。

(2) 有利于招标工作的顺利进行，择优选择施工队伍。

(3) 通过取费上的竞争，能适当降低工程造价，可在一定程度上进行投资控制。

该报价方式也存在一定的缺点：

(1) 招标时只是确定中标折扣比例，工程造价在招标时不能完整体现出来，需待工程竣工结算时才能完整计算工程造价。

(2) 工程竣工结算时按实际发生办理结算，费工费时，结算的工作量大而繁杂。

(3) 直接费部分如现场签证工程量若控制不好，将不利于投资控制。

3) 固定单价报价方式

固定单价为完成合同清单项目所需的全部费用，包括人工费、材料费、机械费、脚手架搭拆费、工资性津贴、其他直接费、现场经费、间接费、利润、税金、材料代用、人工调差、材料价差、机械价差、政策性调整、施工措施费用及合同包含的所有风险责任等，一般适用于工程数量难以确定的工程项目。

专项电力工程施工下所有的三级目录一般采用固定单价报价方式，其报价格式如表 5.2～表 5.7 所示。

表 5.2 铁塔项目的报价格式

项目序号	项目名称	检修分类	设备类别	电压等级	线路条数(条)	铁塔数量(基)	铁塔总重量(吨)	项目简介	项目费用

表 5.3 杆口防腐项目的报价格式

项目序号	项目名称	检修分类	设备类别	电压等级	线路条数(条)	线路基数(基)	杆口接头(只)	项目简介	项目费用

表 5.4　水泥杆防腐项目的报价格式

项目序号	项目名称	检修分类	设备类别	电压等级	线路条数(条)	线路基数(基)	水泥杆防腐(平方米)	项目简介	项目费用

表 5.5　变电构支架防腐项目的报价格式

项目序号	项目名称	检修分类	设备类别	电压等级	构支架件数(件)	构支架总重量(吨)	项目简介	项目费用

表 5.6　变电设备防腐项目的报价格式

项目序号	项目名称	检修分类	设备类别	电压等级	设备个数(个)	设备防腐(平方米)	项目简介	项目费用

表 5.7　RTV 喷涂(防污闪)项目的报价格式

项目序号	项目名称	检修分类	设备类别	电压等级	设备个数(个)	设备防腐(千克)	项目简介	项目费用

5.2.2 非电力工程施工招标采购报价方式选择

非电力工程类项目主要运用的是工程量清单报价和折扣比例报价方式，该类项目参照的标准为《建设工程工程量清单计价规范》(GB 50500—2013)和《房屋建筑与装饰工程工程量计算规范》(GB 50854—2013)。非电力工程施工的工程准备、建筑物施工、建筑安装工程、装修修缮工程和其他工程下所有的三级目录都依照上述情况选择报价方式。

非电力工程施工招标项目的清单表格组成如表 5.8 所示。

表 5.8 非电力工程施工招标项目的清单表格组成

序号	表名	表序
1	封面	清单封-1
2	总说明	清单封-2
3	分部分项工程量清单	清单表-1
4	措施项目清单(一)	清单表-2
5	措施项目清单(二)	清单表-3
6	其他项目清单	清单表-4
7	暂列金额明细表	清单表-4.1
8	材料暂估单价表	清单表-4.2
9	专业工程暂估价表	清单表-4.3
10	计日工表	清单表-4.4
11	总承包服务费计价表	清单表-4.5
12	规费、税金项目清单与计价表	清单表-5

具体的工程量清单格式如下。

清单封-1

工程

工程量清单报价书

合同编号：

投标人：
项目单位：
编制时间：

清单封-2

总说明

工程名称：

1. 工程概况：
2. 工程招标范围：
3. 工程量清单编制依据：
   (1)本工程施工图纸；
   (2)《建设工程工程量清单计价规范》(GB 50500—2013)；
   (3) 招标文件、现行政策、法规等文件。
4. 工程质量、施工符合规范及招标文件要求。
5. 其他需说明问题：

清单表-1

分部分项工程量清单

工程名称：

序号	项目编码	项目名称	项目特征描述	计量单位	工程量	金额(元)		
						综合单价	合价	其中：暂估价

清单表-2

措施项目清单(一)

工程名称：

序号	项目名称	计算基础	费率(%)	金额(元)
合计				

清单表-3

措施项目清单(二)

工程名称:

序号	项目名称	计量单位	金额(元)
合计			

清单表-4

其他项目清单

工程名称:

序号	项目名称	计量单位	金额(元)	备注
1	暂列金额			明细详见清单表-4.1
2	暂估单价			
2.1	材料暂估价			明细详见清单表-4.2
2.2	专业工程暂估单价			明细详见清单表-4.3
3	计日工			明细详见清单表-4.4
4	总承包服务费			明细详见清单表-4.5
合计				/

注:材料暂估单价进入清单项目综合单价,此处不汇总。

清单表-4.1

暂列金额明细表

工程名称：

序号	项目名称	计量单位	暂列金额(元)	备注
合计				/

清单表-4.2

材料暂估单价表

工程名称：

序号	材料名称	型号规格等特殊要求	单位	单价(元)	备注

清单表-4.3

专业工程暂估价表

工程名称：

序号	工程名称	工程内容	金额(元)	备注
合计				/

清单表-4.4

计日工表

工程名称：

编号	项目名称	单位	暂列数量	综合单价(元)	合价(元)
一	人工				
1					
2					
3					
人工小计					
二	材料				
1					
2					
3					
材料小计					
三	施工机械				
1					
2					
3					
施工机械小计					
总计					

清单表-4.5

总承包服务费计价表

工程名称：

序号	项目名称	项目价值(元)	服务内容	费率(%)	金额(元)
1					
2					
合计					

清单表-5

规费、税金项目清单与计价表

工程名称：

序号	项目名称	计算基础	费率(%)	金额(元)
合计				

5.2.3　工程服务招标采购报价方式选择

1) 设计、监理类服务

设计、监理类服务的报价方式采用的是折扣比例报价。投标报价应以现行电力行业取费标准(即国家发改委 2006 年版《电网工程建设预算编制及计算标准》)为主要指导性依据，并以国家电网公司最新颁布的国家电网《关于印发国家电网公司输变电工程勘察设计费概算编制办法(试行)和监理费概算编制办法的通知》(电定〔2010〕7 号)为计算依据进行报价。其计费公式为：费用＝取费基数×折扣比例。具体报价格式如表 5.9 所示。

表 5.9　设计、监理类服务的报价格式

项目序号	项目名称	设计费计费额	电压等级及折扣率(kV、%)		

2) 审计、监造类服务

审计和监造类服务的报价方式采用的是费率报价。费率报价与折扣比例报价类似，其计算公式为：费用＝取费基数×费率。不同项目的取费基数在审计、保险和监造行业中已经比较确定，所以只需凭借费率来作为评标的依据。具体报价格式如表 5.10 所示。

表 5.10　审计、监造类服务的报价格式

项目序号	项目名称	取费基数	费率

3) 其他工程服务

除了设计、监理、审计和监造类工程服务，其他工程服务一般采用的是固定总价报价方式。所谓“固定”，是指这种价款一经约定，除业主增减工程量和变更设计外，一律不调整。所谓“总价”，是指完成合同约定范围内工程量以及为完成该工程量而实施的全部工作的总价款。具体报价格式如表 5.11 和表 5.12 所示。

表 5.11　报价汇总表

序号	项目	价格(元)
合计		

表 5.12　报价分项表

序号	项目	分项	单价	数量	合价(元)	计算说明

如果一个项目的费用组成无法进行下一步的分项目划分,或是存在许多个杂乱的小分项而没有划分的意义,或是项目以一种总承包的方式发包,可以只运用表 5.11 进行报价。

5.2.4　技术服务招标采购报价方式选择

1) 信息技术和电网技术类服务

信息技术和电网技术类服务,其费用组成主要包含人工费、设备费、业务费、场地使用费、专家咨询费、间接费、外委支出和税金。其中的人工费包括专职研究人员费和临时性研究人员费;业务费主要涵盖材料费、资料费、印刷出版费、专利与知识产权事务费、会议费、差旅费、培训费等;场地使用费包括场地物业费和场地使用租金两部分,如图 5.1 所示。

信息技术和电网技术类服务的报价格式如表 5.13 所示。

表 5.13　信息技术和电网技术类服务的报价格式

序号	项目	分项	单价	数量	合价(元)	计算说明
	××××开发集成	人工费				
		设备费				
		业务费				
		场地使用费				
		专家咨询费				
		间接费				
		外委支出				
		税金				

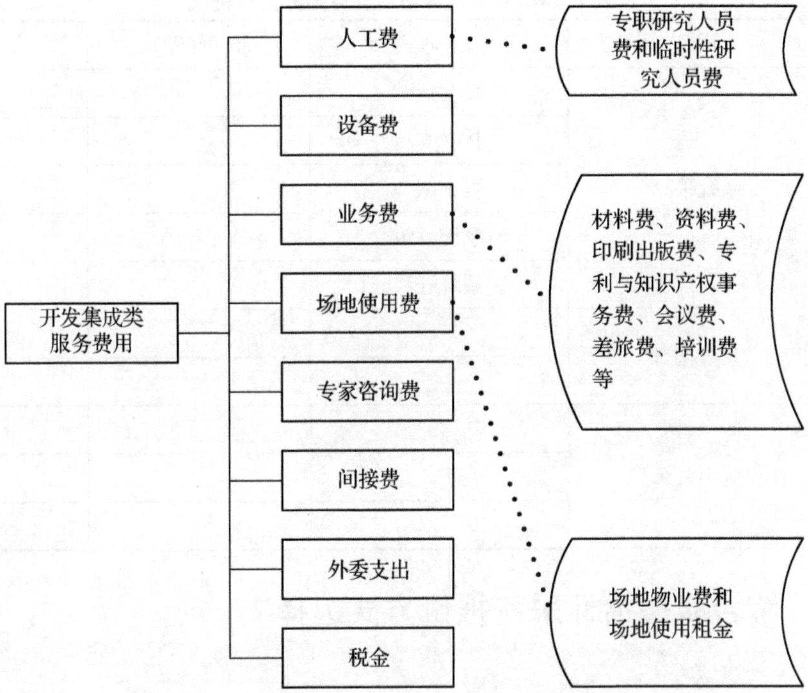

图 5.1　信息技术和电网技术类服务的费用组成

2）电网运维修理类服务

电网运维修理类服务可以分成三大类:纯硬件运维、纯软件运维和软硬件运维。运维类服务区分于开发集成类服务,需要分模块进行报价,主要分为两部分:硬件部分和软件部分。硬件部分为在实施运维时所需的各种材料、部件、设备、技术服务、运输、差旅等;软件部分通过不同的模块进行报价,例如日常运维、技术支持、咨询服务、系统升级、系统迁移、技术培训等模块。

电网运维修理类服务的硬件部分报价格式如表 5.14 所示,软件部分报价格式如表 5.15 所示。

表 5.14　××××项目硬件部分报价格式

序号	项目	分项	单价	数量	合价(元)	计算说明
		××××材料				
		××××部件				
		××××设备				
		技术服务费				
		运输费				
		差旅费				

表 5.15　××××项目软件部分报价格式

序号	项目	分项	合价(元)	计算说明
	系统平台	日常运维		
		技术支持		
		咨询服务		
		系统升级		
		系统迁移		
	系统接口			
	应用展示			

5.2.5　综合服务招标采购报价方式选择

1) 保险类服务

保险类服务的报价方式采用的是费率报价。费率报价与折扣比例报价类似,其计算公式为:费用=取费基数×费率。不同项目的取费基数在审计、保险和监造行业中已经比较确定,所以只需凭借费率来作为评标的依据。保险类服务的报价格式同表 5.10。

2) 管理咨询类服务

管理咨询类服务的报价方式采用的是固定总价报价,其费用主要由三部分组成:人工费、业务费和专家咨询费。其中的人工费包括专职研究人员费、专职数据搜集人员费等;业务费包括材料费、资料费、印刷出版费、会议费、培训费、信息系统需求提报费等,如图 5.2 所示。

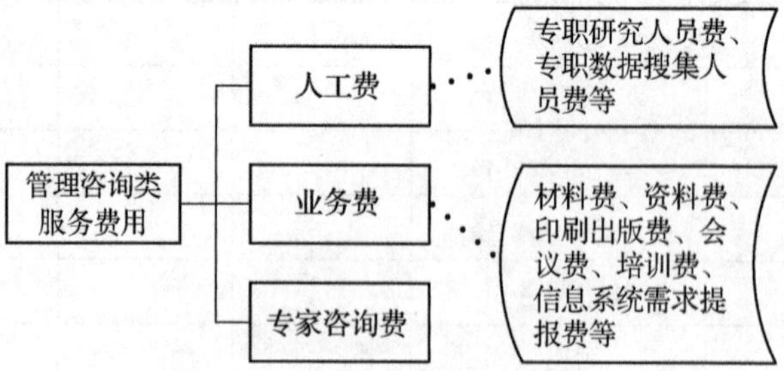

图 5.2　管理咨询类服务的费用组成

管理咨询类服务的报价格式如表 5.15 所示。

表 5.15　管理咨询类服务分项报价格式

序号	项目	分项	单价	数量	合价(元)	计算说明
		人工费				
		业务费				
		专家咨询费				

3）其他的综合服务

除了保险类、管理咨询类服务之外的综合服务一般都采用固定总价报价方式，其报价格式如表 5.11 和表 5.12 所示。

第6章 电网企业非物资招标采购发包人要求

6.1 发包人要求和技术标准概述

发包人要求是指相关单位在向招标部门提供需求计划时应该提交的相关文件或材料。在分批次、分标段采购非物资的过程中,需求单位根据自己的需求向招标公司提报需求计划,针对采购对象所属类别、批次和标段的不同,需要提交相关材料或文件,这些文件或材料以一定的格式组合在一起,形成发包人要求。

根据相关国际政府采购规则/条例和《政府采购法》《招标投标法》的立法精神及《政府采购货物和服务招标投标管理办法》的规定,招标文件需具备以下几个方面的内容:关于编制和提交投标文件的规定、关于采购项目的技术规格、合同的一般条款和特殊条款、投标的有关格式范例、评标办法及程序等,其中技术规格是招标文件和合同文件的重要组成部分。

电网企业进行的招标采购活动按照施工类和服务类分别进行,其中施工类如果没有特殊情况一般不需要提供发包人要求,服务类必须提供发包人要求。因此针对新构建的电网企业非物资分类体系,需要对服务类招标采购项目的发包人要求进行具体规定。

技术标准则是需求单位在上报需求计划时提交的与标的物相关的法律法规、行业规范、常用标准等。规范作为一种技术标准,在我国的工程设计与施工中发挥着至关重要的作用。从本质而言,技术规范是工程技术研究成果和实践经验的集中总结,规范所规定的技术和方法是通常情况下值得遵循的做法,因此规范的主要适用对象应该是一般情况下的一般工程。规范所提供的做法一般是成熟可靠的,但往往不是最先进的,规范也不可能完全适用于各种特定的条件和新出现的情况。

业主和设计人员根据工程的特点和预期的目标,可以选用不同的规范,在不违反有关法规规定的前提下,也可以采用不同于规范的要求和做法。对于重要或复杂的工程,则应专门制定设计和施工标准,原则上不能采用规范上的一般做法。

除了对规范的正确理解之外,还应该明确认定技术规范中所规定的要求往往是一般情况下的最低限度要求。受长期习惯的熏陶和影响,管理、设计、施工人员似乎已经习惯将规范的最低要求作为确定性要求。我国所有的规范至今也都避而不提这一重要的原则,似乎在设计中采用了高于规范的最低限度要求就是浪费。工程对象千变万化,遵守了规范的最低要求并不一定能够保证工程的应有质量,一些工程由于自身和环境的特点,本应有更高的要求才能满足其安全性和适用性，如果设计人员只按规范的最低要求去做，出了问题仍然需要承担一定的责任。

在技术标准上，过分依赖技术规范的作用，却未能建立与规范相配套的指南、建议、工法等并构成完整的技术标准体系。规范固然十分重要，但它往往只能涉及重大的技术原则和带有普遍性的技术问题，不可能照顾到具体细节和特定的环境等条件。后者需要更为详尽、具体的技术标准。

工程建设需要有一套完整的法规和技术标准体系，国际上的普遍做法是先有"法"，如工程建设管理法；其次是政府有关部门颁布的从属于"法"的种种"规则"或"条例"。这些都属于法规的范畴，必须严格遵守。而技术标准如规范、规程、指南、工法等本身均不带有强制性质。由于我国过去的法规不够健全，于是技术规范的地位膨胀。应该作为立法确定的法规主要是工程建造、使用、维修、检测、拆除、搬移的基本规定，相关企业和人员的资质与责任，以及对违法、诉讼和处罚等的规定。法规中也需要认可或指定某些技术标准中的重要条款作为具体设计施工活动的规则。至于技术标准的制定，一般是由学会或行业协会来独立完成并加以管理。

某一种产品或服务的招标采购必然有与之相关的评价标准。在需求计划上报时提交可能用到的评价标准是为了在选择购买对象时更加高效、准确。为了加强管理，提高效益，必须要制定合理的、实用性强的发包人要求格式。

6.2　发包人要求基本格式和注意事项

6.2.1　发包人要求基本格式

电网企业招标过程中的发包人要求主要包括如下一些条款，实际应用中可以根据不同的项目作出相应的调整或修改。

1）概述

发包人要求的概述部分用于对招标采购项目进行大体情况的介绍以及涉及的背景介绍。某一个招标采购项目的实施具有一定的社会环境意义和对于需求提交单位的现实意义，这一部分的存在为招标采购项目实施的必要性、迫切性作出了很好的解释。项目概述是指在介绍或论述某个项目时，首先综合性地简要介绍项目的基本情况，例如招商项目概述要比一般项目概述的内容更全面，包括项目建设内容、建设规模、投资总额、市场前景、经济效益、社会效益、地理位置、交通条件、气候环境、人文环境、优惠政策等内容。另外项目概述还对该招标采购项目的具体组成部分进行介绍，例如设备监造服务产品范围包括变压器、电抗器、断路器、组合电器、隔离开关、电流互感器、电压互感器、电容器、避雷器、柱上负荷开关、开关柜、电力电缆等。概述中对于项目的每个组成部分的工作范围进行详细介绍，方便招标公司准确详尽地描述招标内容。

2）技术标准

对标的物所涉及的所有现行的法律法规规定的技术标准、相关行业的行业规范、实际运用中的通用标准等做出标明。当有多重准则时应该以最权威、最新的相关技术标准为准。在需求计划上报时提交可能用到的评价标准是为了在选择购买对象时更加高效、准确。

3）目标

发包人要求的目标部分用于介绍招标采购项目进行的目标，是对项目前景的展望和对招标采购最终成果的预想，各单位在提出招标采购需求计划的时候都有对该项目的期待和展望。在这一部分对目标进行阐述可以进一步确定方向，修正实施路线，也为招标工作的顺利展开和正确操作奠定基础。不同的招标采购项目会有不同类型的目标，因而需要根据采购对象所属的类别进行目标设定。对于特定的招标采购对象应确定合理的目标。

4）工作范围

发包人要求的工作范围部分需要详细说明服务方应当为该招标采购项目完成的具体任务以及具体要求。由于招标采购项目类别种类较多，需要根据项目的具体情况具体拟定。一般的招标项目工作范围包含以下几个方面：① 项目技术标准；② 项目技术要求；③ 货物需求表格；④ 货物技术规范；⑤ 包装运输和存储；⑥ 安装；⑦ 验收；⑧ 技术资料；⑨ 质量保证与技术服务等。以技术开发项目为例，该项目的发包人要求工作范围部分应当包含：① 项目技术标准；② 项目技术要求，包括功能性要求和非功能性要求，非功能性要求又包括标准化要求、可靠性要求和安全性要求；③ 安装服务；④ 验收，包括验收的时间、地点和具体标准；⑤ 技术资料；⑥ 质量保证与技术服务等。

5）进度与报告

该部分需要对项目进度以及报告过程进行说明，要有准确的项目起止时间、报告过程安排规定等。计划进度是发包人制定的工作程序和时间安排计划。计划进度要做到程序清楚，时间分配科学合理，并应有一定的弹性。进度安排中应当安排多个时间节点进行任务的细化或成果检验工作。

6）发包人义务

该部分规定了发包人需要承担的相关义务，方便进行责任职责划分工作。

7）备注

除了上述条目之外，若有其他需特殊描述或者单独说明的条款则在该部分进行相应的描述，如付款方式、合同签订方式等，以保证发包人要求的完整、准确。

6.2.2 发包人要求注意事项

除了上述具体形式的发包人要求及规范的规定之外，发包人要求的提交还应符合一系列的实施规则，包括以下一些注意事项：

（1）覆盖全面。

（2）针对性强。

（3）技术标准应用准确，国家对招标项目的技术、标准有规定的，应当按照其规定在招标文件中提出相应要求。

（4）不存在违反法律、行政法规的强制性规定以及违反公开、公平、公正和诚实信用原则的情况。

(5) 不得要求或者标明特定的生产供应者以及含有倾向或者排斥潜在投标人的其他内容。各项技术标准均不得要求或标明某一特定的专利、商标、名称、设计、原产地或生产供应者，不得含有倾向或者排斥潜在投标人的其他内容。如果必须引用某一生产供应者的技术标准才能准确或清楚地说明拟招标项目的技术标准时，则应当在参照后面加上“或相当于”的字样。

(6) 格式符合要求。

6.3　电网企业服务招标采购发包人要求格式

在电网企业的实际招标采购操作过程中，工程类项目的发包人要求一般以工程量清单以及技术标准清单代替，不需要用到发包人要求的格式和条目。而服务类项目由于差异较大，对发包人的具体要求也不同，因此，下面根据非物资中服务项目的分类情况，按二级目录分别制定发包人的具体要求。

6.3.1　工程服务招标采购发包人要求格式

1) 设计前咨询服务

根据电网企业非物资分类体系，设计前咨询服务包含多个三级目录，对这些三级目录进行归类，它们的发包人要求可以分为 A、B 两类。

A 类

设计前咨询服务二级目录中的水土保持方案、环境影响评价、可行性研究工作委托、输变电工程核准申请技术咨询、土地预审、地灾压矿、地质勘测及其他设计前咨询服务等三级目录可使用以下格式的发包人要求。

(1) 概述

总体介绍工程概况并详细说明各项目的名称及金额，根据设计前咨询服务的具体内容阐述在工程前期需要对环境、能源、社会等各个方面进行评估。

(2) 技术标准

对标的物涉及的相关现行法律法规规定的技术标准、相关行业的行业规范、实际运用中的通用标准等作出标明。当有多重准则时应该以最权威、最新的相关技术标准为准。

(3) 目标

介绍项目进行的目的。

(4) 工作范围

对工作任务进行具体描述，应具备以下(包括但不限于)条目：① 明确方案的编制依据，为方案的编制及实施提供法律和技术依据；② 调查分析工程区自然状况；③ 结合现场调查和工程特点，规划工程土石方利用及调运情况；④ 确定防治责任范围，明确建设单位的防治区域；⑤ 根据各个部位特点，对区域进行分区防治，制定针对性强的措施，进行典型措施设计，提出工程量，并明确进度安排和施工条件；⑥ 提出项目监测，制定监测体系，确定重点监测区域及时段；⑦ 编制投资估算，提出方案实施的效益分析和施工的保证措施；⑧ 满足相关管理部门的审批要求；⑨ 协助业主完成方案报告书的评审与报批工作。

(5) 进度与报告

进度与报告如表 6.1 所示。

表 6.1　进度与报告

项目名称	提交时间

(6) 发包人义务

可选。

(7) 其他

除了上述条目之外，若有其他需特殊描述或者单独说明的条款则在该部分进行相应的描述，如付款方式、合同签订方式等。

B 类

设计前咨询服务二级目录中的可行性研究评审、节能评估、社会稳定风险评估等三级目录可使用以下格式的发包人要求。

(1) 概述

总体介绍工程概况并详细说明各标段的名称及金额。

(2) 技术标准

对标的物涉及的相关现行法律法规规定的技术标准、相关行业的行业规范、实际运用中的通用标准等作出标明。当有多重准则时应该以最权威、最新的相关技术标准为准。

(3) 目标

介绍项目进行的目的。

(4) 工作范围

服务方编制并提交的实施方案和调查报告应满足国家、地方行政主管部门及行业主管部门的有关建设项目管理要求。验收调查技术咨询必须做到以下几点(包括但不限于)：① 承担项目应采用的研究方式、方法；② 承担项目应开展前期调研工作的内容与方式；③ 项目最终成果的展现形式；④ 项目成果应用的范围、方式；⑤ 项目研究过程与成果中包含的专利、专有技术、版权、著作权等的归属要求；⑥ 培训要求。

(5) 进度与报告

进度与报告如表 6.1 所示。

(6) 发包人义务

可选。

(7) 其他

除了上述条目之外，若有其他需特殊描述或者单独说明的条款则在该部分进行相应的描述，如付款方式、合同签订方式等。

2）工程设计服务

工程设计服务二级目录中包括以下三级目录：基建输变电设计、基建变电工程设计、基建线路工程设计、技改输变电设计、技改变电工程设计、技改线路工程设计、通信工程设计、配网工程设计、营销工程设计、农网工程设计、专项电力工程设计、新建居住区电力设施工程设计、房屋建筑设计、房屋修缮工程设计、装饰装修工程设计、其他工程设计服务等，可使用以下格式的发包人要求。

（1）概述

总体介绍工程概况并详细说明各标段的名称及金额。工程设计是指对工程项目的建设提供有技术依据的设计文件和图纸的整个活动过程，是根据建设工程和法律法规的要求，对建设工程所需的技术、经济、资源、环境等条件进行综合分析、论证，编制建设工程设计文件，提供相关服务的活动，包括总图、工艺设备设计以及建筑、结构、动力、储运、自动控制、技术经济等工作。

（2）技术标准

对标的物涉及的相关现行法律法规规定的技术标准、相关行业的行业规范、实际运用中的通用标准等作出标明。当有多重准则时应该以最权威、最新的相关技术标准为准。

（3）目标

介绍项目进行的目的。

（4）工作范围

工作范围应该对设计项目的以下（包括但不限于）特点进行规定：① 工程名称；② 电压等级；③ 项目具体介绍，包括：

✓ 建设规模

✓ 电气部分

➢ 电气主接线

➢ 主要电气设备选择

➢ 配电装置和电气总平面布置

➢ 站用电及防雷接地

✓ 土建、水工及消防

➢ 总布置

➢ 建、构筑物

➢ 水工和消防

✓ 线路工程

➢ 路径

➢ 气象条件

（5）进度与报告

进度与报告如表 6.1 所示。

（6）发包人义务

可选。

(7) 其他

除了上述条目之外,若有其他需特殊描述或者单独说明的条款则在该部分进行相应的描述,如付款方式、合同签订方式等。

3) 工程监理服务

工程监理服务二级目录包括以下三级目录:基建工程监理、技改工程监理、配网工程监理、营销工程监理、农网工程监理、电网检修工程监理、专项电力工程监理、新建居住区电力设施工程监理、设计监理、其他工程监理服务等,可使用以下格式的发包人要求。

(1) 概述

总体介绍工程概况并详细说明各标段的名称及金额。工程监理工作的依据是工程承包合同和监理合同及相关规范,监理的职责就是在贯彻执行国家有关法律法规的前提下,促使甲、乙双方签定的工程承包合同得到全面履行。

(2) 技术标准

对标的物涉及的相关现行法律法规规定的技术标准、相关行业的行业规范、实际运用中的通用标准等作出标明。当有多重准则时应该以最权威、最新的相关技术标准为准。

(3) 目标

介绍项目进行的目的。

(4) 工作范围

工作范围应该对涉及项目的以下(包括但不限于)特点进行规定:① 工程名称;② 电压等级;③ 项目具体介绍,包括:

✓ 建设规模

✓ 电气部分

➢ 电气主接线

➢ 主要电气设备选择

➢ 配电装置和电气总平面布置

➢ 站用电及防雷接地

✓ 土建、水工及消防

➢ 总布置

➢ 建、构筑物

➢ 水工和消防

(5) 进度与报告

进度与报告如表 6.1 所示。

(6) 发包人义务

可选。

(7) 其他

除了上述条目之外,若有其他需特殊描述或者单独说明的条款则在该部分进行相应的描述,如付款方式、合同签订方式等。

4) 工程造价咨询服务

工程造价咨询服务二级目录包括以下三级目录:投资估算、概预算的编制与审核、合同价款的确定与调整、工程结算审计、竣工决算审计、其他工程造价咨询服务等,可使用以下格式的发包人要求。

(1) 概述

总体介绍工程概况并详细说明各标段的名称及金额。工程造价咨询服务是对建设项目的投资估算、概预算的编制与审核、合同价款的确定与调整、工程结算及竣工结(决)算报告的编制与审核进行全过程或若干阶段的管理和服务。

(2) 技术标准

对标的物涉及的相关现行法律法规规定的技术标准、相关行业的行业规范、实际运用中的通用标准等作出标明。当有多重准则时应该以最权威、最新的相关技术标准为准。

(3) 目标

介绍项目进行的目的。

(4)工作范围

服务方编制并提交的实施方案和调查报告应满足国家、地方行政主管部门及行业主管部门的有关建设项目管理要求。验收调查技术咨询必须做到以下几点(包括但不限于):① 承担项目应采用的研究方式、方法;② 承担项目应开展前期调研工作的内容与方式;③ 项目最终成果的展现形式;④ 项目成果应用的范围、方式;⑤ 项目研究过程与成果中包含的专利、专有技术、版权、著作权等的归属要求;⑥ 培训要求。

(5) 进度与报告

进度与报告如表 6.1 所示。

(6) 发包人义务

可选。

(7) 其他

除了上述条目之外,若有其他需特殊描述或者单独说明的条款则在该部分进行相应的描述,如付款方式、合同签订方式等。

5) 其他工程服务

其他工程服务二级目录包括以下三级目录:环境保护监测、水土保持监测、工程质量检测、大型设备运输、环保验收、水土保持验收、监造等,可使用以下格式的发包人要求。

(1) 概述

总体介绍工程概况并详细说明各项目的名称及金额。其他工程服务指一些专业性较强,不属于工程施工顺序中的特殊项目。

(2) 技术标准

对标的物涉及的相关现行法律法规规定的技术标准、相关行业的行业规范、实际运用中的通用标准等作出标明。当有多重准则时应该以最权威、最新的相关技术标准为准。

(3) 目标

介绍项目进行的目的。

（4）工作范围

对工作任务进行具体描述，应具备以下（包括但不限于）条目：① 明确方案的编制依据，为方案的编制及实施提供法律和技术依据；② 调查分析工程区自然状况；③ 结合现场调查和工程特点，规划工程土石方利用及调运情况；④ 确定防治责任范围，明确建设单位的防治区域；⑤ 根据各个部位特点，对区域进行分区防治，制定针对性强的措施，进行典型措施设计，提出工程量，并明确进度安排和施工条件；⑥ 提出项目监测，制定监测体系，确定重点监测区域及时段；⑦ 编制投资估算，提出方案实施的效益分析和施工的保证措施；⑧ 满足相关管理部门的审批要求；⑨ 协助业主完成方案报告书的评审与报批工作。

（5）进度与报告

进度与报告如表 6.1 所示。

（6）发包人义务

可选。

（7）其他

除了上述条目之外，若有其他需特殊描述或者单独说明的条款则在该部分进行相应的描述，如付款方式、合同签订方式等。

6.3.2 技术服务招标采购发包人要求格式

1）信息技术服务

信息技术服务二级目录包括以下三级目录：信息技术咨询服务、软件开发服务、信息系统集成实施服务、运营服务、信息系统运维服务、数据处理服务、呼叫中心服务、其他信息技术服务等，可使用以下格式的发包人要求。

（1）概述

总体介绍招标采购概况。信息技术服务是指为用户提供开发、应用信息技术的服务，以及以信息技术为手段支持用户业务活动的服务。信息技术服务主要包括以信息技术为服务对象和服务内容的服务、借助信息技术来提供各种业务的服务两方面的内容。

（2）技术标准

对标的物涉及的相关现行法律法规规定的技术标准、相关行业的行业规范、实际运用中的通用标准等作出标明。当有多重准则时应该以最权威、最新的相关技术标准为准。

（3）目标

介绍项目进行的目的。

（4）工作范围

工作范围应该对涉及项目的以下（包括但不限于）特点进行规定：

① 项目技术标准。

② 项目技术要求：

✓ 功能性要求

✓ 非功能性要求

➢ 标准化要求

➢ 可靠性要求

➢ 安全性要求

③ 货物需求一览表，如表 6.2 所示。

表 6.2　货物需求一览表

序号	设备名称	技术性能要求	单位	数量

④ 货物技术规范。

⑤ 包装运输和贮存。

⑥ 安装服务。

⑦ 验收。

⑧ 技术资料。

⑨ 质量保证与技术服务。

(5) 进度与报告

① 进度节点安排，如表 6.3 所示。

表 6.3　进度节点安排表

工作节点安排	时间
单体测试	
集成测试	
……	

② 进度报告方式。

(6) 发包人义务

可选。

(7) 其他

除了上述条目之外，若有其他需特殊描述或者单独说明的条款则在该部分进行相应的描述，如付款方式、合同签订方式等。

2) 电网技术服务

电网技术服务二级目录包括以下三级目录：一次设备技术开发、二次设备技术开发、调度技术开发、其他技术开发、技术咨询、科学研究等，可使用以下格式的发包人要求。

(1) 概述

总体介绍招标采购概况。电网技术服务是指应用电力工程专业技术（比如先进的管理理念、电力工程相关的科学技术）为公司发展进行服务的项目。

(2) 技术标准

对标的物涉及的相关现行法律法规规定的技术标准、相关行业的行业规范、实际运用中的通用标准等作出标明。当有多重准则时应该以最权威、最新的相关技术标准为准。

(3) 目标

介绍项目进行的目的。

(4) 工作范围

工作范围应该对涉及项目的以下(包括但不限于)特点进行规定:

① 项目技术标准。

② 项目技术要求:

✓ 功能性要求

✓ 非功能性要求

➢ 标准化要求

➢ 可靠性要求

➢ 安全性要求

③ 货物需求一览表,如表 6.2 所示。

④ 货物技术规范。

⑤ 包装运输和贮存。

⑥ 安装服务。

⑦ 验收。

⑧ 技术资料。

⑨ 质量保证与技术服务。

(5) 进度与报告

① 进度节点安排,如表 6.3 所示。

② 进度报告方式。

(6) 发包人义务

可选。

(7) 其他

除了上述条目之外,若有其他需特殊描述或者单独说明的条款则在该部分进行相应的描述,如付款方式、合同签订方式等。

3) 电网运维修理服务

电网运维修理服务二级目录包括以下三级目录:变电一次设备运维、变电二次设备运维、调度设备运维修理、通信设备运维修理、通信线路运维修理、线路设施运维、电缆运维、配电设备运维、安措设施运维修理、辅助设施运维、仪器仪表运维修理、设备返厂大修维护、配电自动化运维、设备检测、设备安装调试、低压采集运维、负控采集运维、基站运行维护、数据清理等,可使用以下格式的发包人要求。

(1) 概述

总体介绍招标采购概况。电网运维修理服务指电网机械设备以及其他设备的运维修理和保养服务。电网企业在工程建设过程中的机械设备主要是电力设备,其运维服务是对电力设备运行过程中的检测。

(2) 技术标准

对标的物涉及的相关现行法律法规规定的技术标准、相关行业的行业规范、实际运用中的通用标准等作出标明。当有多重准则时应该以最权威、最新的相关技术标准为准。

(3) 目标

介绍项目进行的目的。

(4) 工作范围

工作范围应该对涉及项目的以下(包括但不限于)特点进行规定：

① 运维设备应符合的条件，如表 6.4 所示。

表 6.4　运维设备应符合的条件

序号	部件名称	运维应符合的条件	操作方法	预期效果

② 项目技术要求：

✓ 功能性要求

✓ 非功能性要求

➢ 标准化要求

➢ 可靠性要求

➢ 安全性要求

(5) 进度与报告

进度与报告如表 6.1 所示。

(6) 发包人义务

可选。

(7) 其他

除了上述条目之外，若有其他需特殊描述或者单独说明的条款则在该部分进行相应的描述，如付款方式、合同签订方式等。

6.3.3　综合服务招标采购发包人要求格式

1) 金融服务

金融服务二级目录包括以下三级目录：人身保险、医疗保险、车辆保险、资产保险、供电责任保险和贷款服务等，可使用以下格式的发包人要求。

(1) 概述

总体介绍招标活动概况。此处指金融机构运用货币交易手段融通有价物品，向金融活动参与者和顾客提供的共同受益、获得满足的活动。

(2) 技术标准

对标的物涉及的相关现行法律法规规定的技术标准、相关行业的行业规范、实际运用中的通用标准等作出标明。当有多重准则时应该以最权威、最新的相关技术标准为准。

(3) 目标

介绍项目进行的目的。

(4) 工作范围

工作范围应该对涉及项目的以下(包括但不限于)特点进行规定：

① 项目技术标准。

② 项目技术要求：

✓ 功能性要求

✓ 非功能性要求

➢ 标准化要求

➢ 可靠性要求

➢ 安全性要求

③ 验收；

④ 技术资料。

(5) 进度与报告

进度与报告如表 6.1 所示。

(6) 发包人义务

可选。

(7) 其他

除了上述条目之外，若有其他需特殊描述或者单独说明的条款则在该部分进行相应的描述，如付款方式、合同签订方式等。

2) 法律服务

法律服务二级目录包括以下三级目录：诉讼服务和非诉讼服务，可以使用如下格式的发包人要求。

(1) 概述

总体介绍工程概况并详细说明各标段的名称及金额。法律服务是指律师、非律师法律工作者、法律专业人士(包括法人内部在职人员、退离休政法人员等)或相关机构以其法律知识和技能为法人或自然人实现其正当权益、提高经济效益、排除不法侵害、防范法律风险、维护自身合法权益而提供的专业活动。

(2) 技术标准

对标的物涉及的相关现行法律法规规定的技术标准、相关行业的行业规范、实际运用中的通用标准等作出标明。当有多重准则时应该以最权威、最新的相关技术标准为准。

(3) 目标

介绍项目进行的目的。

(4) 工作范围

服务方编制并提交的实施方案和调查报告应满足国家、地方行政主管部门及行业主管部门的有关建设项目管理要求。验收调查技术咨询必须做到以下几点(包括但不限于)：

① 承担项目应采用的研究方式、方法；② 承担项目应开展前期调研工作的内容与方式；③ 项目最终成果的展现形式；④ 项目成果应用的范围、方式；⑤ 项目研究过程与成果中包含的专利、专有技术、版权、著作权等的归属要求；⑥ 培训要求。

(5) 进度与报告

进度与报告如表 6.1 所示。

(6) 发包人义务

可选。

(7) 其他

除了上述条目之外，若有其他需特殊描述或者单独说明的条款则在该部分进行相应的描述，如付款方式、合同签订方式等。

3) 管理咨询服务

管理咨询服务二级目录包括以下三级目录：企业战略管理咨询服务和日常运营管理咨询服务，可以使用如下格式的发包人要求。

(1) 概述

总体介绍招标采购概况并详细说明各标段的名称及金额。管理咨询服务是指由具有丰富经营理论知识和实践经验的专家与企业有关人员密切配合，到企业进行实地调查研究，应用科学的方法找出企业经营战略和经营管理上存在的问题，分析产生问题的原因，提出改进方案。当企业接受改进方案后，咨询师则负责为企业培训人员，帮助指导企业实施改进方案。

(2) 技术标准

对标的物涉及的相关现行法律法规规定的技术标准、相关行业的行业规范、实际运用中的通用标准等作出标明。当有多重准则时应该以最权威、最新的相关技术标准为准。

(3) 目标

介绍项目进行的目的。

(4) 工作范围

服务方编制并提交的实施方案和调查报告应满足国家、地方行政主管部门及行业主管部门的有关建设项目管理要求。验收调查技术咨询必须做到以下几点(包括但不限于)：① 承担项目应采用的研究方式、方法；② 承担项目应开展前期调研工作的内容与方式；③ 项目最终成果的展现形式；④ 项目成果应用的范围、方式；⑤ 项目研究过程与成果中包含的专利、专有技术、版权、著作权等的归属要求；⑥ 培训要求。

(5) 进度与报告

进度与报告如表 6.1 所示。

(6) 发包人义务

可选。

(7) 其他

除了上述条目之外，若有其他需特殊描述或者单独说明的条款则在该部分进行相应的描述，如付款方式、合同签订方式等。

4）物业管理服务

物业管理服务二级目录包括以下三级目录：卫生保洁服务、安保服务、园林绿化美化、电梯运维修理、消防设施设备运维修理、空调运维修理、立体车库运维修理、其他物业运维修理、物业服务总承包等，可使用以下格式的发包人要求。

（1）概述

总体介绍招标活动概况。物业管理服务是指受物业所有人的委托，依据物业管理委托合同，对物业的房屋建筑及其设备、市政公用设施、绿化、卫生、交通、治安和环境容貌等管理项目进行维护、修缮和整治，并向物业所有人和使用人提供综合性的有偿服务。

（2）技术标准

对标的物涉及的相关现行法律法规规定的技术标准、相关行业的行业规范、实际运用中的通用标准等作出标明。当有多重准则时应该以最权威、最新的相关技术标准为准。

（3）目标

介绍项目进行的目的。

（4）工作范围

工作范围应该对涉及项目的以下（包括但不限于）特点进行规定：

① 工程服务项目：

✓ 供电系统设备管理

✓ 供水系统设备管理

✓ 弱电系统设备管理

✓ 特种设备管理

➢ 电梯设备

➢ 空调系统设备

✓ 综合类项目维修管理

② 安保、消防服务项目。

③ 综合接待服务项目。

④ 环境卫生服务项目。

⑤ 物业管理服务质量。

⑥ 服务期限。

（5）发包人义务

可选。

（6）其他

除了上述条目之外，若有其他需特殊描述或者单独说明的条款则在该部分进行相应的描述，如付款方式、合同签订方式等。

5）财会服务

财会服务二级目录包括以下三级目录：会计服务、审计服务、税务服务等，可使用以下格式的发包人要求。

（1）概述

总体介绍工程概况并详细说明各标段的名称及金额。财会是指企业再生产过程中的资金运动，它体现企业和各方面的关系，也指从事财会工作的人员；会计是以货币为主要计量单位，采用一系列专门的方法和程序，对经济交易或事项进行连续、系统、综合的核算和监督，提供经济信息，参与预测决策的一种管理活动，也指从事会计工作的人员。

(2) 技术标准

对标的物涉及的相关现行法律法规规定的技术标准、相关行业的行业规范、实际运用中的通用标准等作出标明。当有多重准则时应该以最权威、最新的相关技术标准为准。

(3) 目标

介绍项目进行的目的。

(4) 工作范围

服务方编制并提交的实施方案和调查报告应满足国家、地方行政主管部门及行业主管部门的有关建设项目管理要求。验收调查技术咨询必须做到以下几点(包括但不限于)：① 承担项目应采用的研究方式、方法；② 承担项目应开展前期调研工作的内容与方式；③ 项目最终成果的展现形式；④ 项目成果应用的范围、方式；⑤ 项目研究过程与成果中包含的专利、专有技术、版权、著作权等的归属要求；⑥ 培训要求。

(5) 进度与报告

进度与报告如表 6.1 所示。

(6) 发包人义务

可选。

(7) 其他

除了上述条目之外，若有其他需特殊描述或者单独说明的条款则在该部分进行相应的描述，如付款方式、合同签订方式等。

6) 物流服务

物流服务二级目录包括以下三级目录：运输、仓储、配送、包装、总承包等，可使用以下格式的发包人要求。

(1) 概述

总体介绍招标活动概况。物流是指物质实体从供应者向需求者的物理移动，它由一系列创造时间价值和空间价值的经济活动组成，包括运输、保管、配送、包装、装卸、流通加工及物流信息处理等多项基本活动，是这些活动的统一。

(2) 技术标准

对标的物涉及的相关现行法律法规规定的技术标准、相关行业的行业规范、实际运用中的通用标准等作出标明。当有多重准则时应该以最权威、最新的相关技术标准为准。

(3) 目标

介绍项目进行的目的。

(4) 工作范围

工作范围应该对涉及项目的以下(包括但不限于)特点进行规定：

① 项目技术标准。

② 项目技术要求：

✓ 功能性要求

✓ 非功能性要求

➢ 标准化要求

➢ 可靠性要求

➢ 安全性要求

③ 验收。

④ 技术资料。

(5) 进度与报告

进度与报告如表 6.1 所示。

(6) 发包人义务

可选。

(7) 其他

除了上述条目之外，若有其他需特殊描述或者单独说明的条款则在该部分进行相应的描述，如付款方式、合同签订方式等。

7) 零星日常服务

零星日常服务二级目录包括以下三级目录：人员招聘、会务接待、教育培训服务、劳务服务、印刷和出版服务、会展服务、广告服务、加油服务、租赁服务等，可使用以下格式的发包人要求。

(1) 概述

总体介绍招标活动概况。

(2) 技术标准

对标的物涉及的相关现行法律法规规定的技术标准、相关行业的行业规范、实际运用中的通用标准等作出标明。当有多重准则时应该以最权威、最新的相关技术标准为准。

(3) 目标

介绍项目进行的目的。

(4) 工作范围

工作范围应该对涉及项目的以下(包括但不限于)特点进行规定：

① 项目技术标准。

② 项目技术要求：

✓ 功能性要求

✓ 非功能性要求

➢ 标准化要求

➢ 可靠性要求

➢ 安全性要求

③ 验收。

④ 技术资料。

(5) 进度与报告

进度与报告如表 6.1 所示。

(6) 发包人义务

可选。

(7) 其他

除了上述条目之外,若有其他需特殊描述或者单独说明的条款则在该部分进行相应的描述,如付款方式、合同签订方式等。

第 7 章 电网企业非物资招标采购评审方法

7.1 非物资招标采购常用评审方法和评审流程

招标采购的评审过程就是招标采购中供应商的评价过程，评标就是按照招标文件确定的评标标准和方法，对投标文件进行评审和比较。设有标底的，应当参考标底。评标委员会完成评标后，应当向招标人提出书面评标报告，并推荐合格的中标候选人。

7.1.1 非物资招标采购常用评审方法

目前国内外招标评标研究大多局限于工程类项目，我国政府近几年出台了一些文件，对政府采购类招标和大型工程招标项目过程中的评标委员会的设置和评标方法作了明文规定，以保证评标的公平、公正，以维护招标投标活动当事人的合法权益。评标方法已有很大改进，由最初的定性方法发展到现在的定性与定量相结合的方法。目前招标采购的评审方法可以分为以下几类。

1）专家评标法

主要由评标委员或招标领导小组预先拟定评定的内容，如项目所需时间、企业硬件设备、服务方案达到的效果等，经过对共同分项的认真分析、横向比较和调查后进行综合评议，最终通过协商和投票，选择各项都优良的投标人作为中标候选人推荐给业主。

2）分值评审法

分值评审法包括综合评分法和性价比法。

(1) 综合评分法

综合评分法是指在满足招标文件实质性要求的条件下，依据招标文件中规定的各项因素进行综合评审，以评审总得分最高的投标人作为中标(候选)人的评标方法。

(2) 性价比法

性价比法是指在满足招标文件实质性要求的条件下，依据招标文件中规定的除价格以外的各项因素进行综合评审，以所得总分除以该投标人的投标报价，所得商数(评标总得分)最高的投标人为中标(候选)人的评标方法。

3）价格评审法

价格评审法包括最低评标价法、最低投标价法和价分比法。

(1) 最低评标价法

最低评标价法是指在满足招标文件实质性要求的条件下，评委对投标报价以外的商务因素、技术因素进行量化并折算成相应的价格，再与报价合并计算得到评标价，从中确定评标价最低的投标人作为中标(候选)人的评审方法。

(2) 最低投标价法

最低投标价法是指在满足招标文件实质性要求的条件下，投标报价最低的投标人作为中标(候选)人的评审方法。

(3) 价分比法

价分比法是指在满足招标文件实质性要求的条件下，依据招标文件中规定的除价格以外的各项因素进行综合评审，以该投标人的投标报价除以所得总分，所得商数(评标价)最低的投标人为中标(候选)人的评标方法。

4) 综合评议法

综合评议法是指在满足招标文件实质性要求的条件下，评委依据招标文件规定的评审因素进行定性评议，从而确定中标(候选)人的评审方法。

5) 分步评审法

分步评审法是指在满足招标文件实质性要求的条件下，评委对投标报价以外的价值因素进行量化并折算成相应的价格，再与报价合并计算得到折算投标价，从中确定折算投标价最低的投标人作为中标(候选)人的评审方法。

6) 其他评标方法

(1) 固定低价评标法

固定低价评标法是指投标人的报价必须等于招标人发布的合理低价，当投标文件满足招标文件的其他实质性要求时，就进入随机抽取中标人的环节的评标方式。

(2) 组合低价评标法

组合低价评标法是组合低价标底法(也称为经抽取系数的低价投标价法)中特有的评标方法。该方法基于预先公布的成本预测价，通过开标后系数、权数的随机抽取，计算出组合低价，以组合低价至其向上浮动至某一点的区间作为合理低价区间，最后对报价属于合理低价区间的投标人进行随机抽取，从而确定中标人。

7.1.2　非物资招标采购评审流程

一般情况下，非物资招标采购的评标程序分为初步评审和详细评审两个阶段。

初步评审的内容包括：供应商资格是否符合要求、投标文件是否完整、是否按规定方式提交投标保证金、投标文件是否基本上符合招标文件的要求、有无计算上的错误、企业的资质条件等。如果供应商资格不符合规定，或投标文件未作出实质性的响应，都应作为无效投标处理。有效投标人不足三家，且明显缺乏竞争性的标包，评标委员会可以否决全部投标。

经初步评审，凡是确定为符合要求的投标，下一步要核定投标中有没有计算和累计方面的错误。在修改计算错误时，要遵循两条原则：第一，如果数字表示的金额与文字表示的金额有出入，要以文字表示的金额为准；第二，如果价格和数量的乘积与总价不一致，要以单价为准。但是如果采购实体认为有明显的小数点错误，此时要以标书的总价为准并修改单价。如果投标商不接受根据上述修改方法而调整的投标价，可拒绝其投标并没收其投标保证金。

在完成初步评审以后，按照招标文件中载明的评标标准、评标办法，对进入详评的投标文件客观地进行技术、商务独立评分。

在评审时，当出现最低评审价远远高于标底或缺乏竞争性等情况时，应废除全部投标。

电网企业目前在非物资招标采购过程中使用的评标方法主要为综合评分法。企业建立了评标专家库，由专家对投标人的各项指标进行评审。用这种统一的方法对投标人进行评审有利于招标过程的标准化管理。

根据一般招标采购评审流程，考虑到非物资的特点，电网企业在非物资招标采购中的评标流程如图 7.1 所示。

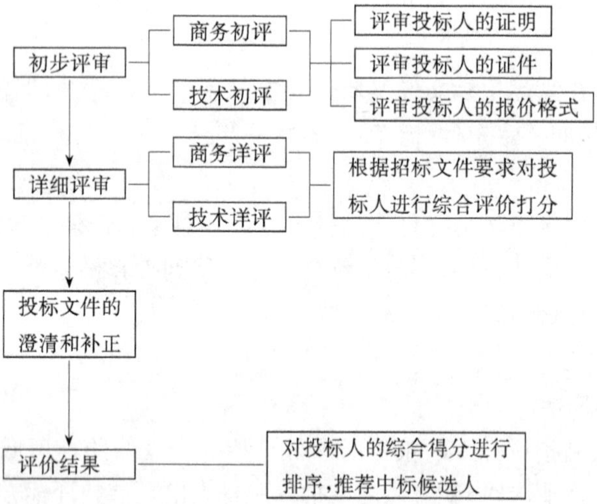

图 7.1　电网企业评标基本流程图

1）初步评审

评标委员会可以要求投标人提交规定的有关证明和证件的原件，以便核验。评标委员会依据条款规定的标准对投标文件进行初步评审，有一项不符合评审标准的，评标委员会否决其投标。

2）详细评审

评标委员会按条款规定的量化因素和分值进行打分，并计算出综合评估得分，具体如下：

(1) 按规定的评审标准和权重对投标商务部分计算出得分 A；

(2) 按规定的评审标准和权重对投标技术部分计算出得分 B；

(3) 按规定的评审标准和权重对投标报价计算出得分 C。

评分分值计算保留小数点后两位，小数点后第三位四舍五入，得到投标人得分，如下所示：

$$投标人得分 = A + B + C$$

如果评标委员会发现投标人的报价明显低于其他投标报价，或者在设有标底时明显低于标底，使得其投标报价可能低于其个别成本的，应当要求该投标人作出书面说明并提供相应的证明材料。投标人不能合理说明或者不能提供相应证明材料的，评标委员会应当认定该投标人以低于成本报价竞标，否决其投标。

如果评标委员会发现投标人的单项报价明显偏差于其他投标人的同项报价，或者明显偏差于根据国家有关机构发布的相关计算依据计算出的同项价格，可能构成恶意不平衡报价的，应当要求该投标人作出书面说明并提供相应的证明材料。投标人不能合理说明或者不能提供相应证明材料的，评标委员会应当认定该投标人恶意不平衡报价，否决其投标。

3）投标文件的澄清和补正

在评标过程中，评标委员会可以书面形式要求投标人对所提交投标文件中不明确的内容进行书面澄清或说明，或者对细微偏差进行补正。评标委员会不接受投标人主动提出的澄清、说明或补正。

澄清、说明和补正不得改变投标文件的实质性内容，投标人的书面澄清、说明和补正属于投标文件的组成部分。评标委员会对投标人提交的澄清、说明或补正有疑问的，可以要求投标人进一步澄清、说明或补正，直至满足评标委员会的要求。投标人拒不按照要求对投标文件进行澄清、说明或者补正的，评标委员会可以否决其投标。

4）评标结果

评标委员会按照得分由高到低的顺序推荐中标候选人，评标委员会完成评标后，向招标人提交书面评标报告。

7.2　电网企业非物资招标采购评审模板选择

7.2.1　国家电网公司的招标评标模板

2014年国家电网公司开始对招标过程进行规范，并对招标方法进行了具体规定，评标模板按照不同的标段分成15个种类，评标模板中对商务和技术的初、详评评价指标进行具体规定，需要评标专家组在评标过程中按照计划中各个项目的所属类别将项目归到不同的标段，并针对采购计划的特殊性条目对模板中的指标进行修改。

国家电网公司的招标评标模板类型如图7.2所示。

国家电网公司颁布的评标模板只是通用模板，没有考虑各电网企业的具体情况。因此，需要根据电网企业的具体业务情况，对非物资招标采购的评标模板进行调整和完善。特别是需要结合电网企业非物资分类体系，对每一类别的非物资确定相应的评标模板。

图 7.2　国家电网公司的招标评标模板类型

7.2.2　电力工程/非电力工程施工招标采购评标模板选择

电网企业非物资分类体系中将施工分成电力工程施工和非电力工程施工，其主要区别在于施工项目是否与电力工程相关，本质上都是工程施工。因此，商务评标时主要考查承包商的质量安全保证体系、投标报价等；技术评标时主要考虑施工方案、物资管理、安全管理和工程协调能力等，所以这两类施工下属所有的二级目录都使用同一种评标类别——“施工”。

国家电网公司对电力工程施工中的基建工程施工出台了针对性的评标模板，对应于“35 kV及以上电网建设工程施工招标 2014 版”。

7.2.3　工程服务招标采购评标模板选择

工程服务一级目录包括设计前咨询服务、工程设计服务、工程监理服务、工程造价咨询服务和其他工程服务等二级目录，由于工程服务涉及的行业广泛，评标时需要考察的评价指标有很大区别，需要根据服务类型选择不同的评标模板。

1）设计前咨询服务

设计前咨询服务下的可行性研究评审三级目录采用“工程单项委托（初设评审、质量检测、竣工环保、水保验收）”评标模板中的评标细则。

其他的三级目录都可以使用“建设工程前期（项目核准专题设计、可研委托）”评标模板中的评标细则。

2）工程设计服务

工程设计服务下所有的三级目录采用“设计”评标模板中的评标细则，对工程设计服务下的基建工程设计三级目录的评标模板国家电网公司已经进行最新的规定，对应的评标模板应为“35 kV 及以上电网建设工程设计招标 2014 版”。

3）工程监理服务

工程监理服务下所有的三级目录采用“监理”评标模板中的评标细则，对工程监理服务下基建工程监理三级目录的评标模板国家电网公司已经有了最新的规定，对应的评标模板应为“35 kV 及以上电网建设工程监理招标 2014 版”。

4）工程造价咨询服务

工程造价咨询服务下所有的三级目录采用“工程预算、结算、审核”评标模板中的评标细则。

5）其他工程服务

在其他工程服务下环境保护检测、水土保持监测、环保验收、桩基检测等三级目录应采用“工程单项委托（初设评审、质量检测、竣工环保、水保验收）”评标模板中的评标细则，大型设备运输三级目录采用“大型设备运输”评标模板中的评标细则。

7.2.4　技术服务招标采购评标模板选择

技术服务一级目录包括信息技术服务、电网技术服务和电网运维修理服务二级目录。

电网运维修理服务中的“设备返厂大修维护”三级目录在评标指标体系中存在一定特殊性，采用国家电网公司评标模板中的“设备返厂大修”评标模板中的评标细则；其他三级目录都采用“运行、维护、实施”评标模板中的评标细则。

信息技术服务和电网技术服务下所有的三级目录采用“技术开发、技术转让、技术咨询、技术服务”评标模板中的评标细则。

7.2.5　综合服务招标采购评标模板选择

综合服务一级目录中采购对象对应的行业比较广泛，既包含技术含量较高的管理咨询服务，专业性较强的金融服务、财会服务、法律服务、广告服务等，又包含技术性和专业性不强的物业管理服务、劳务服务等。

结合电网企业非物资分类体系，对国家电网公司的评标模板进行补充和完善，增加“广告宣传服务”“会展服务”“印刷服务”“租赁服务”“劳务服务”等五个评标模板，另外增加“零星日常服务通用类”评标模板以应对暂时未进行招标的服务类别。

根据电网企业招标历史数据统计，综合服务在各招标批次中占比较大，其评标模板种类相对更多，归纳为以下几类。

1）金融服务

金融服务下的人身保险、医疗保险、车辆保险、资产保险和供电责任保险三极目录采用“物业、保险、车辆维修”评标模板中的评标细则；贷款服务三级目录采用“零星日常服务通用类”评标模板中的评标细则。

2）法律服务

法律服务下所有的三级目录采用“法律顾问聘用”评标模板中的评标细则。

3）管理咨询服务

管理咨询服务下所有的三级目录采用“管理咨询”评标模板中的评标细则。

4）物业管理服务

物业管理服务下所有的三级目录采用“物业、保险、车辆维修”评标模板中的评标细则。

5）财会服务

财会服务下的会计服务三级目录采用“财务决算”评标模板中的评标细则；由于审计服务和税务服务不属于财务决算，采用“零星日常服务通用类”评标模板中的评标细则。

6）物流服务

由于物流服务的服务内容大部分为体力劳动，因此使用“劳务服务”评标模板中的评标细则。

7）零星日常服务

零星日常服务下对应的三级目录虽然招标次数较少，但对应的服务类型差别很大，几乎每个三级目录都应该使用专门的评标模板。其中，广告服务对应新增的“广告宣传服务”模板、会展服务对应新增的“会展服务”模板，租赁服务对应新增的“租赁服务”模板、印刷和出版服务对应新增的“印刷服务”模板，其他零星日常服务对应“零星日常服务通用类”模板。

电网企业非物资分类体系中各三级目录和评标模板的具体对应关系如图 7.3 和表 7.1 所示。

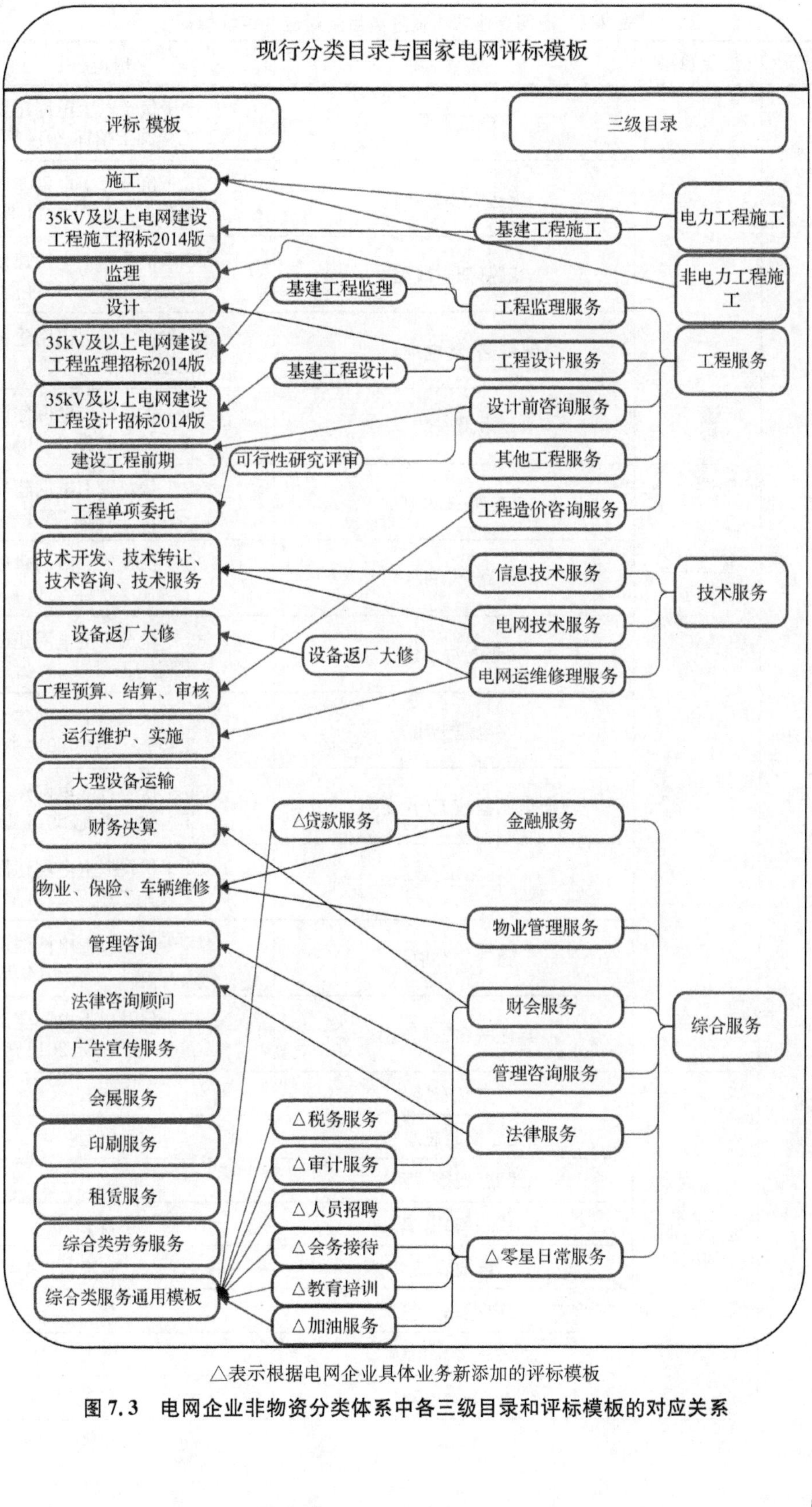

△表示根据电网企业具体业务新添加的评标模板

图 7.3　电网企业非物资分类体系中各三级目录和评标模板的对应关系

表 7.1　电网企业非物资分类目录对应的评标模板

一级目录	二级目录	三级目录	评标模板
电力工程施工	基建工程施工	电气安装	35 千伏及以上电网建设工程施工招标 2014 版
		土建安装总承包	35 千伏及以上电网建设工程施工招标 2014 版
		线路(架空线路)	35 千伏及以上电网建设工程施工招标 2014 版
		线路(含电缆)	35 千伏及以上电网建设工程施工招标 2014 版
		电缆安装	35 千伏及以上电网建设工程施工招标 2014 版
		电缆总承包	35 千伏及以上电网建设工程施工招标 2014 版
		线路(含间隔)	35 千伏及以上电网建设工程施工招标 2014 版
		变电站土建	35 千伏及以上电网建设工程施工招标 2014 版
		电缆土建	35 千伏及以上电网建设工程施工招标 2014 版
		通信工程施工(含光缆)	35 千伏及以上电网建设工程施工招标 2014 版
		智能化安装	35 千伏及以上电网建设工程施工招标 2014 版
		独立二次项目	35 千伏及以上电网建设工程施工招标 2014 版
		其他基建工程施工	35 千伏及以上电网建设工程施工招标 2014 版
	技改工程施工	电气安装	施工
		土建安装总承包	施工
		线路(架空线路)	施工
		线路(含电缆)	施工
		电缆安装	施工
		电缆总承包	施工
		线路(含间隔)	施工
		变电站土建	施工

续表 7.1

一级目录	二级目录	三级目录	评标模板
电力工程施工	技改工程施工	电缆土建	施工
		通信工程施工(含光缆)	施工
		智能化安装	施工
		其他技改工程施工	施工
	配网工程施工	电气安装	施工
		土建安装总承包	施工
		线路(架空线路)	施工
		线路(含电缆)	施工
		电缆安装	施工
		电缆总承包	施工
		线路(含间隔)	施工
		变电站土建	施工
		电缆土建	施工
		通信工程施工(含光缆)	施工
		智能化安装	施工
		其他配网工程施工	施工
	新建居住区电力设施工程施工	安装	施工
		土建	施工
		总承包	施工
	营销工程施工	电力用户用电信息采集系统建设	施工
		计量装置专项修理	施工
		专变终端建设与改造	施工
		智能充换电站建设	施工
		其他营销工程施工	施工
	农网工程施工	电气安装	施工
		土建安装总承包	施工
		线路(架空线路)	施工
		线路(含电缆)	施工
		电缆安装	施工
		电缆总承包	施工
		线路(含间隔)	施工

续表 7.1

一级目录	二级目录	三级目录	评标模板
电力工程施工	农网工程施工	变电站土建	施工
		电缆土建	施工
		智能化安装	施工
		其他农网工程施工	施工
	电网检修工程施工	变电设备检修	施工
		线路设备检修	施工
		配电设备检修	施工
		调度设备检修	施工
		通信设备检修	施工
		消防安保设备检修	施工
		抢修	施工
	专项电力工程施工	防腐处理工程	施工
		防污闪处理工程	施工
		其他专项电力工程	施工
非电力工程施工	工程准备	拆除工程	施工
		土地平整和清理	施工
		地基与基础处理	施工
		土石方工程	施工
		工程给排水施工	施工
		其他工程准备	施工
	建筑物施工	行政用房施工	施工
		仓储用房施工	施工
		房屋附属设施施工	施工
	建筑安装工程	立体车库安装	施工
		建筑智能化安装	施工
		建筑电气安装	施工
		空调设备安装	施工
		电梯安装	施工
		暖通设备安装	施工
		建筑节能工程	施工
		消防设施设备工程	施工

续表 7.1

一级目录	二级目录	三级目录	评标模板
非电力工程施工	装修修缮工程	装饰装修工程	施工
		修缮工程	施工
	其他工程	园林绿化工程	施工
		幕墙工程	施工
		钢结构工程	施工
		其他专项工程	施工
工程服务	设计前咨询服务	环境影响评价	建设工程前期
		水土保持方案	建设工程前期
		可行性研究工作委托	建设工程前期
		可行性研究评审	工程单项委托
		节能评估	建设工程前期
		社会稳定风险评估	建设工程前期
		输变电工程核准申请技术咨询	建设工程前期
		土地预审、地灾压矿	建设工程前期
		地质勘测	建设工程前期
		其他设计前咨询服务	建设工程前期
	工程设计服务	基建输变电设计	35 千伏及以上电网建设工程设计招标 2014 版
		基建变电工程设计	35 千伏及以上电网建设工程设计招标 2014 版
		基建线路工程设计	35 千伏及以上电网建设工程设计招标 2014 版
		技改输变电设计	设计
		技改变电工程设计	设计
		技改线路工程设计	设计
		通信工程设计	设计
		配网工程设计	设计
		营销工程设计	设计
		农网工程设计	设计
		专项电力工程设计	设计
		新建居住区电力设施工程设计	设计
		房屋建筑设计	设计

续表 7.1

一级目录	二级目录	三级目录	评标模板
工程服务	工程设计服务	房屋修缮工程设计	设计
		装饰装修工程设计	设计
		其他工程设计	设计
	工程监理服务	基建工程监理	35 千伏及以上电网建设工程监理 2014 版
		技改工程监理	监理
		配网工程监理	监理
		营销工程监理	监理
		农网工程监理	监理
		电网检修工程监理	监理
		专项电力工程监理	监理
		新建居住区电力设施工程监理	监理
		设计监理	监理
		其他工程监理	监理
	工程造价咨询服务	投资估算	工程预算、结算、审核
		概预算的编制与审核	工程预算、结算、审核
		合同价款的确定与调整	工程预算、结算、审核
		工程结算审计	工程预算、结算、审核
		竣工决算审计	工程预算、结算、审核
		其他工程造价咨询服务	工程预算、结算、审核
	其他工程服务	环境保护监测	工程单项委托
		水土保持监测	工程单项委托
		工程质量检测	工程单项委托
		大型设备运输	大型设备运输
		环保验收	工程单项委托
		水土保持验收	工程单项委托
		监造	监造
技术服务	信息技术服务	信息技术咨询服务	技术开发、技术转让、技术咨询、技术服务
		软件开发服务	技术开发、技术转让、技术咨询、技术服务

续表 7.1

一级目录	二级目录	三级目录	评标模板
技术服务	信息技术服务	信息系统集成实施服务	技术开发、技术转让、技术咨询、技术服务
		运营服务	技术开发、技术转让、技术咨询、技术服务
		信息系统运维服务	运行维护、实施
		数据处理服务	技术开发、技术转让、技术咨询、技术服务
		呼叫中心服务	技术开发、技术转让、技术咨询、技术服务
		其他信息技术服务	技术开发、技术转让、技术咨询、技术服务
	电网技术服务	一次设备技术开发	技术开发、技术转让、技术咨询、技术服务
		二次设备技术开发	技术开发、技术转让、技术咨询、技术服务
		调度技术开发	技术开发、技术转让、技术咨询、技术服务
		其他技术开发	技术开发、技术转让、技术咨询、技术服务
		技术咨询	技术开发、技术转让、技术咨询、技术服务
		科学研究	技术开发、技术转让、技术咨询、技术服务
	电网运维修理服务	变电一次设备运维	运行维护、实施
		变电二次设备运维	运行维护、实施
		调度设备运维修理	运行维护、实施
		通信设备运维修理	运行维护、实施
		通信线路运维修理	运行维护、实施
		线路设施运维	运行维护、实施
		电缆运维	运行维护、实施
		配电设备运维	运行维护、实施
		安措设施运维修理	运行维护、实施
		辅助设施运维	运行维护、实施
		仪器仪表运维修理	运行维护、实施

续表 7.1

一级目录	二级目录	三级目录	评标模板
技术服务	电网运维修理服务	设备返厂大修维护	设备返厂大修
		配电自动化运维	运行维护、实施
		设备检测	技术开发、技术转让、技术咨询、技术服务
		设备安装调试	运行维护、实施
		低压采集运维	运行维护、实施
		负控采集运维	运行维护、实施
		基站运行维护	运行维护、实施
		数据清理	运行维护、实施
		其他运维服务	运行维护、实施
	其他技术服务		
综合服务	金融服务	人身保险	物业、保险、车辆维修
		医疗保险	物业、保险、车辆维修
		车辆保险	物业、保险、车辆维修
		资产保险	物业、保险、车辆维修
		供电责任保险	物业、保险、车辆维修
		贷款服务	物业、保险、车辆维修
		其他金融服务	物业、保险、车辆维修
	法律服务	诉讼服务	物业、保险、车辆维修
		非诉讼服务	物业、保险、车辆维修
	管理咨询服务	企业战略管理咨询服务	管理咨询
		日常运营管理咨询服务	管理咨询
	物业管理服务	卫生保洁服务	物业、保险、车辆维修
		安保服务	物业、保险、车辆维修
		园林绿化美化	物业、保险、车辆维修
		电梯运维修理	物业、保险、车辆维修
		消防设施设备运维修理	物业、保险、车辆维修
		空调运维修理	物业、保险、车辆维修
		立体车库运维修理	物业、保险、车辆维修
		其他物业运维修理	物业、保险、车辆维修
		物业服务总承包	物业、保险、车辆维修

续表 7.1

一级目录	二级目录	三级目录	评标模板
综合服务	财会服务	会计服务	财务决算
		审计服务	零星日常服务通用模板
		税务服务	零星日常服务通用模板
	物流服务	运输	劳务服务
		仓储	劳务服务
		配送	劳务服务
		包装	劳务服务
		总承包	劳务服务
	零星日常服务	人员招聘	零星日常服务通用模板
		会务接待	零星日常服务通用模板
		教育培训服务	零星日常服务通用模板
		劳务服务	劳务服务
		印刷和出版服务	印刷服务
		会展服务	会展服务
		广告服务	广告宣传服务
		加油服务	零星日常服务通用模板
		租赁服务	租赁服务
		其他零星日常服务	零星日常服务通用模板
	其他综合服务		

7.3　电网企业非物资分类体系各评标模板的评审内容

国家电网公司规定的评标方法是综合评分法，下面基于综合评分法分析，明确各评标模板的评审内容和评分细则。

7.3.1　电网企业非物资分类体系各初评模板

商务和技术初评是对已经投标的公司进行初步筛选的过程，是对投标人最基本的要求。将初评分为商务初评和技术初评两项内容，主要对投标人业务证明、商业文件的真实性以及投标人报价格式进行初步检查，对投标人进行初步筛选。由于初评只是对投标人进行的初步筛选工作，非物资分类体系中大多数类别使用的初评模板评价指标基本一致，下面通过比较分析进行归纳。

1）商务初评

对投标人进行商务初评时，主要考虑的内容有两个方面：一是投标人身份真实性，主要检查营业执照、资质证书、银行资信、投标文件、合法与否等；二是报价的可接受性，主要检查是否符合报价格式和限价。

商务初评包括如表 7.2 所示的三种类型。

表 7.2　商务初评类型

类型	对应的非物资分类三级目录	说明
第一类	设计，监理，建设工程前期（项目核准专题评估、可研委托），工程单项委托（初设评审、质量检测、竣工环保、水保验收），技术开发、技术转让、技术咨询、技术服务，大型设备运输，工程预算、结算、审核，监造，管理咨询，财务决算，物业、保险、车辆维修，法律顾问聘用	评标模板中商务初评指标一致，为通用评价指标
第二类	施工，运行维护、实施	需要考虑工程量清单的编制
第三类	设备返厂大修	需要在营业执照中强调“具有相同设备的维修经验”

2）技术初评

对投标人进行技术初评时，主要考虑的内容有三个方面：一是投标人是否符合招标文件要求，主要检查人员、业绩、硬件及软件设施、基本方案（主要包括工期）、投标内容等；二是投标人身份的真实性，主要检查有无不良记录、证明材料、合法与否等；三是投标人提出的技术偏差是否可接受。

技术初评包括如表 7.3 所示的七种类型。

表 7.3　技术初评类型

类型	对应的非物资分类三级目录	说明
第一类	设计，监理，监造，管理咨询，运行维护、实施，财务决算，物业、保险、车辆维修，法律顾问聘用	评标模板中技术初评指标基本一致
第二类	施工	工程质量和技术标准应该在技术初评的指标中体现出来
第三类	建设工程前期（项目核准专题评估、可研委托），工程单项委托（初设评审、质量检测、竣工环保、水保验收）	偏向于脑力劳动的咨询类项目，涉及更多的技术指标
第四类	技术开发、技术转让、技术咨询、技术服务	需要考虑到投标人用于技术服务的设备工具等内容
第五类	设备返厂大修	需要考查其设备、场地、方案等与投标文件是否相匹配
第六类	大型设备运输	对运输设备的考察
第七类	工程预算、结算、审核	需要考虑投标人的项目设备和软件设施

7.3.2 电网企业非物资分类体系各详评模板

经过商务和技术初评的投标人可进入详评阶段，详评同样包括商务和技术两项内容，商务和技术专家对相应评价指标按照评分细则进行打分，专家打分折合成一定的权重，最后和价格分汇总成为投标人的综合得分，通过综合得分高低对投标人进行排名得到最终的中标人。

在详评模板设置的过程中，商务、技术维度中的每项指标都应该根据一定的理论进行权重的设定。国内外常用的评价方法包括：基于层次分析法的指标评价方法、基于模糊综合评判法的指标评价方法、灰色关联度法，三种方法都是定性与定量分析相结合的方法。

1）商务详评

对投标人进行商务详评主要是对其业绩、信誉、质量管理、企业内部软硬件设施等企业经营方面进行更加详细的评价，对评价指标进行量化并由专家打出相应分数。对不同类项目进行商务详评的评价指标主要有以下几类的区别，同样的评价指标在分值界限设置上也会有所不同。

商务详评包括如表 7.4 所示的十三种类型。

表 7.4　商务详评类型

类型	对应的非物资分类三级目录	说明
第一类	设计	需要考虑到设计单位人员配备及软件设施情况
第二类	施工	需要考虑到企业的安全状况
第三类	监理	不仅要考虑企业的安全行为能力，还要考察其资信能力
第四类	建设工程前期（项目核准专题评估、可研委托），工程单项委托（初设评审、质量检测、竣工环保、水保验收调查）	与通用指标分值设置不同
第五类	技术开发、技术转让、技术咨询、技术服务	需要对培训计划进行评价
第六类	大型设备运输	服务是一次性的
第七类	工程预算、结算、审核	需要考虑后续服务
第八类	监造	对于报价格式和内容有更大分值设置，对以往项目经验关注较少
第九类	管理咨询	主要考虑团队组成、项目报告的编制能力
第十类	运行维护、实施	不需要考虑后续服务
第十一类	财务决算	需要增加质量认证指标
第十二类	物业、保险、车辆维修	与通用指标分值设置不同
第十三类	法律顾问聘用	与通用指标分值设置不同

2）技术详评

对投标人进行技术详评时，主要是考察其"服务方案"是否有一定的先进性和创新性、"服务人员素质和技术能力"的高低、"设施设备"是否具有相应能力满足需求、"工作进度安排"是否合理、是否具有相关"质量保证"措施、企业是否具有相关"业绩"等指标，这些指标成为进行技术详评时考虑的通用指标。

技术详评包括如表 7.5 所示的十四种类型。

表 7.5　技术详评类型

类型	对应的非物资分类三级目录	说明
第一类	设计（分为输变电工程设计、变电站（换流站）设计、招标线路工程设计三种类型）	三种类型的技术指标之间基本一致，但是分值设置之间存在差异
第二类	监理（输变电工程招标监理）	基本不使用通用指标
第三类	施工（输变电工程招标施工）	基本不使用通用指标
第四类	建设工程前期（项目核准专题评估、可研委托），工程单项委托（初设评审、质量检测、竣工环保、水保验收调查）	两者的指标基本一致
第五类	技术开发、技术转让、技术咨询、技术服务	需要考虑工作方案设计
第六类	设备返厂大修	需要考虑大修方案
第七类	大型设备运输	需要考虑运输过程的安全保障措施
第八类	工程预算、结算、审核	需要考虑项目评价验收
第九类	监造	基本不使用通用指标
第十类	管理咨询	需要考察报告的内容是否创新
第十一类	运行维护、实施	需要考虑安全保证
第十二类	财务决算	基本不使用通用指标
第十三类	物业、保险、车辆维修	需要考虑安全保证
第十四类	法律顾问聘用	基本不使用通用指标

7.3.3　电网企业非物资分类体系权重设置

对投标人进行最后综合得分计算时，通过对商务详评分数、技术详评分数和价格进行分配权重，得出最终综合分数，并依据综合分数对投标人进行排名，得出中标人。权重设置影响最后中标结果，因此商务分、技术分和价格分的权重设置必须科学合理，能够体现出项目的性质。

《政府采购货物和服务招标投标管理办法》对评价因素权重设置进行了规定："价格分值占货物项目总分值的比重（即权重）为 30%～60%，服务项目价格分值占总分值的比重为 10%～30%"。国家电网公司评标办法对评价因素权重的设定基本符合这一规定，但是也需要结合项目本身的特点。

商务分的权重代表对投标人经营状况的侧重程度，技术分的权重代表对投标人技术方面的侧重程度。权重的设定一般遵循的原则为：招标采购项目的性质比较明朗、技术标准相对统一，越接近通用项目，则其价格分值权重越高。

由于商务部分主要是进行企业经营状况的考察，对于已经通过初评的绝大多数企业来讲它们之间在商务部分没有明显区别，故商务分占比一般设置成5%、10%、15%三个档次。这样的权重设定对中标结果影响不能很大，因此投标人的综合得分主要考虑技术和价格方面的差异。

对应到电网企业非物资分类体系，将分类体系中所有的二级目录进行以下归类。

1) 侧重价格的类别

由于施工类的技术比较成熟，市场中的承包商资质能力基本一致，故施工类的工程项目评标过程中最为看重投标人的报价高低，国家电网公司规定施工类评标标准中价格分的比重不少于50%，其中电力工程施工一级目录下的基建工程施工、技改工程施工、配网工程施工、新建居住区电力设施工程施工、营销工程施工、农网工程施工、电网检修工程施工、专项电力工程施工的价格分权重分别设置为60%、50%、50%、80%、50%、50%、50%、50%；非电力工程施工一级目录下所有的三级目录均设置为50%。

工程服务一级目录下的二级目录工程设计服务中，基建输变电设计、基建变电工程设计、基建线路工程设计和新建居住区电力设施工程设计由于市场已经成熟，市场已经竞争充分，故应该更加侧重于投标人的报价高低，将其价格权重设为50%。

综合服务一级目录下的物业管理服务和零星日常服务对应的类别项目技术含量比较低，大部分为劳务服务，故更多考察其价格分的占比，这些类别的价格分占比设置为50%。

2) 侧重技术的类别

对于对技术含量要求较高或者专业性较强的服务，应该弱化其价格分占比，强化技术分占比。

工程设计服务中大部分的设计服务、工程造价咨询中所有的三级目录、其他工程服务中所有的三级目录、技术服务中所有的三级目录和综合服务中的金融服务、法律服务、管理咨询服务、财会服务的技术含量或专业性较强，其技术分占比设置为70%；工程监理服务的专业性强但是技术含量稍低，故其技术分占比设置为60%。

电网企业非物资分类体系中所有三级目录具体权重设置如表7.6所示。

表7.6　电网企业非物资分类体系中所有三级目录具体权重设置

一级目录	二级目录	三级目录	商务分权重(%)	技术分权重(%)	价格分权重(%)
电力工程施工	基建工程施工	电气安装	10	30	60
		土建安装总承包	10	30	60
		线路(架空线路)	10	30	60
		线路(含电缆)	10	30	60
		电缆安装	10	30	60

续表 7.6

一级目录	二级目录	三级目录	商务分权重(%)	技术分权重(%)	价格分权重(%)
电力工程施工	基建工程施工	电缆总承包	10	30	60
		线路(含间隔)	10	30	60
		变电站土建	10	30	60
		电缆土建	10	30	60
		通信工程施工(含光缆)	10	30	60
		智能化安装	10	30	60
		独立二次项目	10	30	60
		其他基建工程施工	10	30	60
	技改工程施工	电气安装	10	40	50
		土建安装总承包	10	40	50
		线路(架空线路)	10	40	50
		线路(含电缆)	10	40	50
		电缆安装	10	40	50
		电缆总承包	10	40	50
		线路(含间隔)	10	40	50
		变电站土建	10	40	50
		电缆土建	10	40	50
		通信工程施工(含光缆)	10	40	50
		智能化安装	10	40	50
		其他技改工程施工	10	40	50
	配网工程施工	电气安装	10	40	50
		土建安装总承包	10	40	50
		线路(架空线路)	10	40	50
		线路(含电缆)	10	40	50
		电缆安装	10	40	50
		电缆总承包	10	40	50
		线路(含间隔)	10	40	50
		变电站土建	10	40	50
		电缆土建	10	40	50
		通信工程施工(含光缆)	10	40	50
		智能化安装	10	40	50
		其他配网工程施工	10	40	50

续表 7.6

一级目录	二级目录	三级目录	商务分权重(%)	技术分权重(%)	价格分权重(%)
电力工程施工	新建居住区电力设施工程施工	安装	5	15	80
		土建	5	15	80
		总承包	5	15	80
	营销工程施工	电力用户用电信息采集系统建设	10	40	50
		计量装置专项修理	10	40	50
		专变终端建设与改造	10	40	50
		智能充换电站建设	10	40	50
		其他营销工程施工	10	40	50
	农网工程施工	电气安装	10	40	50
		土建安装总承包	10	40	50
		线路(架空线路)	10	40	50
		线路(含电缆)	10	40	50
		电缆安装	10	40	50
		电缆总承包	10	40	50
		线路(含间隔)	10	40	50
		变电站土建	10	40	50
		电缆土建	10	40	50
		智能化安装	10	40	50
		其他农网工程施工	10	40	50
	电网检修工程施工	变电设备检修	10	40	50
		线路设备检修	10	40	50
		配电设备检修	10	40	50
		调度设备检修	10	40	50
		通信设备检修	10	40	50
		消防安保设备检修	10	40	50
		抢修	10	40	50
	专项电力工程施工	防腐处理工程	10	40	50
		防污闪处理工程	10	40	50
		其他专项电力工程	10	40	50

续表 7.6

一级目录	二级目录	三级目录	商务分权重(%)	技术分权重(%)	价格分权重(%)
非电力工程施工	工程准备	拆除工程	10	40	50
		土地平整和清理	10	40	50
		地基与基础处理	10	40	50
		土石方工程	10	40	50
		工程给排水施工	10	40	50
		其他工程准备	10	40	50
	建筑物施工	行政用房施工	10	40	50
		仓储用房施工	10	40	50
		房屋附属设施施工	10	40	50
	建筑安装工程	立体车库安装	10	40	50
		建筑智能化安装	10	40	50
		建筑电气安装	10	40	50
		空调设备安装	10	40	50
		电梯安装	10	40	50
		暖通设备安装	10	40	50
		建筑节能工程	10	40	50
		消防设施设备工程	10	40	50
	装修修缮工程	装饰装修工程	10	40	50
		修缮工程	10	40	50
	其他工程	园林绿化工程	10	40	50
		幕墙工程	10	40	50
		钢结构工程	10	40	50
		其他专项工程	10	40	50
工程服务	设计前咨询服务	环境影响评价	15	70	15
		水土保持方案	15	70	15
		可行性研究工作委托	15	70	15
		可行性研究评审	15	70	15
		节能评估	15	70	15
		社会稳定风险评估	15	70	15
		输变电工程核准申请技术咨询	15	70	15
		土地预审、地灾压矿	15	70	15

续表 7.6

一级目录	二级目录	三级目录	商务分权重(%)	技术分权重(%)	价格分权重(%)
工程服务	设计前咨询服务	地质勘测	15	70	15
		其他设计前咨询服务	15	70	15
	工程设计服务	基建输变电设计	10	40	50
		基建变电工程设计	10	40	50
		基建线路工程设计	10	40	50
		技改输变电设计	15	70	15
		技改变电工程设计	15	70	15
		技改线路工程设计	15	70	15
		通信工程设计	15	70	15
		配网工程设计	15	70	15
		营销工程设计	15	70	15
		农网工程设计	15	70	15
		专项电力工程设计	15	70	15
		新建居住区电力设施工程设计	10	40	50
		房屋建筑设计	15	70	15
		房屋修缮工程设计	15	70	15
		装饰装修工程设计	15	70	15
		其他工程设计	15	70	15
	工程监理服务	基建工程监理	10	60	30
		技改工程监理	10	60	30
		配网工程监理	10	60	30
		营销工程监理	10	60	30
		农网工程监理	10	60	30
		电网检修工程监理	10	60	30
		专项电力工程监理	10	60	30
		新建居住区电力设施工程监理	10	60	30
		设计监理	10	60	30
		其他工程监理	10	60	30
	工程造价咨询服务	投资估算	15	70	15
		概预算的编制与审核	15	70	15
		合同价款的确定与调整	15	70	15

续表 7.6

一级目录	二级目录	三级目录	商务分权重(%)	技术分权重(%)	价格分权重(%)
工程服务	工程造价咨询服务	工程结算审计	15	70	15
		竣工决算审计	15	70	15
		其他工程造价咨询服务	15	70	15
	其他工程服务	环境保护监测	15	70	15
		水土保持监测	15	70	15
		工程质量检测	15	70	15
		大型设备运输	15	70	15
		环保验收	15	70	15
		水土保持验收	15	70	15
		监造	15	70	15
技术服务	信息技术服务	信息技术咨询服务	15	70	15
		软件开发服务	15	70	15
		信息系统集成实施服务	15	70	15
		运营服务	15	70	15
		信息系统运维服务	15	70	15
		数据处理服务	15	70	15
		呼叫中心服务	15	70	15
		其他信息技术服务	15	70	15
	电网技术服务	一次设备技术开发	15	70	15
		二次设备技术开发	15	70	15
		调度技术开发	15	70	15
		其他技术开发	15	70	15
		技术咨询	15	70	15
		科学研究	15	70	15
	电网运维修理服务	变电一次设备运维	15	70	15
		变电二次设备运维	15	70	15
		调度设备运维修理	15	70	15
		通信设备运维修理	15	70	15
		通信线路运维修理	15	70	15
		线路设施运维	15	70	15
		电缆运维	15	70	15

续表 7.6

一级目录	二级目录	三级目录	商务分权重(%)	技术分权重(%)	价格分权重(%)
技术服务	电网运维修理服务	配电设备运维	15	70	15
		安措设施运维修理	15	70	15
		辅助设施运维	15	70	15
		仪器仪表运维修理	15	70	15
		设备返厂大修维护	15	70	15
		配电自动化运维	15	70	15
		设备检测	15	70	15
		设备安装调试	15	70	15
		低压采集运维	15	70	15
		负控采集运维	15	70	15
		基站运行维护	15	70	15
		数据清理	15	70	15
		其他运维服务	15	70	15
	其他技术服务		15	70	15
综合服务	金融服务	人身保险	15	70	15
		医疗保险	15	70	15
		车辆保险	15	70	15
		资产保险	15	70	15
		供电责任保险	15	70	15
		贷款服务	15	70	15
		其他金融服务	15	70	15
	法律服务	诉讼服务	15	70	15
		非诉讼服务	15	70	15
	管理咨询服务	企业战略管理咨询服务	15	70	15
		日常运营管理咨询服务	15	70	15
	物业管理服务	卫生保洁服务	10	40	50
		安保服务	10	40	50
		园林绿化美化	10	40	50
		电梯运维修理	10	40	50
		消防设施设备运维修理	10	40	50

续表 7.6

一级目录	二级目录	三级目录	商务分权重(%)	技术分权重(%)	价格分权重(%)
综合服务	物业管理服务	空调运维修理	10	40	50
		立体车库运维修理	10	40	50
		其他物业运维修理	10	40	50
		物业服务总承包	10	40	50
	财会服务	会计服务	15	70	15
		审计服务	15	70	15
		税务服务	15	70	15
	物流服务	运输	10	40	50
		仓储	10	40	50
		配送	10	40	50
		包装	10	40	50
		总承包	10	40	50
	零星日常服务	人员招聘	10	40	50
		会务接待	10	40	50
		教育培训服务	10	40	50
		劳务服务	10	40	50
		印刷和出版服务	10	40	50
		会展服务	10	40	50
		广告服务	10	40	50
		加油服务	10	40	50
		租赁服务	10	40	50
		其他零星日常服务	10	40	50
	其他综合服务				

使用统一的评标方法便于对招标流程进行标准化管理,但是要考虑到综合评分法的局限性,如耗费更多的时间和精力,有一定主观因素限制,有时甚至会由于过于详细的评标细则造成项目流标。因此,对于已有成熟技术、稳定供应来源和单一供应源头的某些施工和服务项目来说,不需要采用繁琐的综合评标法进行评标,可以通过最低评标价法和性价比法进行评标,也可以达到较好的效果。

第 8 章　电网企业非物资采购合同

8.1　非物资采购合同类型与合同分析

8.1.1　非物资采购合同类型

1) 工程项目合同类型

工程项目的采购合同可按合同签约各方的承包关系划分和按承包合同的不同计价方法划分。

(1) 按合同签约各方的承包关系划分

① 总包合同。建设单位(发包方)将工程项目建设全过程或其中某个阶段的全部工作发包给一个承包单位总包,发包方与总包方签订的合同称为总包合同。总包合同签订后,总承包单位可以将若干专业性工作交给不同的专业承包单位去完成,并统一协调和监督它们的工作。在一般情况下,建设单位仅与总承包单位发生法律关系,而不与各专业承包单位发生法律关系。

② 分包合同。总承包方与发包方签订了总包合同之后,将若干专业性工作分包给不同的专业承包单位去完成,总包方分别与几个分包方签订的合同称为分包合同。对于大型工程项目,有时也可由发包方直接与每个承包方签订合同,而不采取总包形式。这时每个承包方都是处于同样地位,各自独立完成本单位所承包的任务,并直接向发包方负责。

(2) 按承包合同的不同计价方法划分

① 固定总价合同。采用这类合同的工程,其总价是以施工图纸和工程说明书为计算依据,在招标时将造价一次确定。在合同执行过程中,不能因为工程量、设备、材料价格、工资等变动而调整合同总价。但人力不可抗拒的各种自然灾害、国家统一调整价格、设计有重大修改等情况除外。

② 计量合同。计量合同又称为单价合同,分为两种形式:一是工程量清单合同。这种合同通常由建设单位委托设计,咨询单位计算出工程量清单,分别列出分部分项工程量。承包商在投标时填报单价并计算出总造价。工程施工过程中,各分部分项的实际工程量应按实际完成量计算,并按投标时承包商所填报的单价计算实际工程总造价。这种合同的特点是在整个施工过程中单价不变,工程承包金额将有变化。二是单价一览表合同。这种合同包括一个单价一览表,发包单位只在表中列出各分部分项工程,但不列出工程量。承包单位

投标时只填各分部分项工程的单价。工程施工过程中按实际完成的工程量和原填单价计价。

③ 成本加酬金合同。这类合同中的合同总价由成本和酬金两部分组成。

2）服务项目合同类型

根据服务合同计价方式的不同，服务项目的合同类型主要包括总价合同、以时间为基础的合同、成本加酬金合同、百分比合同和顾问服务合同5种。

(1) 总价合同

总价合同主要适用于服务内容和期限以及要求服务方提交的成果能够明确规定的服务项目。这类合同被广泛应用于简单的规划和可行性研究、环境研究、标准或普通建筑物的详细设计、程序化的数据处理系统等。总价合同的合同价款的支付通常随着项目可交付物(如报告、图表、工程量清单、招标文件、软件程序等)的提交分批分次渐进支付或者一次性支付。总价合同容易管理，因为只有在提交了明确规定的成果后才会付款。

总价合同有固定总价合同和可调总价合同两种。

① 固定总价合同。固定总价合同是指合同价格是固定不变的，不随着项目环境的变化而变化。在这种合同模式下，项目服务方往往承担了合同实施过程中出现的风险，咨询采购方不承担任何风险。但是，当服务方遇到了无法预测和应对的重大风险时，采购方的利益也会因为服务方无法完成服务项目目标受到影响甚至受伤害，所以对于风险较大、技术复杂且不成熟、环境多变的服务项目不适宜采用固定总价合同。

② 可调总价合同。可调总价合同是指合同双方可以就一些特殊的环境签订一些调价条款，使风险在合同采购方和服务方之间进行分担。

(2) 以时间为基础的合同

以时间为基础的合同又称时间加材料合同。这类合同适用于难以确定服务范围和时间期限的服务项目，因为在这种情况下服务方达到项目目标所需的投入难以估计。这类合同广泛用于复杂的研究(例如科技研发服务项目)、顾问性服务以及大多数的培训任务。付款依据是以双方同意的人员投入的小时、日、周或月费率计算的时间费用加上实际支出或双方同意的可报销的材料费用。时间费用包括工资、社会成本、管理费、酬金(或利润)以及合适情况下的特别津贴，而材料费用通常不计算利润。

(3) 成本加酬金合同

成本加酬金合同是在经双方讨论同意的估算成本的基础上再加上一笔报酬金额的计费方式。成本包括工资、材料设备、管理费和可报销费用等；酬金用于不可预见费、投资利息、奖金和利润。一旦服务项目目标实现，客户将支付给服务方固定数额或者产品价值一定百分比的酬金。这种合同对于科技研发项目和产品营销项目都有很好的适用性。

(4) 百分比合同

百分比合同直接将付给服务方的费用与项目建设估算成本联系起来，或与所采购或检验的货物的成本联系起来。此类合同最大的缺点是不能激励服务方进行方案优化，例如工程设计服务项目中，在百分比合同下，设计费用通常是估算价格的百分比。这样的合同支付条件不利于设计方案优化，控制工程造价。但是由于百分比合同的管理比较容易，在现实中还是被广泛应用。

(5) 顾问服务合同

当客户对某些服务活动具有不定期的需求，服务的程度和时间在事前无法确定，同时又希望服务方能够"随叫随到"时，通常采用不定期服务合同。这类合同通常用于为复杂项目雇用顾问，为争端解决小组雇用专家调解员，为机构改革、采购建议、技术攻关聘请专家等。合同期限通常为一年或更长时间。客户和服务方就专家的费率达成协议并按实际工作时间付款。

8.1.2　非物资采购合同分析

合同分析是从合同执行的角度去分析、补充和解释合同的具体内容和要求，将合同目标和合同规定落实到合同实施的具体问题和具体时间上，用以指导具体工作，使合同能符合日常工程管理的需要，使工程按合同要求实施，为合同执行和控制确定依据。

合同实施过程中由于很多人不重视合同分析和合同交底，致使合同签订与合同执行脱节，造成合同执行不彻底或不及时，引起不必要的合同纠纷。这需要通过有效的合同分析与合同交底，明确合同目标及主要合同任务，用以指导合同执行的具体工作，才能确保合同的有效履行。

1) 合同分析的作用

合同分析的作用体现在以下几个方面。

(1) 分析合同中的漏洞，解释有争议的内容

在合同起草和谈判过程中，双方都会力争完善，但仍然难免会有所疏漏，通过合同分析，找出漏洞，可以作为履行合同的依据。在合同执行过程中，合同双方有时也会发生争议，往往是由于对合同条款的理解不一致所造成的，而通过分析，就合同条文达成一致理解，从而解决争议。在遇到索赔事件后，合同分析也可以为索赔提供理由和依据。

(2) 分析合同风险，制定风险对策

不同的工程合同，其风险的来源和风险量的大小都不同，要根据合同进行分析并采取相应的对策。

(3) 合同任务分解落实

在实际工程中，合同任务需要分解落实到具体的工程小组或部门、人员，要将合同中的任务进行分解，明确合同中与各部门任务相对应的具体要求，然后落实到具体的工程小组或部门、人员身上，以便于实施与检查。

2) 合同分析的内容

工程建设项目及其内容具有十分明显的不确定性和风险特征，合同双方都必须进行系统、有效的合同分析。进行合同分析应严格按照合同文字的表述，对每一条款、每一句、每一词甚至每一标点符号认真推敲，予以理解和解释，不能只观大概、不顾细节，更不能随主观愿望想当然地解释。合同分析一般包括合法性分析、完备性分析、公平性分析、整体性分析、应变性分析以及文字唯一性和准确性分析等内容。

(1) 合法性分析

① 当事人资格：发包人应具有发包工程、签订合同的资质、权利能力，施工承包人则需具备相应的权利能力（营业执照、许可证等）和相应的行为能力（资质等级证书）。这样，合同主体资格才有效。

② 项目具备招标和签订合同的全部条件：项目的批准文件、工程建设许可证、建设规划文件、已批准的设计文件、合法的招标投标程序和已列入年度计划等。

③ 合同内容及其所指行为符合法律要求：如纳税、外汇、劳保、环保、担保等条款都应符合相应法律、法规的有关规定。

④ 有些需经公证或官方批准方可生效的合同，是否已办妥这方面手续，获得证明或批准。

(2) 完备性分析

合同的完备性包括合同文件完备性和合同条款完备性。

① 合同所包括的各种文件齐全，一般包括合同协议书、中标函、投标书、工程设计文件、规范、工程量清单和合同条款等。

② 对各有关问题进行规范的条款要齐全。若采用标准合同文件，虽然其通用条款部分条款齐全，对于一般的工程项目而言，内容已经完整，但对于某些特定的工程，根据工程具体情况和合同双方的特殊要求，还必须补充合同专用条款。若未采用标准合同文本，则应以标准合同文本作样本，对照所签合同，寻找缺陷，补齐必需的条款。若尚无标准合同文本，如联合体协议、劳务合同，则须收集实践中的同类合同文本并做相互补充，以保证所签合同的完备性。

(3) 公平性分析

合同公平性分析主要是指合同所规定的双方的权利和义务的对等、平衡和制约问题，可以从以下几个方面进行具体分析：

① 双方的权利和义务应该是对等的、公平合理的，某些显失公平或免责的条款显然违反了公平原则，应予以删除或修改。

② 合同规定一方的权利，则同时应考虑到该权利如何被制约，有无滥用该项权利的可能，行使该权利应承担的责任。

③ 合同规定一方一项义务，则也应规定其有完成该项义务所必需的相应权利或由此义务所引申的权利。

④ 合同规定一方一项义务，还应分析承担这一项义务的前提条件，若此前提由对方提供，则应同时规定为对方的一项义务。

(4) 整体性分析和合同类型的选择

合同条款是一个整体，各条款之间有一定的内在联系和逻辑关系。一个合同事件往往会涉及若干条款，如关于合同价格就涉及工程计价、计价方式、支付程序、调价条件和方法、暂定金的使用等条款，必须认真仔细地分析这些条款在时间上和空间上、技术上和管理上、权利义务的平衡和制约上的顺序关系和相互依赖关系。各条款间不能出现缺陷、矛盾或逻辑上的不足。合同按其计价方式主要有单价合同、固定总价合同和成本加酬金合同等。各种类型的合同有其使用条件，合同双方有不同的权利和责任分配，承担不同的风险。工程实践中应根据具体情况选择合同类型。

(5) 条款的选用分析

合同条款和合同协议书是合同文件最重要的部分,发包人应在保证履行招标承诺的基础上,根据需要选择拟定合同条款,可以选用标准的合同条款,也可以根据需要对标准的文本作出修改限定或补充。

选用合同条款时,应注意以下几个问题:

① 应尽可能使用标准的合同条款。

② 合同条款应与双方的管理水平匹配,否则执行时有困难。

③ 对于选用的合同条款双方都比较熟悉,既利于业主管理工作,又利于承包商对条款的执行,可减少争执和索赔。

④ 选用合同条款还应考虑到各方面的制约。

(6) 合同间的协调分析

工程建设项目要签订若干合同,如勘察设计合同、施工合同、供应合同、贷款合同等。在合同体系中,相关的同级合同之间、主合同与分合同之间关系复杂,必须对此作出周密分析和协调,以确保合同之间的一致性,其中既有整体的合同策略,又有具体的合同管理问题。

(7) 应变性分析

应变性分析是合同分析的关键内容,是对在合同状态发生变化条件下合同应变能力的评价活动。合同状态是指合同各方面要素的综合,它包括合同价格、合同条件、合同实施方案和工程环境四个方面。这四个方面相互联系、相互影响、相互制约,综合成一个合同状态。建设工程一般规模较大、工期较长,受各方面的影响较多,因此在合同履行过程中,其合同状态经常会发生变化。一旦合同状态的某一方面发生变化,即打破了合同状态的平衡。合同应事先规定对这些变化的处理原则和措施并以此来调整合同状态,这就是合同的应变性。合同应变性可从合同文件变化、工程环境变化和实施方案变化等方面加以分析。

(8) 文字唯一性和准确性分析

合同内容的文字表述正确与否对于合同实施的影响是十分明显的。合同的条款文字应该简洁明了,逻辑合理,不能产生歧义。对合同文件解释的基本原则是诚实信用,对所有合同都应按其文字所表达的意思准确而正当地予以履行。

8.2　电网企业非物资分类体系中各类采购合同的比较

电网企业非物资采购合同主要使用国家电网公司的合同范本,这样有利于统一管理。国家电网公司的合同分为以下 15 类,如表 8.1 所示。

针对电网企业非物资分类体系,各一级目录使用的主要合同类型如下:

(1) 电力工程施工主要使用到的合同是工程建设类合同中的输变电工程施工合同和运维检修类合同中的检修施工合同。

(2) 非电力工程施工主要使用到的合同是工程建设类合同中的工程施工合同(简明版)。

(3) 工程服务主要使用到的合同是工程建设类合同中的可行性研究委托合同、输变电工程勘察设计合同、输变电工程监理合同等。

表 8.1　国家电网公司的合同

序号	合同名称
1	供用电类合同
2	购售电输电类合同
3	工程建设类合同
4	买卖类合同
5	运维检修类合同
6	财务资产金融类合同
7	技术服务类合同
8	信息化建设类合同
9	后勤服务类合同
10	运输仓储类合同
11	宣传与公共关系类合同
12	咨询委托类合同
13	劳务服务类合同
14	战略合作类合同
15	其他类合同

(4) 技术服务主要使用到的合同有信息化建设类合同、技术服务类合同、运维检修类合同下的运行维护合同。

(5) 综合服务主要使用到的合同是财务资产金融类合同、咨询委托类合同、后勤服务类合同、运输仓储类合同、宣传与公共关系类合同、劳务服务类合同。

按一级目录来比较各类合同之间的异同点，有利于对国家电网公司的合同内容作进一步了解，对编制新合同有重要的参考价值。

8.2.1　电力工程/非电力工程施工各类合同的比较

在电网企业非物资分类体系中，把工程分为电力工程施工和非电力工程施工两个一级目录，而与之相关的国家电网公司的合同类型包括工程施工合同（简明版）、电网建设工程施工合同（简版）、输变电工程施工合同、检修施工合同等类型，下面对这些合同的主要条款进行两两对比分析。

对比工程施工合同（简明版）和电网建设工程施工合同（简版），可知工程施工合同（简明版）比电网建设工程施工合同（简版）多了承包方式和范围、工程建设目标和分包三项内容，其他内容一致，如表 8.2 所示。

表 8.2　工程施工合同(简明版)和电网建设工程施工合同(简版)的比较

工程施工合同(简明版)	电网建设工程施工合同(简版)
*1. 工程概况	*1. 工程概况
2. 承包方式和范围	*2. 工程质量
3. 工程建设目标	*3. 工期
*4. 工程质量	*4. 设计文件
*5. 合同工期	*5. 工程价款
*6. 设计文件	*6. 结算方式
*7. 工程价款	*7. 支付方式
*8. 结算方式	*8. 材料设备供应
*9. 支付方式	*9. 双方派驻本工程项目的代表
*10. 材料设备供应	*10. 双方权利
*11. 双方派驻本工程项目的代表	*11. 双方义务
*12. 发包人权利和义务	*12. 工程验收和保修
*13. 承包人权利和义务	*13. 知识产权
14. 分包	*14. 保密义务
*15. 工程验收和保修	*15. 合同变更和解除
*16. 知识产权	*16. 违约责任
*17. 保密义务	*17. 索赔
*18. 合同变更和解除	*18. 不可抗力
*19. 违约责任	*19. 争议解决方式
*20. 索赔	*20. 适用法律
*21. 不可抗力	*21. 合同的生效
*22. 争议解决	*22. 其他事项
*23. 适用法律	*23. 特别约定
*24. 合同生效	
*25. 其他事项	
*26. 特别约定	

注:标 * 代表两类合同相同的条款。

输变电工程施工合同的内容比电网建设工程施工合同(简版)的内容更为详细,包括合同协议书、通用合同条款、专用合同条款,与《施工合同文本》的组成部分相一致,如表 8.3 所示。

表 8.3　电网建设工程施工合同(简版)与输变电工程施工合同的比较

电网建设工程施工合同（简版）	输变电工程施工合同	输变电工程施工合同的第一部分
*1. 工程概况	第一部分　合同协议书	*工程概况
*2. 工程质量	第二部分　通用合同条款	工程承包范围
*3. 工期	1. 一般约定	*合同工期
4. 设计文件	2. 发包人义务	工程建设目标
*5. 工程价款	3. 监理人	*签约合同价与合同价格形式
6. 结算方式	4. 承包人	合同组成部分
7. 支付方式	5. 材料和工程设备	项目经理
8. 材料设备供应	6. 施工设备和临时设施	承包人承诺
9. 双方派驻本工程项目的代表	7. 交通运输	发包人承诺
10. 双方权利	8. 测量放线	词语含义
11. 双方义务	9. 安全文明施工、保卫和环境保护	*合同生效
12. 工程验收和保修	10. 进度计划	签订日期
13. 知识产权	11. 开工和竣工	份数
14. 保密义务	12. 暂停施工	
*15. 合同变更和解除	*13. 工程质量	
*16. 违约责任	14. 试验和检验	
*17. 索赔	*15. 变更	
*18. 不可抗力	16. 合同价格及其调整	
*19. 争议解决方式	17. 计量与支付	
20. 适用法律	18. 竣工验收	
*21. 合同的生效	19. 缺陷责任与保修责任	
22. 其他事项	20. 保险	
23. 特别约定	*21. 不可抗力	
	*22. 违约	
	*23. 索赔	
	*24. 争议的解决	
	第三部分　专用合同条款	
	1. 一般约定	
	2. 发包人义务	
	3. 监理人	

续表 8.3

电网建设工程施工合同（简版）	输变电工程施工合同	输变电工程施工合同的第一部分
	4. 承包人	
	5. 材料和工程设备	
	6. 施工设备和临时设施	
	7. 交通运输	
	8. 测量放线	
	9. 安全文明施工、保卫和环境保护	
	10. 进度计划	
	11. 开工和竣工	
	12. 暂停施工	
	13. 合同价格及其调整	
	14. 计量与支付	
	15. 缺陷责任与保修责任	
	16. 保险	
	17. 不可抗力	
	18. 违约	
	19. 争议的解决	
	20. 通知	
	21. 特别约定	

注:标 * 代表两类合同相同的条款。

工程施工合同(简明版)与检修施工合同的组成部分基本上是一致的,工程施工合同(简明版)更为通用,检修施工合同针对检修类则较为具体,如表 8.4 所示。

表 8.4　工程施工合同(简明版)与检修施工合同的比较

工程施工合同(简明版)	检修施工合同
*1. 工程概况	*1. 检修项目概况
*2. 承包方式和范围	*2. 承包范围
3. 工程建设目标	*3. 承包方式
*4. 工程质量	4. 检修项目负责人
*5. 合同工期	*5. 工期
6. 设计文件	*6. 检修项目质量
*7. 工程价款	7. 安全文明管理

续表 8.4

工程施工合同(简明版)	检修施工合同
*8. 结算方式	*8. 验收
9. 支付方式	*9. 双方义务
*10. 材料设备供应	*10. 材料和设备
11. 双方派驻本工程项目的代表	*11. 分包
*12. 发包人权利和义务	*12. 合同价格
*13. 承包人权利和义务	*13. 结算
*14. 分包	*14. 违约责任
*15. 工程验收和保修	*15. 争议解决
16. 知识产权	16. 合同组成文件
17. 保密义务	*17. 合同生效
18. 合同变更和解除	18. 份数
*19. 违约责任	*19. 特别约定
20. 索赔	
21. 不可抗力	
*22. 争议解决	
23. 适用法律	
*24. 合同生效	
25. 其他事项	
*26. 特别约定	

注:标*代表两类合同相同的条款。

8.2.2 工程服务各类合同的比较

把可行性研究委托合同、输变电工程监理合同、输变电工程勘察设计合同、建设工程结算审核业务约定书、建设工程竣工环境保护验收调查委托合同、电网建设工程监理合同(简版)、电网建设工程勘察设计合同(简版)、电网建设工程设计合同(简版)、建设工程造价咨询合同等与工程相关的服务合同放在一起进行比较,如表 8.5 所示。

表 8.5 列举了部分工程服务类合同,其中输变电工程监理合同、输变电工程勘察设计合同、建设工程造价咨询合同与工程建设类合同中的输变电工程施工合同一样,都由合同协议书、通用合同条款、专用合同条款三部分组成,合同协议书中都包含工程概况等基本信息。工程服务类合同基本上都有工程概况、合同价款、知识产权、保密义务、违约责任、不可抗力、争议解决、合同生效等条款。合同的其他组成部分与自身的服务内容相关。

综上所述,工程服务类合同主要的组成部分有反映工程基本信息的条款、反映服务内容和特点的条款以及合同本身应该具备的基本条款。

表 8.5 工程服务各类合同的比较

可行性研究委托合同	输变电工程监理合同	输变电工程勘察设计合同	建设工程结算审核业务约定书	建设工程竣工环境保护验收调查委托合同	电网建设工程监理合同（简版）	电网建设工程勘察设计合同（简版）	电网建设工程设计合同（简版）	建设工程造价咨询合同
1. 工作内容	第一部分 合同协议书	第一部分 合同协议书	1. 委托事项	1. 工程概况	1. 工程概况	1. 工程概况	1. 工程概况	第一部分 合同协议书
2. 工作进度	第二部分 通用合同条款	第二部分 通用合同条款	2. 审核目的	2. 工作内容	*2. 合同价格	2. 甲方向乙方提交的有关资料及文件	*2. 合同价格	第二部分 通用合同条款
3. 工作人员	1. 定义及解释	1. 一般约定	3. 审核内容	3. 工作期限、地点、进度	3. 监理期限	3. 乙方向甲方提交的勘察设计文件	3. 设计工期	1. 定义
4. 双方的义务	2. 语言	2. 双方的权利和义务	4. 工作进度	4. 工作人员	4. 双方权利	4. 勘察试验项目及预估工作量	4. 双方的权利和义务	2. 乙方的义务
5. 工作文件	3. 适用法律	3. 勘察设计范围	5. 甲方的权利和义务	5. 双方义务	5. 双方义务	*5. 合同价格	5. 设计文件交付	3. 甲方的义务
6. 审查	4. 转让和分包	4. 勘察设计工期	6. 乙方的权利和义务	*6. 合同价格及支付	*6. 知识产权	6. 勘查设计工期	6. 审查、确认	4. 乙方的权利
*7. 合同价格和支付	5. 使用监理资料	5. 设计文件交付	*7. 合同价格	*7. 知识产权	*7. 保密义务	7. 双方的权利和义务	7. 现场服务	5. 甲方的权利
8. 分包	6. 利益冲突	6. 审查、确认	*8. 保密义务	*8. 保密义务	8. 合同变更和解除	8. 审查、确认	8. 设计质量的奖励与考核	6. 合同变更与解除
*9. 知识产权	7. 通知	*7. 合同价格	*9. 知识产权	*9. 不可抗力	*9. 违约责任	9. 现场服务	*9. 知识产权	7. 酬金
*10. 保密义务	*8. 知识产权和保密	8. 现场服务	*10. 违约责任	*10. 违约责任	*10. 不可抗力	10. 设计质量的奖励与考核	*10. 保密义务	*8. 保密

续表 8.5

可行性研究委托合同	输变电工程监理合同	输变电工程勘察设计合同	建设工程结算审核业务约定书	建设工程竣工环境保护验收调查委托合同	电网建设工程监理合同（简版）	电网建设工程勘察设计合同（简版）	电网建设工程设计合同（简版）	建设工程造价咨询合同
*11. 违约责任	9. 服务范围	*9. 知识产权	11. 适用法律	11. 适用法律	*11. 争议解决方式	*11. 知识产权	11. 合同变更和解除	*9. 知识产权
12. 索赔	10. 受托方的义务	*10. 保密义务	12. 合同组成部分	*12. 争议解决	12. 适用法律	*12. 保密义务	*12. 违约责任	*10. 违约责任
*13. 不可抗力	11. 受托方的权利	*11. 违约责任	*13. 争议解决	*13. 合同生效	*13. 合同的生效	13. 合同变更和解除	13. 保险	*11. 不可抗力
14. 适用法律	12. 委托方的权利	12. 索赔	*14. 合同生效	14. 份数	14. 其他事项	*14. 违约责任	*14. 不可抗力	12. 适用法律
*15. 争议解决	13. 委托方义务	13. 保险	15. 份数	15. 特别约定	15. 特别约定	15. 保险	*15. 争议解决	*13. 争议解决
*16. 合同生效	14. 代表	*14. 不可抗力	16. 特别约定			*16. 不可抗力	16. 适用法律	14. 其他
17. 份数	*15. 合同价格、价格调整和支付	*15. 争议解决				*17. 争议解决	*17. 合同生效	第三部分　专用合同条款
18. 特别约定	*16. 违约责任	*16. 合同生效				18. 适用法律	18. 特别约定	
	*17. 不可抗力	17. 份数				*19. 合同生效		
	*18. 争议解决	第三部分专用合同条款				20. 其他事项		
	*19. 生效					21. 特别约定		
	第三部分专用合同条款							

注：标 * 代表各类合同相同的条款。

8.2.3　技术服务/综合服务各类合同的比较

把科学技术项目合同、物业服务合同、汽车租赁合同(不含驾驶员)、印刷承揽合同、常年法律顾问聘用合同、管理咨询项目委托合同(两方)、管理咨询项目委托合同(多方)等技术服务和综合服务的各类合同进行对比,如表8.6所示。

从表8.6可以发现,非工程服务类合同差别比较大,除了合同所应具备的基本条款以外,其他条款都是针对具体的服务内容和特点而定的,没有统一的格式和条款。与工程服务类合同相比,非工程服务类合同不涉及工程概况等与工程有关的条款。

综上所述,非工程服务类合同主要的组成部分有反映服务内容和特点的条款以及合同本身应该具备的基本条款。

8.3　电网企业非物资分类体系的合同选用

《国家电网公司合同管理办法》中指出合同承办部门起草合同时,应按以下先后顺序选用合同文本:

(1) 国家或地方有关行政部门制定并强制适用的文本。

(2) 公司发布的统一合同文本。

(3) 行业参考性示范文本。

(4) 其他合同文本。

所以对于电网企业非物资分类体系的三级目录,先将国家电网公司成熟的合同文本与之对应,对应不上的考虑行业参考性文本,如果还有未对应上的三级目录,可以编制新的合同。也存在一些国家电网公司合同范本没有相应的三级目录,没对应上的合同目前还没有纳入到集中采购范围中,为以后采购对象的增加预留了合同范本。

8.3.1　电力工程施工的合同选用

由前面分析可知,工程施工类合同比较规范统一。国家电网公司关于工程施工类的合同有输变电工程施工合同、电网建设工程施工合同(简版)、工程施工合同(简明版)、抽水蓄能电站(水电)厂区道路及对外公路工程施工合同、抽水蓄能电站主体工程建设项目施工合同和检修施工合同。

输变电工程施工合同适用于国家电网公司各单位签订的依法必须招标的工程建设项目,且设计和施工不是由同一承包商承担的输变电工程建筑、安装施工合同。

电网建设工程施工合同(简版)适用于国家电网公司各单位按规定无需招标可直接发包的电网建设工程施工合同。

工程施工合同(简明版)适用于国家电网公司各单位签订的按规定无需招标可直接发包的工民建工程施工合同。

检修施工合同适用于国家电网公司各单位签订的非基建期输变电工程/设施以及通信网(设备、光缆)检修施工合同。

表 8.6　非工程服务类合同比较

科学技术项目合同	物业服务合同	汽车租赁合同（不含驾驶员）	印刷承揽合同	常年法律顾问聘用合同	管理咨询项目委托合同(两方)	管理咨询项目委托合同(多方)
1. 主要内容	1. 物业项目基本情况和物业交接	1. 租赁标的及交付	1. 印刷品	1. 法律服务范围	1. 咨询项目概要	1. 咨询项目概要
2. 预期目标	2. 合同期限	2. 租赁期间	2. 资料提供及制作要求	2. 服务方式	2. 工作进度	2. 工作进度
3. 主要技术经济指标	3. 物业服务事项	3. 合同价款及支付	3. 交货和验收	3. 服务期限	3. 咨询人员	3. 咨询人员
4. 提供的最终成果	4. 物业服务标准及考核	4. 甲方权利义务	4. 合同价格	4. 法律顾问费	4. 提交咨询成果	4. 提交咨询成果
5. 进度计划内容及考核目标	5. 甲方的权利义务	5. 乙方权利义务	5. 知识产权	5. 工作报告	5. 合同价格	5. 合同价格
6. 项目经费	6. 乙方的权利义务	6. 车辆保险	6. 质量保证	6. 乙方工作保证	6. 双方的权利义务	6. 各方的权利义务
7. 项目支付计划	7. 合同变更或解除	7. 保密条款	7. 保密	7. 甲方的支持	7. 验收	7. 验收
8. 转委托	8. 违约责任	8. 合同变更或解除	8. 违约责任	8. 知识产权	8. 知识产权	8. 知识产权
9. 保密	9. 索赔	9. 不可抗力	9. 适用法律	9. 保密	9. 保密义务	9. 保密义务
10. 陈述与保证	10. 不可抗力	10. 违约责任	10. 争议解决	10. 利益冲突禁止	10. 违约责任	10. 违约责任
11. 风险承担	11. 适用法律	11. 争议解决	11. 合同附件	11. 违约责任	11. 不可抗力	11. 不可抗力
12. 研究成果的归属	12. 争议解决	12. 合同附件	12. 联系方式	12. 投诉与考核	12. 合同变更或解除	12. 合同变更或解除
13. 相关技术服务	13. 合同生效	13. 合同生效	13. 合同生效	13. 适用法律	13. 适用法律	13. 适用法律
14. 违约责任	14. 份数	14. 其他	14. 份数	14. 争议解决	14. 争议解决	14. 争议解决
15. 合同的变更	15. 特别约定	15. 特别约定	15. 特别约定	15. 合同生效	15. 合同生效	15. 合同生效

续表 8.6

科学技术项目合同	物业服务合同	汽车租赁合同（不含驾驶员）	印刷承揽合同	常年法律顾问聘用合同	管理咨询项目委托合同(两方)	管理咨询项目委托合同(多方)
16. 合同的解除				16. 联系方式	16. 联系方式	16. 份数
17. 争议解决				17. 份数	17. 份数	17. 特别约定
18. 合同附件				18. 特别约定		
19. 合同生效						
20. 份数						
21. 特别约定						

根据电网企业非物资分类体系，只要将其二级目录与上述合同对应即可，电力工程施工一级目录下有基建工程施工、技改工程施工、配网工程施工、新建居住区电力设施工程施工、营销工程施工、农网工程施工、电网检修工程施工、专项电力工程施工等二级目录，其中基建工程施工、技改工程施工、配网工程施工、新建居住区电力设施工程施工、营销工程施工、农网工程施工、专项电力工程施工等二级目录可以使用输变电工程施工合同，电网检修工程施工可以使用检修施工合同。

电力工程施工的合同选用策略如图 8.1 所示。

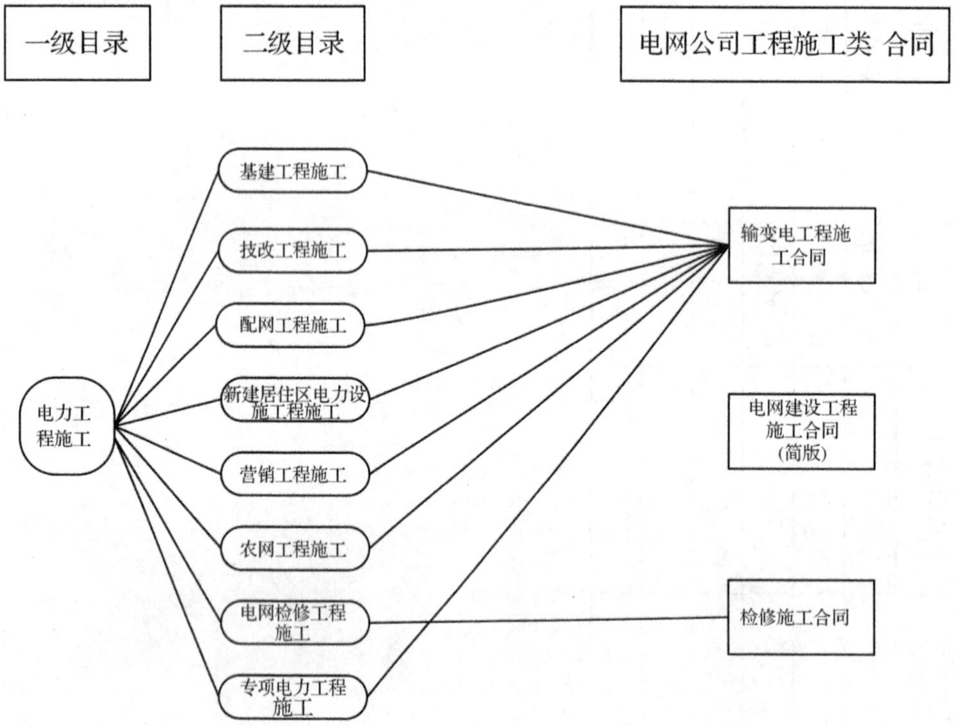

图 8.1 电力工程施工的合同选用策略

电网建设工程施工合同(简版)适用于国家电网公司各单位按规定无需招标可直接发包的电网建设工程施工合同，所以招标项目不适用此合同文本。

8.3.2 非电力工程施工的合同选用

非电力工程施工一级目录下工程准备、建筑物施工、建筑安装工程、装修修缮工程、其他建筑工程等所有二级目录都可以使用工程施工合同(简明版)。

非电力工程施工的合同选用策略如图 8.2 所示。

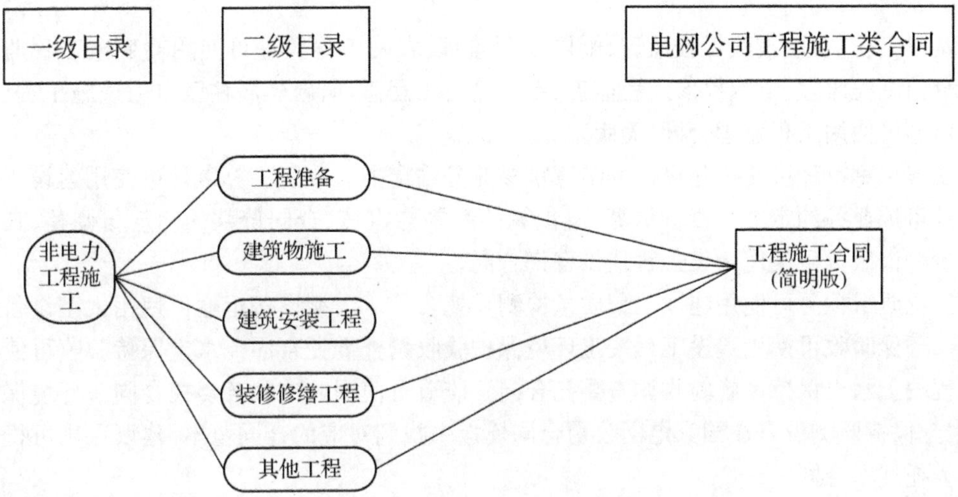

图 8.2　非电力工程施工的合同选用策略

8.3.3　工程服务的合同选用

国家电网公司关于工程服务的合同有可行性研究委托合同、项目核准专题评估委托合同、输电线路工程初设选线委托服务合同、初步设计评审委托合同、输变电工程监理合同、输变电工程勘察设计合同、输变电工程设计监理合同、监造服务委托合同、建设工程结算审核业务约定书、建设工程竣工决算审核业务约定书、建设工程质量检测委托合同、建设工程竣工水土保持设施验收调查委托合同、建设工程竣工环境保护验收调查委托合同、电网建设工程监理合同(简版)、电网建设工程勘察合同(简版)、电网建设工程勘察设计合同(简版)、电网建设工程设计合同(简版)、建设工程造价咨询合同、大型设备运输合同等。

电网建设工程监理合同(简版)适用于国家电网公司各单位按规定无需招标可直接发包的电网建设工程监理合同。电网建设工程勘察合同(简版)适用于国家电网公司各单位按规定无需招标可直接发包的电网建设工程勘察合同。电网建设工程勘察设计合同(简版)适用于国家电网公司各单位按规定无需招标可直接发包的电网建设工程勘察设计合同。电网建设工程设计合同(简版)适用于国家电网公司各单位按规定无需招标可直接发包的电网建设工程设计合同。所以对于招标项目不适用这些合同文本。

可行性研究工作委托、可行性研究评审可使用可行性研究委托合同。节能评估、社会稳定风险评估、输变电工程核准申请技术咨询、土地预审和地灾压矿可使用项目核准专题评估委托合同。地质勘测可使用输变电工程勘察设计合同。环境影响评价、水土保持方案等没有在国家电网公司合同模板中找到对应的合同范本,建议采用可行性研究等委托技术合同。

基建输变电设计、基建变电工程设计、基建线路工程设计、技改输变电设计、技改变电工程设计、技改线路工程设计、配网工程设计、农网工程设计可使用输变电工程勘察设计合同。通信工程设计、营销工程设计、专项电力工程设计、新建居住区电力设施工程设计可使用电网建设工程设计合同(简版)。房屋建筑设计、房屋修缮工程设计、装饰装修工程设计没有在国家电网公司合同模板中找到对应的合同范本,可采用住建部颁发的专业建设工程设计合同(GF-2000-0210)。

基建工程监理、技改工程监理、配网工程监理、农网工程监理可使用输变电工程监理合同。营销工程监理、电网检修工程监理、专项电力工程监理、新建居住区电力设施工程监理、设计监理可使用工程监理合同(简版)。

工程结算审计可使用建设工程结算审核业务约定书。竣工决算审计可使用建设工程竣工决算审核业务约定书。投资估算、概预算的编制与审核、合同价款的确定与调整、其他工程造价咨询服务可使用建设工程造价咨询合同。

工程质量检测可使用建设工程质量检测委托合同。大型设备运输可使用大型设备运输合同。环保验收可使用建设工程竣工环境保护验收调查委托合同。水土保持验收可使用建设工程竣工水土保持设施验收调查委托合同。监造可使用监造服务委托合同。环境保护监测、水土保持监测没有在国家电网公司合同模板中找到对应的合同范本,建议采用可行性研究等委托技术合同。

工程服务的合同选用策略如图 8.3 所示。

8.3.4 技术服务的合同选用

国家电网公司关于技术服务的合同有输变电设备委托运行维护合同、科学技术项目合同、技术开发(合作)合同、技术开发(委托)合同、技术服务合同、计算机软件委托开发合同、计算机系统软件实施服务合同、信息系统运行维护和技术支持服务合同。

软件开发服务可使用计算机软件委托开发合同。信息技术咨询服务、信息系统集成实施服务、运营服务、数据处理服务、呼叫中心服务可以使用信息系统运行维护和技术支持服务合同。

一次设备技术开发、二次设备技术开发、调度技术开发可使用技术开发(合作)合同、技术开发(委托)合同。科学研究可使用科学技术项目合同。支持服务可使用技术服务合同。

电网运维修理服务下变电一次设备运维、变电二次设备运维、调度设备运维修理、通信设备运维修理、通信线路运维修理、线路设备运维、电缆线路运维、配电设备运维、安措设施运维修理、辅助设施运维、仪器仪表运维、仪器仪表修理、电网设备修理、设备返厂大修维护、配电自动化运维、设备检测、设备安装调试、低压采集运维、负控采集运维、基站运行维护、数据清理等所有三级目录都可以使用输变电设备委托运行维护合同。

技术服务的合同选用策略如图 8.4 所示。

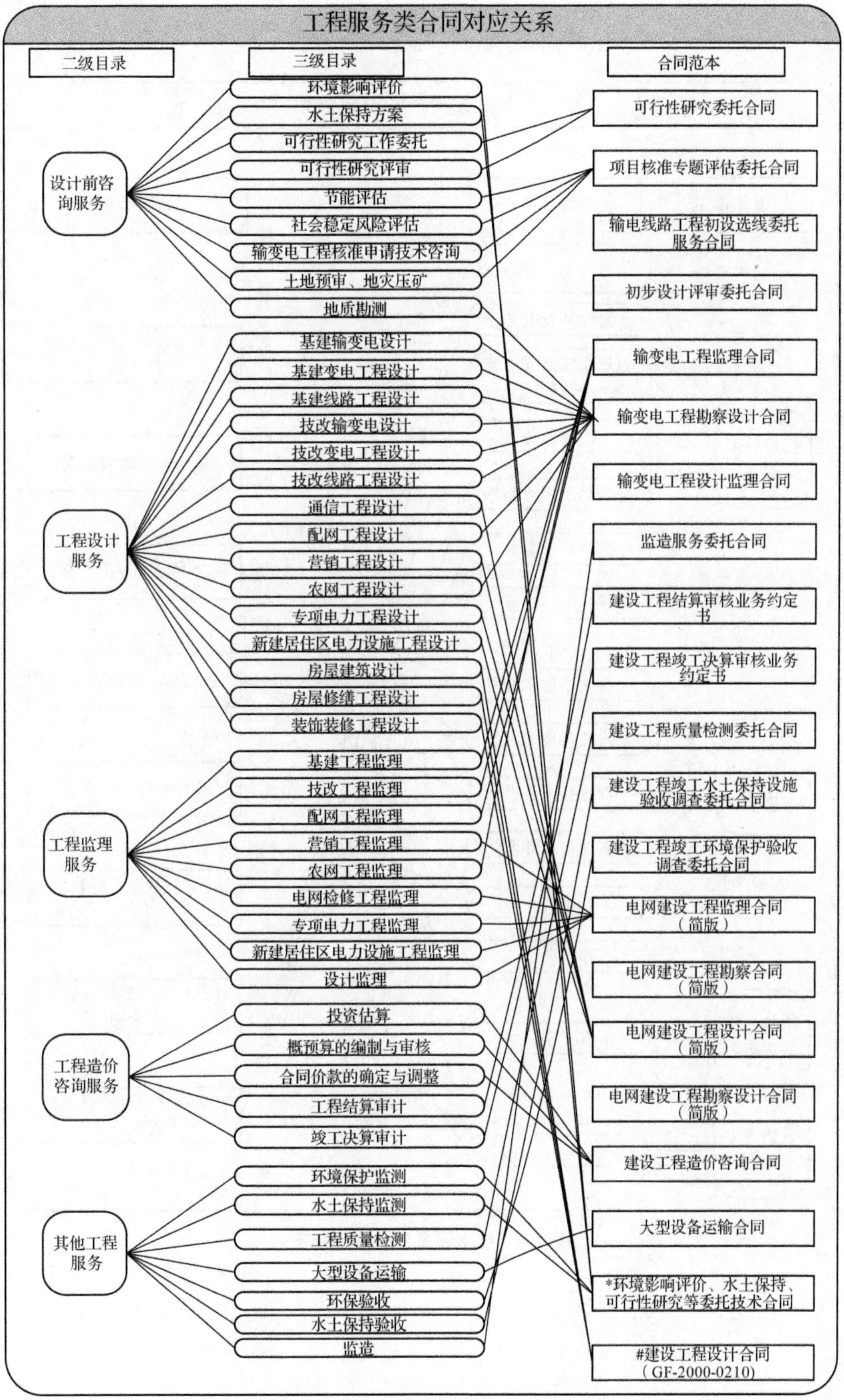

图 8.3　工程服务的合同选用策略

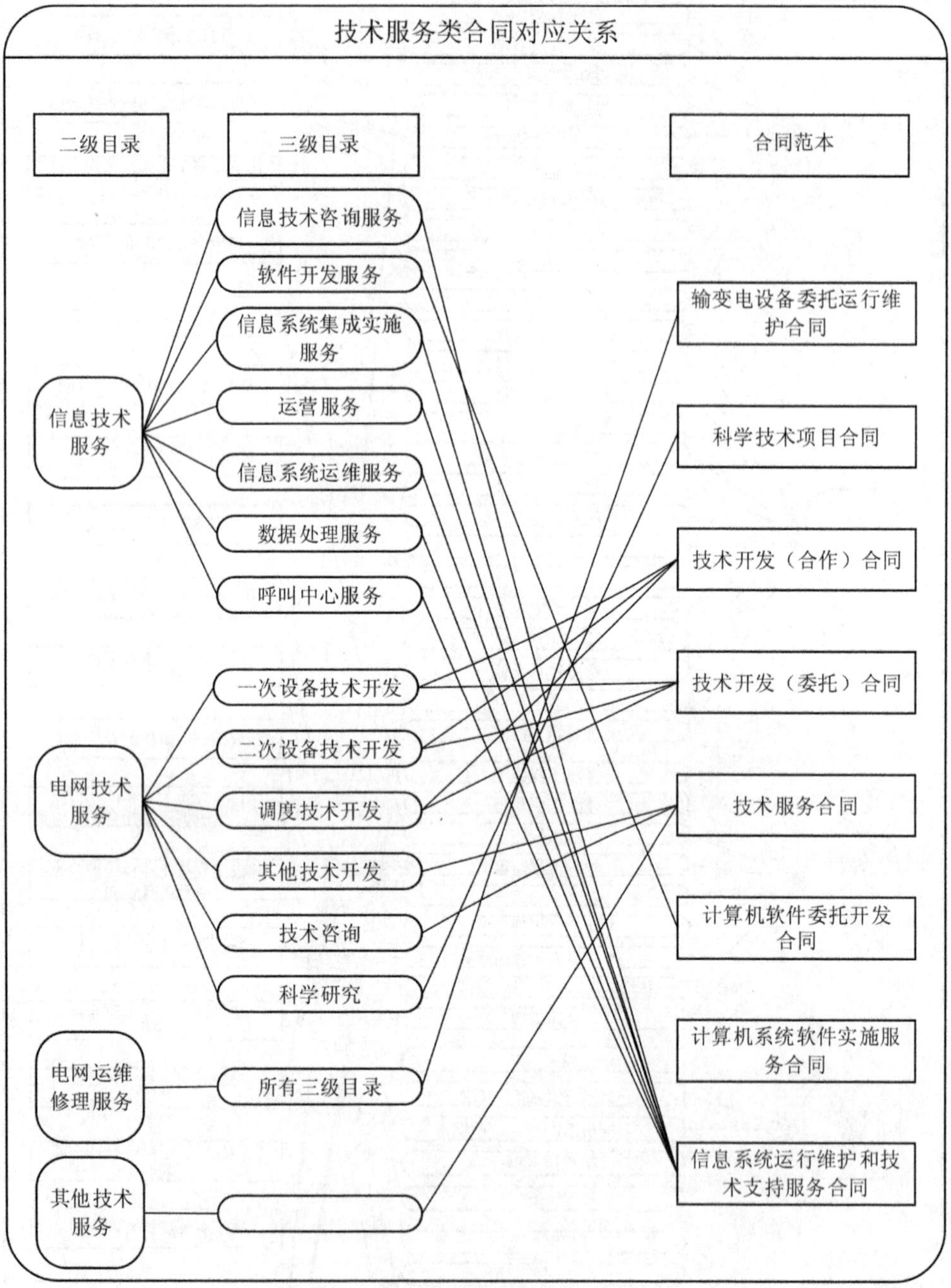

图 8.4　技术服务的合同选用策略

8.3.5　综合服务的合同选用

国家电网公司关于综合服务的合同有委托贷款合同(无担保)、委托贷款合同(系统内无担保)、委托贷款合同(保证担保)、委托贷款合同(抵质押担保)、固定资产借款合同、流动资金借款合同、循环借款合同、银团贷款合同、委托贷款展期协议、循环借款展期协议、融资租赁合同(售后回租)、资金信托合同、输变电资产租赁合同、年度财务决算审计合同(两方合同)、年度财务决算审计合同(三方合同)、物业服务合同、房屋租赁合同(系统内为承租方)、房屋租赁合同(系统内为出租方)、汽车租赁合同(不含驾驶员)、汽车服务合同、传统媒体宣传合作合同、网络宣传合作合同、文艺演出合同、宣传片制作合同、宣传品制作合同、捐赠合同、印刷承揽合同、采购代理服务合同(年度)、采购代理服务合同(专项)、案件委托代理合同、常年法律顾问聘用合同、管理咨询项目委托合同(两方)、管理咨询项目委托合同(多方)、翻译服务合同、保密协议(单方有保密义务)、保密协议(双方均有保密义务)。

贷款服务可使用委托贷款合同(无担保)、委托贷款合同(系统内无担保)、委托贷款合同(保证担保)、委托贷款合同(抵质押担保),人身保险、医疗保险、车辆保险、资产保险、供电责任保险没有对应的合同范本。法律服务可使用常年法律顾问聘用合同。管理咨询服务可使用管理咨询项目委托合同(两方)、管理咨询项目委托合同(多方)。

物业管理服务下的所有三级目录(卫生保洁服务、安保服务、园林绿化美化、电梯运维修理、消防设施设备运维修理、空调运维修理、立体车库运维修理、其他物业运维修理、物业服务总承包)都可以使用物业服务合同。审计服务可使用年度财务决算审计合同(两方合同)、年度财务决算审计合同(三方合同),会计服务、税务服务没有对应的合同范本。物流服务下的运输、仓储、配送、包装、总承包没有在国家电网公司的合同模板中找到对应的范本,建议使用第三方物流配送及库房作业管理服务合同。

对于零星日常服务,人员招聘使用大学生招聘咨询服务合同,印刷和出版服务使用印刷承揽合同,会展服务使用宣传品制作合同,广告服务使用传统媒体宣传合作合同、网络宣传合作合同,租赁服务使用房屋租赁合同(系统内为承租方)、房屋租赁合同(系统内为出租方)、汽车租赁合同(不含驾驶员)、汽车服务合同,劳务服务使用抄表、搬运、配送、物业等以劳务为主的服务合同,会务接待、教育培训服务、加油服务没有在国家电网公司的合同模板中找到对应的合同范本。

综合服务的合同选用策略如图 8.5 所示。

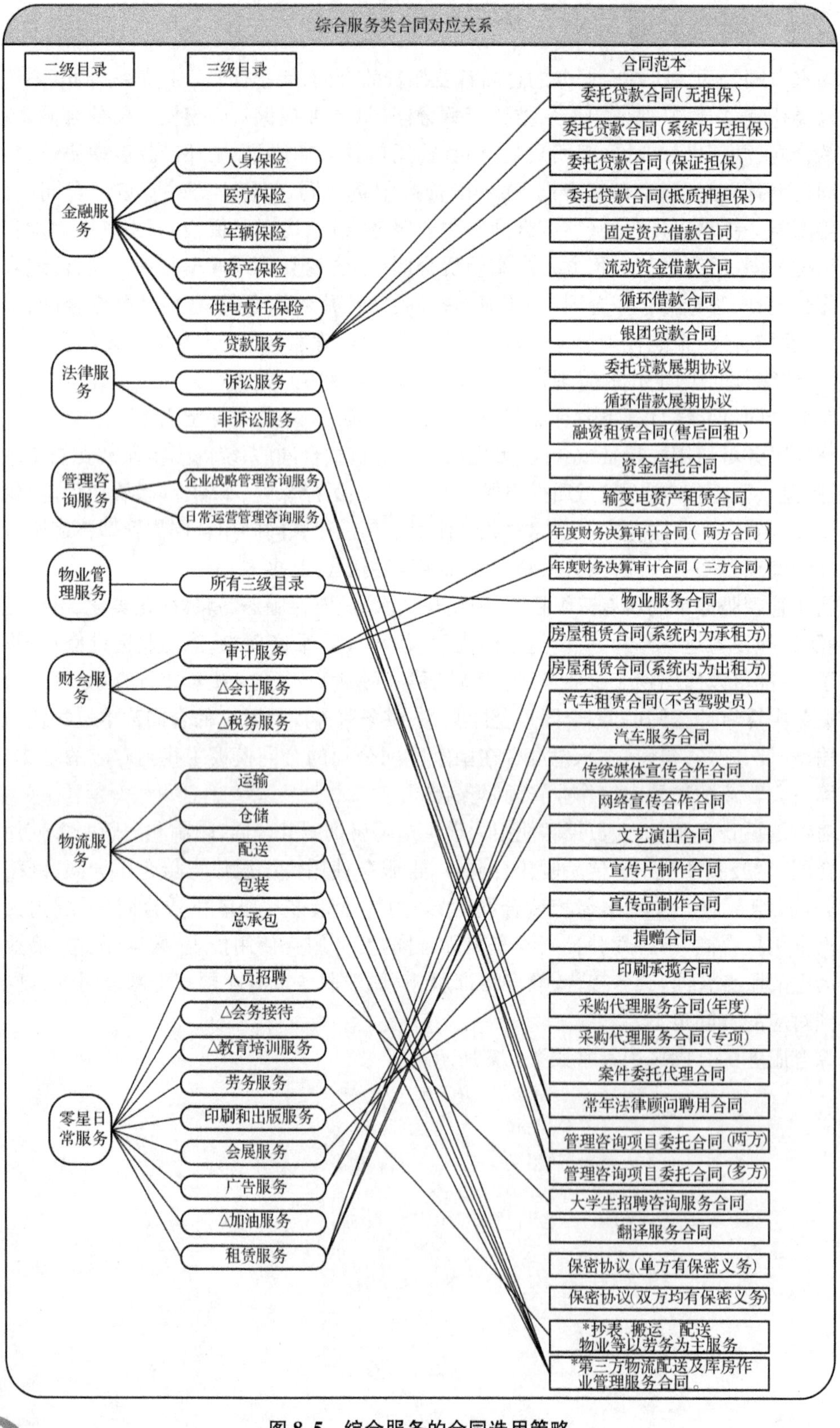

图 8.5　综合服务的合同选用策略

第9章 电网企业非物资招标采购标段划分

9.1 标段划分概述

标段指对一个整体项目按实施阶段和范围分割成多个段落，并把上述段落的单个或者多个组合起来进行招标的招标客体。投标供应商以标段为基本单位进行投标，标段也是确定中标供应商的基本单位。在电网企业的非物资招标过程中，标段划分涉及两个方面的内容：一是一个完整的工程或服务项目如何根据项目的实施进程和工作内容进行标包分解；二是根据采购实施不同环节的实际需要，把不同的标包组合成标段。

9.1.1 标段划分的目的

一方面由于一些项目因资金供应、市场需求等方面的原因需要分期实施，对其进行标段划分更有利于招标工作的进展；另一方面一些大型项目如果不进行标段划分会缩小投标人的选择范围，降低招标工作的质量。

不同的供应商有着自己的竞争优势，只有实现供应商之间的优势互补才能更好地优化采购结果，降低采购成本。在维修服务采购过程中，假设采购A、B两种维修服务，甲供应商擅长A种维修服务，乙供应商擅长B种维修服务。在招标采购中甲供应商对A、B两种维修服务的报价分别为1 500元和2 500元，乙供应商对A、B两种维修服务的报价分别为1 800元和2 300元。如果不进行标段划分，甲供应商总报价为4 000元，乙供应商总报价为4 100元，按照报价最低者中标的原则，中标的为甲供应商，共4 000元。如果进行标段划分，即对A、B两种维修服务单独进行招标，报价低者中标，则最终的中标结果为甲中标A维修服务，乙中标B维修服务，总报价为3 800元，比不进行标段划分节约了200元。由于电网企业非物资招标采购金额巨大，进行合理的标段划分将会有助于降低采购成本。

如果不进行标段划分，那么供应商的资质条件会比较高，能满足相应条件的供应商就较少。标段划分降低了招标采购的门槛，增加了供应商的数量，会造成更多具有竞争优势的供应商前来投标，使得招标人可以在某一个标段选择到更有竞争优势的供应商。

9.1.2 标段划分的意义

1) 扩大潜在投标人的选择范围

标段划分太大,涉及的专业内容较多,则对投标人的资质要求、实力要求也较高,相应地符合招标要求的潜在投标人的范围也就有所限制。若根据科学的标段划分分别招标,则符合潜在要求的投标人增多,对于公司来说不仅扩大了潜在投标人的选择范围,而且能达到有针对性地选择专业公司承接项目的目的。

2) 分标段招标可以缩短周期

由于分标段选择不同的单位同时招标,可以投入足够的人力、物力、财力,这为周期的缩短提供了保证。

3) 分标段实施招标有利于竞争

分标段可以扩大潜在投标人的范围,相应地竞争程度也就加大了。实行招投标最主要的目的是为招投标双方提供公平、公开、公正的竞争平台,为所有投标人创造公平竞争的机会。为了自身的发展每一个投标人都会切实地降低成本,提高质量,以企业能够承受的较低的价格、较短的工期、较优质的服务承诺等进行竞标。

4) 投标报价较低,减少了项目法人风险

招标内容单一,专业性较强,则潜在投标人多为专业企业,在该专业领域具有技术优势、资源优势、渠道优势,因而投标报价会较低,可以减少项目法人风险。

5) 缓解企业资金压力

分期分标段招标,资金可相应逐步到位,可以缓解企业的资金压力。

9.2 标段划分和标包组合的影响因素

9.2.1 标段划分的影响因素

标段划分的影响因素很多,要考虑采购对象的特点、各个标段之间的有机衔接、业主的管理协调能力、市场状况等,也要考虑服务项目专业属性、供应商属性、报价和开工日期等。

1) 采购对象的特点

标段划分应考虑采购对象的特点,以利于采购项目的质量、进度和成本控制。一个单项工程首先考虑总承包,通过一次性招标确定承包单位;对工程场地集中、工程量较小且技术简单的工程可不分标,对工程战线长、工程量大、技术复杂且专业跨度大的工程应分标段招标;如果服务较为琐碎、所需的资金较少,可以分标段招标。另外,对不具备一次性招标条件的工程和服务,可分段招标确定承包单位。实践中,有些标段划分过小过多的工程,其施工现场秩序较为混乱,造成建设单位协调事项多且难度大,由此增加了成本,影响了工程和服务的质量。

2) 各个标段之间的有机衔接

在划分标段时应当考虑到项目在建设和服务过程中的时间和空间的衔接,尤其是明确划分在关键线路上的项目，避免各标段承包商之间相互干扰。对于工程要合理规划好施工场地和临时工程用地，对共用的道路、弃碴场等应周密安排，尽量减少相互间的交叉作业，以确保工程进度目标的控制。对于服务要合理规划服务的流程和内容，进行详细安排。如果项目的各项工作的衔接交叉和配合少，责任清楚，则可考虑分别发包；反之，则应考虑将项目作为一个整体发包给一个承包商，因为此时由一个承包商进行协调管理更便于做好衔接工作。

3）业主的管理协调能力

若业主是一个专业化的常设管理机构，拥有很强的管理实力，则可以把标段划分得稍多些；否则，标段数应该少些或考虑与一个承包商签订总的项目建设承包合同。如果一个投资项目很大，其中有许多复杂的专业项目，而自己的专业管理能力又不够强，则应该考虑选择总承包的形式，这样虽然总承包价高些，但是可以避免各专业之间协调配合不当，造成返工浪费、工期延误等风险；反之，若涉及专业不多且为常规项目，则可以考虑由业主直接与各专业承包商签订分包合同，这样有利于业主控制总投资。

4）市场状况

业主招标的目的是在市场上找到优秀的承包商，分标的目的是吸引更多的承包商来参与竞争，以期用较低的价格选择最好的承包商。然而分标太小，虽然参加投标的承包商很多，但招标和评标工作量却大大增加，关键是很难吸引有实力的承包商参与竞争，业主要承担更大的建设风险；分标太大，有资格的承包商减少，可能因竞争不足而导致承包价格较高。业主应根据市场供求状况合理划分标段，标段大小应与承包商大小成正相关的关系，还可以考虑把部分小标捆绑招标，通过有经验的承包商进行管理，将协调配合的责任通过市场方法转移给承包商，当然承包商会因此而获得相应的费用。

5）服务项目专业属性

服务项目专业属性主要包括服务项目代码、服务项目名称、服务项目类别。服务项目代码是数据的唯一标识，它和服务项目名称不同，一个服务项目仅有一个代码，而服务项目名称相同，但代码可以不同。服务项目类别划分比较复杂，划分的角度多种多样，主观性较强。服务项目类别考虑的是服务项目的固有属性，它决定了服务的大致范围，在不同的范围内其标段也不相同，如果同一个标段的服务由不同的供应商提供，使得项目很难实施，不能体现项目的完整性。例如在一次物流服务中包含着存储和运输服务，如果把存储和运输外包给两个供应商，会造成服务直接衔接困难，管理难度加大，影响服务的质量。

6）供应商属性

服务的供应商属性主要指供应商投标时的采购方式、供应商的资质条件。采购方式是采购的一种形式，主要有竞争性谈判、竞争性谈判单一来源采购等。不同的采购方式采用的合同不同，进而影响服务招标标段，对于采购方式不同的项目应尽可能划分到不同的招标标段中去，如果一个标段中存在多种采购方式，会大大增加工作人员的劳动量，给工作带来负担。供应商的资质条件决定了供应商参与竞标的前提条件，具有相应资质的供应商才能参与投标、竞标和评标。评标的基本单位是标段，同一个标段中的评标办法尽可能相同，如果其评标的方法不同,就不适合放在一个标段下进行评标。不同的资质条件决定了供应商的不同,供应商投标以标段为基本单位,因此也是标段的一个重要影响因素。

7) 报价和开工日期

降低中标的价格是标段划分的主要目的,在标段划分的时候价格是必不可少的因素。报价对标段划分的影响可以从经济学中投标报价的策略模型 $V=\max p-\frac{N(\max p-\min p)}{N-1}-\varepsilon$ 看出,其中 ε 称为噪声,一般把它设为 0;p 为投标人的报价;N 为投标人的数量。可以看出投标人越少,报价越高,成本也就越高,因此合适的标段对于招标工作的成本最优至关重要。开工日期对于标段的划分也有重要的影响,开工日期一致的项目最好归为一个标段,这样有助于项目的管理以及减少多次任务交接的工作量,减少成本。

9.2.2 标包组合的影响因素

在电网企业的招标中标包是最小的招标单位,标包组合主要是指将一些技术指标及要求相同的或者经销商相同的工程或服务组合在同一个标包。另外,对于一些金额较小的标包可以适当地合并分包。

标包组合时需要考虑采购对象功能配套与技术关联、采购对象的规模和技术含量、生产供应周期和效益等因素。

1) 采购对象功能配套与技术关联

简单的采购对象功能独立,技术关联度低,在后续使用中不需过多考虑与其他采购对象的功能配套,标包组合受制约因素相对较少。对于复杂的大型成套设备等采购对象,标包组合要尽可能实现各部分设备之间的技术关联与功能配套,并结合各种设备的市场供应情况,合理划分,最佳组合,避免分割设备的配套关联。

2) 采购对象的规模和技术含量

单个采购对象规模大、技术含量高时,每一标包内数量不宜多。如果单个采购对象规模大,标包内数量又集中,只有实力雄厚的投标人才能投标,而一些有一定竞争力的中小投标人则无力投标,会造成投标人数量减少,降低竞争力,从而可能会引起投标报价增加。

单个采购对象规模小、技术含量相对较低时,可将标包适当集中,发挥规模效益。如果分包过小,则很难引起实力雄厚投标人的兴趣,只能由中小厂家参与竞争,导致投标人的整体水平不高。

3) 生产供应周期和效益

同一标包内应避免出现生产供应周期过度集中的现象,以免造成投标人不能及时生产供应而延误整个项目的履行。

投标人的效益也是影响标包组合的重要因素之一,要避免各个标包给投标人可能带来的经济收益差别过大,以致造成某些标包的投标人过于集中,而某些标包可能因无人投标而导致流标的情况。

9.3　电网企业非物资招标采购标段划分的原则与方法

9.3.1　电网企业非物资招标采购标段划分的原则

1）系统性原则

电网企业非物资招标采购是一个综合而复杂的系统工程，故其标段划分应着重从项目的全局考虑，某个或几个标段划分就局部而言可能不是最优的，但一定要符合总体最优的要求。

2）便于项目管理原则

电网企业非物资招标采购是一个大项目，所划定的每个标段都是一个子项目，故标段划分要符合项目管理特点，综合考虑工程布置、工期安排、实施区域和专业分工等各种情况，要有利于统一管理，有利于相互的衔接，有利于项目的整体建设。

3）经济性原则

电网企业非物资招标采购是一项经济活动，经济效益是其追求的主要目标，合理的标段划分能充分地利用社会资源，提高项目抗风险的能力。降低工程造价应以方便简化招标流程，尽可能节约资源，降低项目投资为原则。

4）保证项目质量和项目周期原则

深入地分析研究电网企业非物资招标采购的组织设计，避免将标段过度细化，尽可能减少标段间的衔接环节，剔除标段划分中的不合理因素，以利于电网企业的正常采购，保证电网企业非物资招标的顺利完成。

9.3.2　电网企业非物资招标采购标段划分的方法

电网企业非物资招标采购标段划分的主要依据包括项目的评审方法是否相同、项目采用的合同范本是否相同、项目的专业性是否相近、项目所属部门是否相同等。非物资招标采购中标段划分主要从集中采购和项目全过程两个角度进行。

1）集中采购的标段划分

集中采购是国家电网公司主要的采购方式，集中采购的标段划分主要依据是评审方式是否相同和合同范本是否相同，同时辅以专业性是否相似以及所属部门是否相同两个维度进行划分。这种划分方式可以精简招标工作量进而大大提高招标采购的工作效率，减少了采购负担。

2）项目全过程的标段划分

项目全过程主要是指从项目初期到项目结束的一个全过程，项目全过程的标段划分主要依据是评审方式是否相同、合同范本是否相同以及项目的专业性是否相近，比较特殊的是，在进行标段划分时，要结合项目进行时所处的不同过程。

9.3.3 电网企业非物资招标采购标段划分中存在的问题

目前电网企业标段划分更多基于工作经验，存在较大的随意性，对招标活动的实施和供应商参与投标响应产生了一定的负面作用，表现在以下几个方面：

1）标段划分较为主观，周期较长

标段的划分完全按照专家的主观性进行划分，标段划分的好坏与专家的工作经验、专业技能水平等有很大的关系，专家成为了标段划分的关键，使得招标标段划分需要经过长时间的不断改进和修正才能得到最终的标段，在此过程中耗费了大量的人力和财力。

2）标段划分的对象是服务的类别

虽然这种做法可以降低工作人员的劳动量，每一次招标的标段都是相对固定的，但是这种做法缺乏柔性，出现新的类别时不能找到与之匹配的标段。每一次的招标项目都有与之对应的标段，实际上和其对应的类别没有实质的不同，基本上都是一个类别对应一个标段，标段划分也就失去了应有的意义。如果是通过对每次申报的项目进行标段的划分，则可以有很好的柔性，可以提高招标的效率，降低采购成本。

3）标段划分影响因素主要考虑的是项目所属的类别

考虑的标段划分因素较为单一，使标段划分缺乏科学性，而且标段划分的主要目的是为了降低招标采购的成本，对投标商的报价是标段划分必须考虑的因素。

9.4 电网企业非物资分类体系的标段划分策略

9.4.1 电力工程施工的标段划分策略

1）基建、技改工程施工标段划分

对于基建工程施工和技改工程施工，按照三级目录，主要根据招标的合同以及评审方法来划分标段。同时，考虑到各个三级目录的专业性和独立性，将基建工程施工分为变电施工、土建施工、线路施工、通信工程施工、独立二次项目和其他基建工程施工 6 个标段，将技改工程施工分为变电施工、土建施工、线路施工、通信工程施工和其他技改工程施工 5 个标段，如表 9.1 所示。

表 9.1 基建、技改工程施工标段划分

二级目录	三级目录	标段名称
基建工程施工	电气安装	变电施工
	土建安装总承包	变电施工
	线路(架空线路)	线路施工
	线路(含电缆)	线路施工
	电缆安装	线路施工

续表 9.1

二级目录	三级目录	标段名称
基建工程施工	电缆总承包	线路施工
	线路(含间隔)	线路施工
	变电站土建	土建施工
	电缆土建	土建施工
	通信工程施工(含光缆)	通信工程施工
	智能化安装	变电施工
	独立二次项目	独立二次项目
	其他基建工程施工	其他基建工程施工
技改工程施工	电气安装	变电施工
	土建安装总承包	变电施工
	线路(架空线路)	线路施工
	线路(含电缆)	线路施工
	电缆安装	线路施工
	电缆总承包	线路施工
	线路(含间隔)	线路施工
	变电站土建	土建施工
	电缆土建	土建施工
	通信工程施工(含光缆)	通信工程施工
	智能化安装	变电施工
	其他技改工程施工	其他技改工程施工

2）配网、新建居住区电力设施、农网、电网检修工程施工标段划分

对于配网工程施工、新建居住区电力设施工程施工、农网工程施工和电网检修工程施工，其各自的三级目录评审方法和合同范本一样，各三级目录专业性相近，故将它们分别各自划为一个标段，如表 9.2 所示。

表 9.2　配网、新建居住区电力设施、农网、电网检修工程施工标段划分

二级目录	标段名称
配网工程施工	配网工程施工
新建居住区电力设施工程施工	居住区工程施工
农网工程施工	农网工程施工
电网检修工程施工	电网检修施工

3）营销工程施工标段划分

对于营销工程施工中的各三级目录，由于其合同范本均为输变电工程施工合同，评审方法均为非物资施工，但是其三级目录具有较强的专业性，不能单独合在一起作为一个标段，故将其划分为营销电力采集施工、营销计量装置施工、营销专变终端施工、营销充换电站施工和其他营销工程5个标段，如表9.3所示。

表9.3　营销工程施工标段划分

二级目录	三级目录	标段名称
营销工程施工	电力用户用电信息采集系统建设	营销电力采集施工
	计量装置专项修理	营销计量装置施工
	专变终端建设与改造	营销专变终端施工
	智能充换电站建设	营销充换电站施工
	其他营销工程施工	其他营销工程施工

4）专项电力工程施工标段划分

同样，专项电力工程施工可以划分为防腐处理工程、防污闪处理工程、其他专项电力工程3个标段，如表9.4所示。

表9.4　专项电力工程施工标段划分

二级目录	三级目录	标段名称
专项电力工程施工	防腐处理工程	防腐处理工程
	防污闪处理工程	防污闪处理工程
	其他专项电力工程	其他专项电力工程

9.4.2　非电力工程施工的标段划分策略

由于工程准备、建筑物施工、建筑安装工程、装修修缮工程和其他建筑工程的合同范本均是工程施工合同，评审方法为非物资施工，三级目录比较相近，不可分割，因此考虑将它们分别各自划分为一个标段，如表9.5所示。

表9.5　非电力工程施工标段划分

二级目录	标段名称
工程准备	工程前期施工
建筑物施工	建安工程施工
建筑安装工程	建安工程施工
装修修缮工程	其他建筑工程施工
其他工程	其他建筑工程施工

9.4.3　工程服务的标段划分策略

1）设计前咨询服务标段划分

设计前咨询服务下三级目录的评审方法基本是相同的，除了可行性研究评审采用的是非物资工程单项委托评标方法，其余的均采用非物资建设工程前期评标方法。合同评审方面，所有的合同范本都是不同的，在这里合同范本的不同意味着咨询服务供应商性质的不同，那么也就意味着设计前咨询服务下面所有的三级目录不能划分在一个标段里。最终的标段划分取名依旧遵循按照最小划分单位进行命名，且在这里没有组合命名。因此设计前咨询服务的标段主要划分为工程环评水保服务、工程可研服务、工程评估服务、工程核准咨询服务、工程前期其他服务 5 个标段，如表 9.6 所示。

表 9.6　设计前咨询标段划分

二级目录	三级目录	标段名称
设计前咨询服务	环境影响评价	工程环评水保服务
	水土保持方案	工程环评水保服务
	可行性研究工作委托	工程可研服务
	可行性研究评审	工程可研服务
	节能评估	工程评估服务
	社会稳定风险评估	工程评估服务
	输变电工程核准申请技术咨询	工程核准咨询服务
	土地预审、地灾压矿	工程前期其他服务
	地质勘测	工程前期其他服务
	其他设计前咨询服务	工程前期其他服务

2）工程设计服务标段划分

工程设计服务的评审方法都是采用非物资设计，合同范本是输变电工程勘察设计合同，另外对于房屋建筑设计、房屋修缮工程设计、装饰装修工程设计还没有相应的合同。通信工程设计和其他三级目录相比专业性较为独立且资质要求不同，将其单独划分为一个标段。因此工程设计服务标段划分为电力工程设计服务、通信工程设计服务、其他工程设计服务，如表 9.7 所示。

表 9.7　工程设计服务标段划分

二级目录	三级目录	标段名称
工程设计服务	基建输变电设计	电力工程设计服务
	基建变电工程设计	电力工程设计服务
	基建线路工程设计	电力工程设计服务
	技改输变电设计	电力工程设计服务

续表 9.7

二级目录	三级目录	标段名称
工程设计服务	技改变电工程设计	电力工程设计服务
	技改线路工程设计	电力工程设计服务
	通信工程设计	通信工程设计服务
	配网工程设计	电力工程设计服务
	营销工程设计	电力工程设计服务
	农网工程设计	电力工程设计服务
	专项电力工程设计	电力工程设计服务
	新建居住区电力设施工程设计	电力工程设计服务
	房屋建筑设计	其他工程设计服务
	房屋修缮工程设计	其他工程设计服务
	装饰装修工程设计	其他工程设计服务
	其他工程设计	其他工程设计服务

3）工程监理服务标段划分

工程监理服务的评审方法和合同范本相同，而且其专业性相近，不可分割，故将其划分为一个标段，而其他工程监理服务单独为一个标段。因此，工程监理服务标段划分为电力工程监理服务和其他工程监理服务，如表 9.8 所示。

表 9.8　工程监理服务标段划分

二级目录	三级目录	标段名称
工程监理服务	基建工程监理	电力工程监理服务
	技改工程监理	电力工程监理服务
	配网工程监理	电力工程监理服务
	营销工程监理	电力工程监理服务
	农网工程监理	电力工程监理服务
	电网检修工程监理	电力工程监理服务
	专项电力工程监理	电力工程监理服务
	新建居住区电力设施工程监理	电力工程监理服务
	设计监理	电力工程监理服务
	其他工程监理	其他工程监理服务

4）工程造价咨询服务标段划分

工程造价咨询服务的评标方法是一样的，均是非物资工程预算、结算的编制、审核招标，合同范本是建设工程结算审核业务约定书。竣工决算审计具有较强的专业独立性，故单独列为一个标段。因此工程造价咨询服务标段划分为工程造价咨询服务和财务决算服务 2 个标段，如表 9.9 所示。

表 9.9　工程造价咨询标段划分

二级目录	三级目录	标段名称
工程造价咨询服务	投资估算	工程造价咨询服务
	概预算的编制与审核	工程造价咨询服务
	合同价款的确定与调整	工程造价咨询服务
	工程结算审计	工程造价咨询服务
	竣工决算审计	财务决算服务
	其他工程造价咨询服务	工程造价咨询服务

5）其他工程服务标段划分

其他工程服务的评审方法主要有非物资工程单项委托、非物资大型设备运输、非物资监造，合同范本主要有大型设备运输合同、建设工程竣工环境保护验收调查委托合同、监造服务委托合同。其中环境保护监测、水土保持监测、环保验收、水土保持验收较为接近，可划分为一个标段，工程质量检测划分为一个标段，大型设备运输和监造专业性较为独立，故各自划为一个标段，如表 9.10 所示。

表 9.10　其他工程服务标段划分

二级目录	三级目录	标段名称
其他工程服务	环境保护监测	环评水保服务
	水土保持监测	环评水保服务
	工程质量检测	工程质量检测
	大型设备运输	运输服务
	环保验收	环评水保服务
	水土保持验收	环评水保服务
	监造	设备监造服务

9.4.4　技术服务的标段划分策略

对于技术服务的标段划分主要以评审方法和合同范本进行划分，同时考虑系统性和便于管理的原则进行标段划分。而在技术服务中其各三级目录对应的评审方式以及合同范本各有不同，比较繁琐，因此将按照三级目录划分标段。

1）信息技术服务标段划分

信息技术服务的评审方法都是非物资技术开发、技术转让、技术咨询、技术服务，而合同范本主要有计算机软件委托开发合同、计算机系统软件实施服务合同、信息系统运行维护和技术支持服务合同 3 种。由于信息技术服务专业独立性较低，不需要对其三级目录进行标段划分，故单独将其归为信息技术服务一个标段，如表 9.11 所示。

表 9.11　信息技术服务标段划分

二级目录	三级目录	标段名称
信息技术服务	信息技术咨询服务	信息技术服务
	软件开发服务	信息技术服务
	信息系统集成实施服务	信息技术服务
	运营服务	信息技术服务
	信息系统运维服务	信息技术服务
	数据处理服务	信息技术服务
	呼叫中心服务	信息技术服务
	其他信息技术服务	信息技术服务

2）电网技术服务标段划分

电网技术服务的评审方法均为非物资技术开发、技术转让、技术咨询、技术服务，而合同范本不同，主要有技术开发(合作)合同、技术开发(委托)合同、科学技术项目合同、技术服务合同。由于电网技术服务的专业独立性较低，不需要进行三级目录的标段划分，故将其划分为电网技术开发服务一个标段，如表 9.12 所示。

表 9.12　电网技术服务标段划分

二级目录	三级目录	标段名称
电网技术服务	一次设备技术开发	电网技术开发服务
	二次设备技术开发	电网技术开发服务
	调度技术开发	电网技术开发服务
	其他技术开发	电网技术开发服务
	技术咨询	电网技术支持服务
	科学研究	电网技术支持服务

3）电网运维修理服务标段划分

电网运维修理服务的合同范本均是输变电设备委托运行维护合同，而其评审方法主要有非物资运行维护、实施服务和非物资设备返厂大修两种。因电网运维修理服务的专业独立性较低，不需要对其三级目录划分标段，故根据二级目录划分为电网运维修理服务一个标段，如表 9.13 所示。

表 9.13　电网运维服务标段划分

二级目录	三级目录	标段名称
电网运维修理服务	变电一次设备运维	电网运维修理服务
	变电二次设备运维	电网运维修理服务

续表 9.13

二级目录	三级目录	标段名称
电网运维修理服务	调度设备运维修理	电网运维修理服务
	通信设备运维修理	电网运维修理服务
	通信线路运维修理	电网运维修理服务
	线路设施运维	电网运维修理服务
	电缆运维	电网运维修理服务
	配电设备运维	电网运维修理服务
	安措设施运维修理	电网运维修理服务
	辅助设施运维	电网运维修理服务
	仪器仪表运维修理	电网运维修理服务
	设备返厂大修维护	电网运维修理服务
	配电自动化运维	电网运维修理服务
	设备检测	电网运维修理服务
	设备安装调试	电网运维修理服务
	低压采集运维	电网运维修理服务
	负控采集运维	电网运维修理服务
	基站运行维护	电网运维修理服务
	数据清理	电网运维修理服务
	其他运维服务	电网运维修理服务

4）其他技术服务标段划分

对于其他技术服务，将其划分为一个标段，如表 9.14 所示。

表 9.14　其他技术服务标段划分

二级目录	标段名称
其他技术服务	其他技术服务

9.4.5　综合服务的标段划分策略

综合服务包含金融服务、法律服务、管理咨询服务、物业管理服务、财会服务、物流服务、零星日常服务。对于管理咨询服务、物业管理服务、物流服务、财会服务、法律服务采用相同的评标方法和合同范本，即非物资物业、保险、车辆维修评审方法和物业服务合同。可以根据二级目录划分标段，但是法律服务、管理咨询服务、物业管理服务、物流服务、财会服务相互之间独立性显著，可分割性强，故这 5 个二级目录相应分成 5 个标段。对于零星日常服务，因其招标金额和数量较小，为便于工作将其划分为一个标段，如表 9.15 所示。

表 9.15　综合服务标段划分

二级目录	标段名称
法律服务	法律服务
管理咨询服务	管理咨询服务
物业管理服务	物业管理服务
财会服务	财会服务
物流服务	物流服务
零星日常服务	零星日常服务

而在综合服务下的金融服务，其三级目录的评审方法和合同范本不相同，需要根据三级目录进行标段划分。金融服务评审方法是非物资物业、保险、车辆维修，合同范本是委托贷款合同(无担保)、委托贷款合同(系统内无担保)、委托贷款合同(保证担保)、委托贷款合同(抵质押担保)。但是其提供服务的种类不同，各个服务之间具有较强的独立性，因此分作保险服务和金融服务 2 个标段，如表 9.16 所示。

表 9.16　金融服务标段划分

二级目录	三级目录	标段名称
金融服务	人身保险	保险服务
	医疗保险	保险服务
	车辆保险	保险服务
	资产保险	保险服务
	供电责任保险	保险服务
	贷款服务	金融服务
	其他金融服务	金融服务

对于其他综合服务，将其划分为一个标段，如表 9.17 所示。

表 9.17　其他综合服务标段划分

二级目录	标段名称
其他综合服务	其他综合服务

9.5　基于改进模糊聚类算法的标段划分模型及实证

设项目 X 由 $x_1,x_2,\cdots,x_m$ 共 m 个子项目组成，记为

$$X=(x_1,x_2,\cdots,x_m)=\{x_i\,|\,i=1,2,\cdots,m\}$$

项目 X 的部分子项目划分为一类，即为一个标段，记为

$$e_k=\{x_j\,|\,j=1,2,\cdots,n,n\leqslant m\}$$

每一个标段都是 X 的子集。把 e_k 组成的集合记为 E_k，e_k 之间的交集为空集，并集为 X。

项目 X 划分为 p 个标段，即在集合 E_k 中寻找 p 个元素。

标段划分的数目主要与项目的子项目数有关，如果有 m 个子项目，那么标段划分的方案数为

$$n=\sum_{p=1}^{m}\sum_{a=0}^{p-1}(-1)^{a}\mathrm{C}_{p}^{a}(p-a)^{m}\frac{1}{p!}$$

如果子项目越多，标段划分的方案数也越多，在实际工作中需要对子项目的粒度进行科学的确定。子项目过多，会造成太多的招标工作量；过少，则标段划分的种类就较少，很难满足所期望的要求。

模糊聚类算法常用来解决招标采购中的标段划分建模，但工程和服务等非物资招标采购过程中标段划分的影响因素是复杂且多样的，所属的属性不同。例如服务的报价是属于数值属性，服务的类别、资质条件、合同、评标方法属于分类属性。一般的模糊聚类算法只能解决数据为数值型的聚类，对于分类属性数据无法进行聚类，因此需要对模糊聚类算法进行改进。

设某次招标中有 n 个项目，组成的集合记为 $X=(x_1,x_2,\cdots,x_n)$，集合 X 由 m 个属性 A_1，A_2，…，A_m 描述。对项目 X 进行标段划分就是要将 X 中的数据分成 K 个不同的标段，其中 X 中前 t 个为数值型数据，后 $m-t$ 个为分类属性数据。属性 A_j 的值域表示为 $\mathrm{DOM}(A_j)$。对于数值属性的值域，$\mathrm{DOM}(A_j)=[0,1]$。对于分类属性的值域，$\mathrm{DOM}(A_j)=\{1,2,\cdots,n_j\}$，$n_j$ 为属性 A_j 的取值个数。

函数 $f(x_i,A_j)=v_{ij}$ 表示在 A_j 属性下项目 x_i 的取值。

9.5.1　混合属性的相异度表示

1）数值型数据的相异度表示

数值型数据的相异度使用如下加权闵可夫斯基距离表示

$$d_1(X_i,P_k)=\omega_p\Big(\sum_{q=1}^{t}\mid x_{iq}-p_{kq}\mid^{p}\Big)^{\frac{1}{p}} \tag{9.1}$$

当 $p=1$ 时，为加权 Manhattan 距离；当 $p=2$ 时，为加权 Euclid 距离。

2）分类属性数据的相异度表示

Euclid 距离只能测算数值属性的数据，不能测算分类属性的数据，Ralambondramy 提出可以用 0 或者 1 来表示分类属性的数据，下面对分类属性数据的相异度采用这种方法计算。

对于分类属性值相同的对其赋予相同的值，即对同为 u_i 的值赋值为相同的 u_i^*。例如电压等级有 10 kV、110 kV、220 kV、500 kV 4 个属性值，则可以对 10 kV 赋值为 1，110 kV 赋值为 2，220 kV 赋值为 3，500 kV 赋值为 4。若电压等级相同，则它们赋值的差为零，相异度记为 0；若电压等级不同，则它们赋值后的差不为零，相异度记为 1。记 $d^*(u_i^*,u_j^*)=|u_i^*-u_j^*|$，则

$$\delta(u_i,u_j)=\begin{cases}1 & d^*(u_i^*,u_j^*)\neq 0\\ 0 & d^*(u_i^*,u_j^*)=0\end{cases}$$

$$d_2(X_i,P_k)=\sum_{q=t+1}^{n}\omega_p\delta(x_{iq},p_{kq}) \tag{9.2}$$

因此结合公式(9.1)和(9.2)，混合类型的 X_i 和 P_k 之间的相异度定义为

$$d(X_i,P_k)=d_1(X_i,P_k)+d_2(X_i,P_k)=\omega_p\left(\sum_{q=1}^{t}|x_{iq}-p_{kq}|^p\right)^{\frac{1}{p}}+\sum_{q=t+1}^{n}\omega_p\delta(x_{iq},p_{kq}) \tag{9.3}$$

其中，$d_1(X_i,P_k)$属于数值型数据之间的距离；$d_2(X_i,P_k)$属于分类属性数据之间的距离；ω_p 为各个标段划分影响属性的权值，权重越大，该属性对标段划分的影响越大。

9.5.2 标段划分算法设计

在招标采购过程中每一批次的招标项目都是不固定的，有时候招标项目比较多，有时候相对较少。例如电网企业对于监理类项目经常使用框架协议采购，往往要一次性招标大量的监理服务，甚至多达上千个，对数据的处理量是非常庞大的，需要借助计算机编程进行标段划分算法设计。但有时某一批次可能涉及少量的项目招标，若涉及十几条项目招标时使用计算机编程反而缺乏准确性，可以使用传递闭包的算法计算出标段的划分。此外由于标段划分过程中标段的数目是不确定的，划分之前不知道分为多少个标段才能获得最优的利益，对标段的数目应尽可能地进行客观确定，降低人为主观因素的影响。然而对于项目比较多的情况，如果通过计算得出的标段数目过多，会大大增加工作负担和管理费用，因此这时需要通过专家商讨出需要划分的标段数目。而项目比较少的时候，其标段的数目也受到项目数量的限制，不会太多。这时可以通过计算得出最佳标段划分方案。

1）基于模糊C-均值的标段划分算法设计

当招标项目过多的时候，为了方便管理，降低劳动量，需要专家先给定标段数量。使用模糊C-均值聚类算法，其聚类数是人为确定的，模糊C-均值聚类算法对于处理大量数据具有高的准确性和速度。结合专家给出的标段数目后，通过模糊C-均值聚类算法能很好地解决标段划分问题。

设代价函数为

$$J_m(U,P)=\sum_{i=1}^{n}\sum_{k=1}^{c}u_{ik}^{m}d(X_i,P_k)$$

其中，$P_k=(p_{k1},p_{k2},\cdots,p_{km})$表示聚类中心；$\boldsymbol{U}=\{u_{ik}\}$表示 $c\times n$ 分类矩阵；u_{ik} 表示将 X_i 划分到第 C 类的隶属程度，满足 $\sum_{k=1}^{c}u_{ik}=1$；m 为加权指数；$d(X_i,P_k)$表示 X_i 和 P_k 之间的相异度。利用拉格朗日乘法构建函数求解，则有

$$F=\sum_{i=1}^{c}u_{ik}^{m}d_{ik}^{2}+\lambda\left(1-\sum_{i=1}^{c}u_{ik}\right) \tag{9.4}$$

令$\frac{\partial F}{\partial\lambda}=0$，得到$\frac{\partial F}{\partial\lambda}=\left(\sum_{i=1}^{c}u_{ik}-1\right)\triangleq 0$，即

$$\sum_{i=1}^{c}u_{ik}=1 \tag{9.5}$$

令$\frac{\partial F}{\partial u_{jk}}=0$，得到$\frac{\partial F}{\partial u_{jk}}=mu_{jk}^{m-1}d_{jk}^{2}-\lambda\triangleq 0$，可以求得

$$u_{jk}=\left(\frac{\lambda}{m}\right)^{\frac{1}{m-1}}\left(\frac{1}{d_{jk}^{2}}\right)^{\frac{1}{m-1}} \tag{9.6}$$

由于$\sum_{j=1}^{c}u_{jk}$，即$\sum_{j=1}^{c}u_{jk}=\sum_{j=1}^{c}\left(\frac{\lambda}{m}\right)^{\frac{1}{m-1}}\left(\frac{1}{d_{jk}^{2}}\right)^{\frac{1}{m-1}}=\left(\frac{\lambda}{m}\right)^{\frac{1}{m-1}}\sum_{j=1}^{c}\left(\frac{1}{d_{jk}^{2}}\right)^{\frac{1}{m-1}}=1$，则

$$\left(\frac{\lambda}{m}\right)^{\frac{1}{m-1}}=\frac{1}{\sum_{j=1}^{c}\left(\frac{1}{d_{jk}^{2}}\right)^{\frac{1}{m-1}}}$$

代入到 u_{jk} 得到

$$u_{jk}=\frac{1}{\sum_{i=1}^{c}\left(\frac{d_{jk}}{d_{ik}}\right)^{\frac{2}{m-1}}} \tag{9.7}$$

根据 u_{jk}，可以组成分类矩阵$\boldsymbol{U}$。

分类矩阵$\boldsymbol{U}$ 的更新：

(1) 当 $X_i=P_k$ 时，$u_{ik}=1$；

(2) 当 $X_i=P_l$ 且 $l\neq k$ 时，$u_{ik}=0$；

(3) 当 $X_i\neq P_l$ 时，$u_{ik}=\frac{1}{\sum_{l=1}^{k}\left[\frac{d(X_i,P_k)}{d(X_i,P_l)}\right]^{\frac{1}{m-1}}}$。

分类中心 P 的更新：

(1) 对于数值型属性 A_j，$p_{kj}=\frac{\sum_{i=1}^{n}(u_{ik})^m x_{ij}}{\sum_{i=1}^{n}(u_{ik})^m}$；

(2) 对于分类属性数据 $p_{kj}=r$，其中 $r\in \mathrm{DOM}(A_j)$，且

$$\sum_{i=1}^{N}(u_{ik}^{m}\mid x_{ij}=r)\geqslant\sum_{i=1}^{N}(u_{ik}^{m}\mid x_{ij}=t),1\leqslant t\leqslant n_j$$

即 r 是在属性 j 不同取值的数据子集上，数据属于第 k 类隶属度的幂和中最大幂和所对应的属性值。

步骤 1：输入数据 X，聚类数 K，加权指数 m。

步骤 2：选取初始聚类中心 P^0，并根据上述确定划分矩阵 $\boldsymbol{U}^0$。

步骤 3：确定下一步的聚类中心，使得准则函数最小，即确定 $P^{\lambda+1}$，若 $|J_m(U^\lambda,P^{\lambda+1})-J_m(U^\lambda,P^\lambda)|<\varepsilon$，则算法停止；否则，返回$(U^\lambda,P^{\lambda+1})$。

步骤 4：确定下一步的分类矩阵，使得准则函数最小，即确定 $U^{\lambda+1}$，若 $|J_m(U^{\lambda+1},P^{\lambda+1})-J_m(U^\lambda,P^{\lambda+1})|<\varepsilon$，则算法停止，返回$(U^{\lambda+1},P^{\lambda+1})$。

步骤 5：令 $\lambda=\lambda+1$，返回步骤 2。

步骤 6：对得出的标段划分方法进行专家讨论，对不合理的标段进行适当修改。

2）基于传递闭包的标段划分设计

当招标项目较少的时候，其标段的数目可以不用专家给出，通过使用传递闭包算法可以求出最佳的标段划分数目，达到利益最优。传递闭包算法简单方便，对于处理少量数据具有很高的效率和准确性。

满足自反性和对称性的模糊矩阵称为模糊相似矩阵，对于 n 阶模糊相似矩阵 $\boldsymbol{A}$，$\boldsymbol{A}$ 的传递闭包 $t(\boldsymbol{A}) = \boldsymbol{A}^k$ 的充分必要条件是存在最小整数使得 $\boldsymbol{A}^{2k} = \boldsymbol{A}^k$。

对于模糊矩阵 $\boldsymbol{A} = (r_{ij})_{m\times n}$，对于任意的 $\lambda \in [0,1]$，记 $\boldsymbol{A}_\lambda = (\lambda r_{ij})_{m\times n}$，其中

$$\lambda r_{ij} = \begin{cases} 1, & r_{ij} \geqslant \lambda \\ 0, & r_{ij} < \lambda \end{cases}$$

则称 $\boldsymbol{A}_\lambda$ 为 λ 截矩阵，λ 称为置信水平。

步骤 1：对数值型数据进行标准化处理，公式为

$$v'_{ij} = \frac{v_{ij} - v_{\min}}{v_{\max} - v_{\min}} \tag{9.8}$$

步骤 2：根据相异度公式计算各项目之间的相异度。

步骤 3：根据计算出的相异度组成相异度矩阵。

步骤 4：运用二次方法求出矩阵的传递闭包，即 $t(\boldsymbol{R}) = \boldsymbol{R}^*$，并对 λ 取值进行分析，从大到小得出动态聚类谱系图。

步骤 5：根据不同的阈值进行分类。

步骤 6：讨论不同标段划分方案的优劣，并根据专家意见进行适当修改。

9.5.3 标段划分实证分析

假设电网企业在一次服务项目的小型招标采购中要对 20 个项目进行标段划分，原始数据如表 9.18 所示。

表 9.18 电网企业服务采购招标原始数据表

项目	所属标段	采购方式 M_1	电压(kV) M_2	报价(万元) M_3	日期 M_4	所属类别 M_5	供应商投标资质条件 M_6
A_1	设计	公开招标	10	50	9.20	设计	电力工程设计(丙级以上)
A_2	设计	公开招标	10	60	9.20	设计	电力工程设计(丙级以上)
A_3	设计	公开招标	220	83	6.10	设计	电力工程设计乙级或以上资质
A_4	设计	公开招标	220	85	6.10	设计	电力工程设计乙级或以上资质
A_5	设计	公开招标	220	91	6.10	设计	电力工程设计乙级或以上资质
A_6	设计	公开招标	500	121	9.1	设计	电力工程设计甲级或以上资质
A_7	设计	公开招标	10	55	9.1	设计	电力工程设计乙级及以上资质
A_8	设计	公开招标	10	23	9.1	设计	电力工程设计乙级及以上资质

续表 9.18

项目	所属标段	采购方式 M_1	电压(kV) M_2	报价(万元) M_3	日期 M_4	所属类别 M_5	供应商投标资质条件 M_6
A9	监理	公开招标	220	38	6.10	监理	电力工程监理乙级及以上资质
A10	监理	公开招标	220	33	6.10	监理	电力工程监理乙级及以上资质
A11	监理	公开招标	10	107	9.1	监理	电力工程监理乙级及以上资质
A12	监理	公开招标	10	9	9.1	监理	电力工程监理乙级及以上资质
A13	监理	公开招标	110	12	11.20	监理	电力工程监理乙级及以上资质
A14	主变大修	竞争性谈判	110	10	11.20	维修服务	110 kV 变压器制造或修理资质
A15	主变大修	竞争性谈判	110	170	8.20	维修服务	ISO9000 质量体系认证证书
A16	主变大修	竞争性谈判	110	90	9.1	维修服务	ISO9001 质量体系认证证书
A17	主变大修	竞争性谈判	110	80	9.1	维修服务	ISO9002 质量体系认证证书
A18	主变大修	竞争性谈判	110	200	9.20	维修服务	ISO9003 质量体系认证证书
A19	主变大修	竞争性谈判	110	176	8.20	维修服务	ISO9004 质量体系认证证书
A20	主变大修	竞争性谈判	110	285	9.1	维修服务	110 kV 主变大修资质

从原始数据表格中可以看出这 20 个项目主要属于三个标段，分别是设计、监理和主变大修。采购方式是公开招标和竞争性谈判，是一个二值属性，属于分类属性的特殊情况。电压等级主要有 10 kV、110 kV、220 kV、500 kV 4 种，开工日期主要有 6 月 10 日、8 月 20 日、9 月 1 日、9 月 20 日、11 月 20 日 5 种。所属的类别与所属的标段对应，共有设计、监理和主变大修三类。资质条件主要有 7 种。属性中除了报价属于数值属性外其他的属性都为分类属性。在标段划分过程中针对不同的属性，分别赋予权重，以衡量此属性对于标段划分的重要性。标段划分的目的是为了降低成本，因此对报价赋予更大的权重，同时考虑到便于管理的原则，对于工期因素，尽可能把相同工期划分为一个标段，因此对各个属性分别赋予

$$\omega_1=0.1,\ \omega_2=0.1,\ \omega_3=0.3,\ \omega_4=0.2,\ \omega_5=0.1,\ \omega_6=0.2$$

步骤 1：对数值属性数据进行标准化处理，这里对报价属性进行标准化处理得到

(0.148 6，0.184 8，0.268 1，0.275 4，0，0.405 8，0.166 7，0.050 7，0.105 1，0.087 0，0.355 1，0，0.010 9，0.036，0.583 3，0.293 5，0.257 2，0.692 0，0.605 1，1.000 0)

步骤 2：求出每一个项目之间的相异程度。例如求 A_2 和 A_3 的相异度，主要考虑的属性有采购方式、电压、报价、开工日期、所属类别、资质条件，以此进行标段划分。分类属性用公式(9.3)进行计算。在采购方式属性上，$f(A_3,M_1)=f(A_2,M_1)=$公开招标。根据公式(9.3)得到在 M_1 属性上的 A_2 和 A_3 的相异度为 0。同理得到电压上的相异度为 1，开工日期上的相异度为 1，资质条件的相异度为 1。

报价的相异度根据公式(9.1)计算得到 0.083。加权相加得到

$$d(A_2,A_3)=0.1\times0+0.1\times1+0.3\times0.083+0.2\times1+0.1\times0+0.2\times1=0.524\ 9$$

步骤 3:同理求出其他项目之间的相异度,并构造出相异度矩阵

1.000	0.989	0.464	0.462	0.455	0.423	0.595	0.571	0.387	0.382	0.438	0.455	0.359	0.295	0.170	0.257	0.267	0.337	0.163	0.045
0.989	1.000	0.475	0.473	0.445	0.434	0.595	0.560	0.376	0.371	0.449	0.445	0.348	0.295	0.180	0.267	0.278	0.348	0.174	0.055
0.464	0.475	1.000	0.998	0.920	0.459	0.670	0.635	0.651	0.646	0.374	0.320	0.323	0.270	0.205	0.292	0.297	0.173	0.199	0.080
0.462	0.473	0.998	1.000	0.917	0.461	0.667	0.633	0.649	0.643	0.376	0.317	0.321	0.267	0.208	0.295	0.295	0.175	0.201	0.083
0.455	0.445	0.920	0.917	1.000	0.378	0.650	0.685	0.668	0.674	0.293	0.400	0.397	0.250	0.125	0.212	0.223	0.092	0.118	0.000
0.423	0.434	0.459	0.461	0.378	1.000	0.628	0.593	0.310	0.304	0.585	0.478	0.282	0.228	0.247	0.466	0.455	0.214	0.240	0.322
0.595	0.595	0.670	0.667	0.650	0.628	1.000	0.965	0.382	0.376	0.643	0.650	0.353	0.300	0.175	0.462	0.473	0.142	0.168	0.250
0.571	0.560	0.635	0.633	0.685	0.593	0.965	1.000	0.384	0.389	0.609	0.685	0.388	0.265	0.140	0.427	0.438	0.108	0.134	0.215
0.387	0.376	0.651	0.649	0.668	0.310	0.382	0.384	1.000	0.995	0.625	0.668	0.672	0.282	0.157	0.243	0.254	0.124	0.150	0.032
0.382	0.371	0.646	0.643	0.674	0.304	0.376	0.389	0.995	1.000	0.620	0.674	0.677	0.276	0.151	0.238	0.249	0.119	0.145	0.026
0.438	0.449	0.374	0.376	0.293	0.585	0.643	0.609	0.625	0.620	1.000	0.893	0.597	0.243	0.232	0.482	0.471	0.199	0.225	0.307
0.455	0.445	0.320	0.317	0.400	0.478	0.650	0.685	0.668	0.674	0.893	1.000	0.697	0.250	0.125	0.412	0.423	0.092	0.118	0.200
0.359	0.348	0.323	0.321	0.397	0.282	0.353	0.388	0.672	0.677	0.597	0.697	1.000	0.553	0.228	0.315	0.326	0.196	0.222	0.103
0.295	0.295	0.270	0.267	0.250	0.228	0.300	0.265	0.282	0.276	0.243	0.250	0.553	1.000	0.475	0.562	0.573	0.442	0.468	0.350
0.170	0.180	0.205	0.208	0.125	0.247	0.175	0.140	0.157	0.151	0.232	0.125	0.228	0.475	1.000	0.713	0.702	0.767	0.993	0.475
0.257	0.267	0.292	0.295	0.212	0.466	0.462	0.427	0.243	0.238	0.482	0.412	0.315	0.562	0.713	1.000	0.989	0.680	0.707	0.588
0.267	0.278	0.297	0.295	0.223	0.455	0.473	0.438	0.254	0.249	0.471	0.423	0.326	0.573	0.702	0.989	1.000	0.670	0.696	0.577
0.337	0.348	0.173	0.175	0.092	0.214	0.142	0.108	0.124	0.119	0.199	0.092	0.196	0.442	0.767	0.680	0.670	1.000	0.774	0.508
0.163	0.174	0.199	0.201	0.118	0.240	0.168	0.134	0.150	0.145	0.225	0.118	0.222	0.468	0.993	0.707	0.696	0.774	1.000	0.482
0.045	0.055	0.080	0.083	0.000	0.322	0.250	0.215	0.032	0.026	0.307	0.200	0.103	0.350	0.475	0.588	0.577	0.508	0.482	1.000

步骤 4:传递闭包模糊等价矩阵为

1.000	0.989	0.595	0.595	0.595	0.595	0.595	0.595	0.595	0.595	0.595	0.595	0.595	0.553	0.553	0.553	0.553	0.553	0.553	0.553
0.989	1.000	0.595	0.595	0.595	0.595	0.595	0.595	0.595	0.595	0.595	0.595	0.595	0.553	0.553	0.553	0.553	0.553	0.553	0.553
0.595	0.595	1.000	0.998	0.920	0.628	0.685	0.685	0.677	0.677	0.685	0.685	0.685	0.553	0.553	0.553	0.553	0.553	0.553	0.553
0.595	0.595	0.998	1.000	0.920	0.628	0.685	0.685	0.677	0.677	0.685	0.685	0.685	0.553	0.553	0.553	0.553	0.553	0.553	0.553
0.595	0.595	0.920	0.920	1.000	0.628	0.685	0.685	0.677	0.677	0.685	0.685	0.685	0.553	0.553	0.553	0.553	0.553	0.553	0.553
0.595	0.595	0.628	0.628	0.628	1.000	0.628	0.628	0.628	0.628	0.628	0.628	0.628	0.553	0.553	0.553	0.553	0.553	0.553	0.553
0.595	0.595	0.685	0.685	0.685	0.628	1.000	0.965	0.677	0.677	0.685	0.685	0.685	0.553	0.553	0.553	0.553	0.553	0.553	0.553
0.595	0.595	0.685	0.685	0.685	0.628	0.965	1.000	0.677	0.677	0.685	0.685	0.685	0.553	0.553	0.553	0.553	0.553	0.553	0.553
0.595	0.595	0.677	0.677	0.677	0.628	0.677	0.677	1.000	0.995	0.677	0.677	0.677	0.553	0.553	0.553	0.553	0.553	0.553	0.553
0.595	0.595	0.677	0.677	0.677	0.628	0.677	0.677	0.995	1.000	0.677	0.677	0.677	0.553	0.553	0.553	0.553	0.553	0.553	0.553
0.595	0.595	0.685	0.685	0.685	0.628	0.685	0.685	0.677	0.677	1.000	0.893	0.697	0.553	0.553	0.553	0.553	0.553	0.553	0.553
0.595	0.595	0.685	0.685	0.685	0.628	0.685	0.685	0.677	0.677	0.893	1.000	0.697	0.553	0.553	0.553	0.553	0.553	0.553	0.553
0.595	0.595	0.685	0.685	0.685	0.628	0.685	0.685	0.677	0.677	0.697	0.697	1.000	0.553	0.553	0.553	0.553	0.553	0.553	0.553
0.553	0.553	0.553	0.553	0.553	0.553	0.553	0.553	0.553	0.553	0.553	0.553	0.553	1.000	0.573	0.573	0.573	0.573	0.573	0.573
0.553	0.553	0.553	0.553	0.553	0.553	0.553	0.553	0.553	0.553	0.553	0.553	0.553	0.573	1.000	0.713	0.713	0.774	0.993	0.588
0.553	0.553	0.553	0.553	0.553	0.553	0.553	0.553	0.553	0.553	0.553	0.553	0.553	0.573	0.713	1.000	0.989	0.713	0.713	0.588
0.553	0.553	0.553	0.553	0.553	0.553	0.553	0.553	0.553	0.553	0.553	0.553	0.553	0.573	0.713	0.989	1.000	0.713	0.713	0.588
0.553	0.553	0.553	0.553	0.553	0.553	0.553	0.553	0.553	0.553	0.553	0.553	0.553	0.573	0.774	0.713	0.713	1.000	0.774	0.588
0.553	0.553	0.553	0.553	0.553	0.553	0.553	0.553	0.553	0.553	0.553	0.553	0.553	0.573	0.993	0.713	0.713	0.774	1.000	0.588
0.553	0.553	0.553	0.553	0.553	0.553	0.553	0.553	0.553	0.553	0.553	0.553	0.553	0.573	0.588	0.588	0.588	0.588	0.588	1.000

对此矩阵进行聚类分析。通过矩阵分析得出的集合为

$$\lambda=\{0.998,0.995,0.993,0.989,0.965,0.920,0.893,0.774,0.713,0.697,0.685,0.677,0.628,0.588,0.595,0.533\}$$

其动态模糊聚类图如图 9.1 所示。

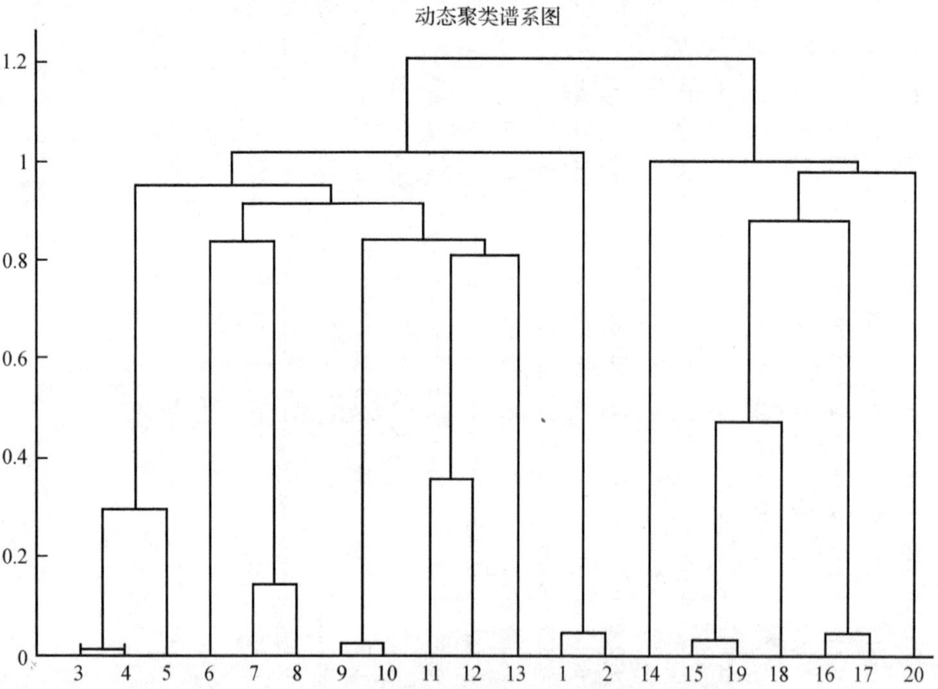

图 9.1　基于模糊聚类算法的标段划分动态聚类谱系图

从动态聚类谱系图中可以看出取中间值时聚类效果较为理想。不同的取值可以得到不同的标段划分方案，总共有 16 种划分方案。

由于标段划分数目过多会增加招标的管理费用，考虑到便于管理、提高采购效率的原则，将 20 个项目划分为 2～5 个标段较适宜。这里仅考虑分别取值为 0.628、0.595、0.588 三种情况。当取其他值时标段数目较多，管理成本较高，不予考虑。

表 9.19、表 9.20、表 9.21 是 λ 分别取 0.628、0.595、0.588 时的三种标段划分方案。

表 9.19　λ=0.628 时的标段划分情况

	标段	所含项目	平均报价(万元)	总平均报价(万元)
λ=0.628	标段 1	1～2	55	110.586
	标段 2	3～13	59.73	
	标段 3	14	10	
	标段 4	15～19	143.2	
	标段 5	20	285	

表 9.20 λ=0.595 时的标段划分情况

	标段	所含项目	平均报价(万元)	总平均报价(万元)
λ=0.595	标段 1	1～13	59	124.3
	标段 2	14	10	
	标段 3	15～19	143.2	
	标段 4	20	285	

表 9.21 λ=0.588 时的标段划分情况

	标段	所含项目	平均报价(万元)	总平均报价(万元)
λ=0.588	标段 1	1～13	59	78.61
	标段 2	14	10	
	标段 3	15～20	166.83	

标段划分的主要目的是为了降低采购成本，寻找供应商的最低报价。从以上三种方案对比中可以发现：当λ=0.588 时，划分为 3 个标段较为合适，其平均报价为 78.61 万元，因此选取这种标段划分方案。

λ=0.588 时的截矩阵为

$$
\begin{vmatrix}
1&1&1&1&1&1&1&1&1&1&1&1&1&0&0&0&0&0&0&0\\
1&1&1&1&1&1&1&1&1&1&1&1&1&0&0&0&0&0&0&0\\
1&1&1&1&1&1&1&1&1&1&1&1&1&0&0&0&0&0&0&0\\
1&1&1&1&1&1&1&1&1&1&1&1&1&0&0&0&0&0&0&0\\
1&1&1&1&1&1&1&1&1&1&1&1&1&0&0&0&0&0&0&0\\
1&1&1&1&1&1&1&1&1&1&1&1&1&0&0&0&0&0&0&0\\
1&1&1&1&1&1&1&1&1&1&1&1&1&0&0&0&0&0&0&0\\
1&1&1&1&1&1&1&1&1&1&1&1&1&0&0&0&0&0&0&0\\
1&1&1&1&1&1&1&1&1&1&1&1&1&0&0&0&0&0&0&0\\
1&1&1&1&1&1&1&1&1&1&1&1&1&0&0&0&0&0&0&0\\
1&1&1&1&1&1&1&1&1&1&1&1&1&0&0&0&0&0&0&0\\
1&1&1&1&1&1&1&1&1&1&1&1&1&0&0&0&0&0&0&0\\
1&1&1&1&1&1&1&1&1&1&1&1&1&0&0&0&0&0&0&0\\
0&0&0&0&0&0&0&0&0&0&0&0&0&1&0&0&0&0&0&0\\
0&0&0&0&0&0&0&0&0&0&0&0&0&0&1&1&1&1&1&1\\
0&0&0&0&0&0&0&0&0&0&0&0&0&0&1&1&1&1&1&1\\
0&0&0&0&0&0&0&0&0&0&0&0&0&0&1&1&1&1&1&1\\
0&0&0&0&0&0&0&0&0&0&0&0&0&0&1&1&1&1&1&1\\
0&0&0&0&0&0&0&0&0&0&0&0&0&0&1&1&1&1&1&1\\
0&0&0&0&0&0&0&0&0&0&0&0&0&0&1&1&1&1&1&1
\end{vmatrix}
$$

原来的标段划分方案是按照设计、监理和主变大修划分的，新旧标段划分方案报价对比情况如图 9.2 所示。

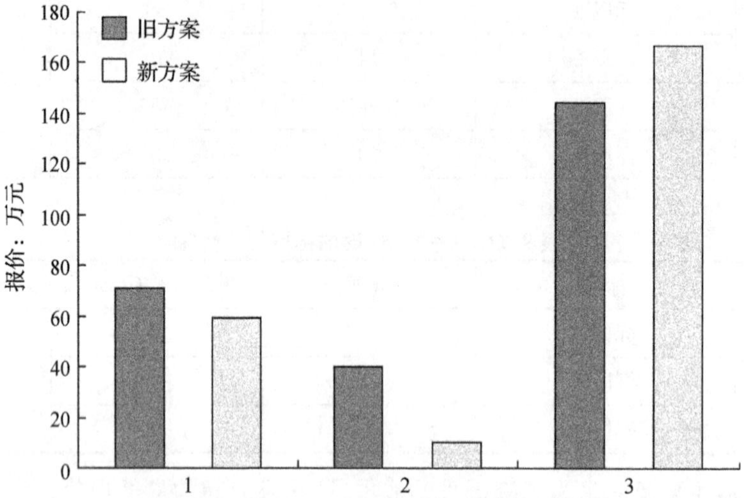

图 9.2　新旧标段划分方案报价对比

对每一个标段的报价求其总的平均报价，得到表 9.22。

表 9.22　新旧标段划分方案各标段总平均报价

原标段划分			新标段划分		
标段	所含项目	总平均报价(万元)	标段	所含项目	总平均报价(万元)
设计	1～8	85.1	标段 1	1～13	78.61
监理	9～13		标段 2	14	
主变大修	14～20		标段 3	15～20	

从以上对比可以看出新的标段项目总平均报价比原有的标段划分方案总平均报价低了 85.1－78.61＝6.49 万元，提高了 7.63％的收益。

新的标段划分方案和原来的标段划分方案的最大不同在项目 14 的所属标段，原有标段只主观地考虑所属的类别，14 号项目与 15～20 号这 6 个项目均为维修服务，所以将其划为一个标段。新的标段划分方案以供应商的报价为主要划分属性，综合考虑所属类别、开工日期以及专家资质条件来划分，可以看出 14 号项目在这几个方面均与其他项目不同，故将其单独列为一个标段。这也说明新的标段划分方案的合理性。

模糊 C-均值聚类算法同样适合对以上 20 个项目进行标段划分。标段划分过细会使得竞争更加激烈，采购的成本也会相应降低，但是报价的复杂度会随着标段数目的增加而增加，所以需要在标段数目中寻求一个平衡，根据专家讨论将标段划分为 3 个标段。通过对 20 个项目的计算分析，得到如表 9.23 所示的标段划分结果。

表 9.23　基于模糊 C-均值聚类算法的标段划分结果

	项目数	电压等级数	开工日期数	资质条件数	平均报价(万元)
标段 1	8	3	3	3	71
标段 2	4	3	3	1	39.8
标段 3	7	1	4	3	144.43

使用改进模糊 C-均值聚类算法进行标段划分,得到如表 9.24 所示的标段划分结果。

表 9.24　基于改进模糊 C-均值聚类算法的标段划分结果

	项目数	电压等级数	开工日期数	资质条件数	平均报价(万元)
标段 1	13	4	3	4	59
标段 2	1	1	1	1	10
标段 3	6	1	3	2	166.83

可以看出,通过使用改进模糊 C-均值聚类算法得到的标段划分情况和基于传递闭包算法得到的标段划分情况是一致的。假设开工日期的集中程度为开工日期数和项目数之比,通过分析得到如表 9.25 所示的原标段划分方案和基于改进模糊 C-均值聚类算法的标段划分方案的对比。

表 9.25　原标段划分方案和基于改进模糊 C-均值聚类算法标段划分方案的对比

原标段划分方案				新标段划分方案			
标段	所含项目数	开工日期数	所占比例	标段	所含项目	开工日期数	所占比例
设计	8	3	0.375	标段 1	13	3	0.231
监理	4	3	0.75	标段 2	1	1	1
主变大修	7	4	0.571	标段 3	6	3	0.5

可以看出新的标段划分方案总的平均开工日期的集中程度为 0.577,而原有的标段划分方案总的开工日期集中程度为 0.565,可见新的标段划分方案的开工日期更加集中,说明电网企业对相同日期的项目在一个标段内统一招标,有利于提高工作效率,提高招标质量。同理,在电压等级和资质条件上新的标段划分方案都更加的集中,这样都降低了供应商的工作难度,提高了工作效率。

第 10 章　电网企业非物资采购供应商选择策略

10.1　基于风险和效用的非物资采购供应商最佳数量决策策略

供应商的数量是供应商选择的一个主要考虑方面，合适的供应商数量可以降低企业面临的风险。根据招标文件的规定，当各个标段之间对供应商的要求差距较大时，一家供应商只可以中标一个标段；在各个标段之间对供应商要求较相似的情况下可以要求一个供应商中标多个标段。若招标文件中规定一个投标商仅可以中标一个标段，则最终选择的供应商的数量等于标段的数量，即 $n=k$，k 为标段的数量。若招标文件中规定一个投标书可以中标多个标段，则需要确定最佳供应商数量。

电网企业非物资采购供应商选择不同于物资采购供应商选择，因为物资采购供应商数量大多基于成本分析，而非物资采购供应商成本比较单一，很多成本难以量化。非物资采购注重服务质量，而服务质量的好坏可以由客户的满意度表示，客户满意度越高表示服务越好，客户满意度越低表示服务越差。客户满意度由效用函数来衡量。

根据科布-道格拉斯效用函数的基本形式构建如下非物资采购供应商数量满意度模型

$$\max U=\left(\frac{n}{c}\right)^{\alpha}-knc \tag{10.1}$$

其中，n 为供应商数量，c 为供应商的成本，α 为对成本和数量的偏好，k 为对选择供应商的敏感系数。式(10.1)用来衡量电网企业对供应商数量和所花成本的满意度。

选择供应商时主要面临两种风险，一种是系统风险，另一种是个体风险。系统风险主要是指当发生某一事件使所有的供应商全部中断，例如地震、旱涝、瘟疫等自然灾害，假设系统风险的概率为 p_a。个体风险主要是指由供应商本身因素导致的自己供应的中断，假设第 i 家供应商发生个体风险的概率为 p_i。系统风险的概率和个体风险的概率是相互独立的。由于标段数量对供应商的数量有一定的影响，因此在招标的过程中，招标文件会规定一个投标商可以中标一个标段或者一个投标商最多中标 m 个标段。则有 n 家供应商的企业面临供应中断的概率为 $p=p_a+(1-p_a)p_1p_2\cdots p_n$。从此式可以看出当供应商的数量越多，其发生供应中断的概率越小。然而随着供应商数量的增加，为更好地协调供应商，需要增加供应商的管理成本，从而降低了企业的利润。因此企业需要考虑成本和风险最优下的供应商数量。

建立如下供应商风险数量模型

$$F(n)=G(n)+m[p_a+(1-p_a)p_1p_2\cdots p_n]=a+nb+m[p_a+(1-p_a)p_1p_2\cdots p_n]$$

其中，$G(n)$为企业的管理成本，a为管理成本中的固定成本，b为每家供应商的管理成本中的变动成本，m为存在供应链中断情况的损失成本，p_a为系统风险概率，p_i为第i个个体风险概率。假设各个供应商中断的风险概率相等，即

$$p_1=p_2=p_3=\cdots=p_n=p$$

此时供应商中断的风险概率为

$$p=p_a+(1-p_a)p^n$$

则供应商风险数量模型简化为

$$F(n)=G(n)+m[p_a+(1-p_a)p^n]=a+bn+m[p_a+(1-p_a)p^n] \tag{10.2}$$

综合供应商数量满意度模型(式(10.1))和风险数量模型(式(10.2))，建立如下供应商数量优化决策模型

$$H(n)=\lambda_1\{a+b+m[p_a+(1-p_a)p^n]\}+\lambda_2\left[\left(\frac{n}{c}\right)^{\alpha}-knc\right] \tag{10.3}$$

其中，λ_1表示对风险的重视程度，λ_2表示对效用的重视程度，且$\lambda_1+\lambda_2=1$。λ_1越大表示对风险重视程度越高。λ_1可以由专家研究讨论后确定。

此模型可以使用Lingo软件或Matlab软件求解。

10.2　基于投影理论的非物资采购供应商选择策略

10.2.1　非物资采购供应商评价指标体系

电网企业原有对供应商的评价指标主要包括以下几个方面：投标文件的响应情况、经营状况、银行信用证明、报价、同类项目服务经历、供应商评价、人员配置、软硬件配置、质量管理与保证。然而这样的指标选择粒度较大，比如对供应商评价、对报价质量评价、经营状况这些指标如何量化没有细致的解释，使得专家在进行打分时主观性较强。指标没有层次性，使得专家在进行打分的时候缺乏条理性。所有指标中除了价格外全部都是定性指标，大大增加了专家的主观性。下面在综合电网企业原有供应商评价指标并借鉴平衡记分卡理论的基础上，对电网企业非物资采购供应商选择的指标体系进行改进。

平衡计分卡理论是由Kaplan和Norton于1992年提出的，平衡计分卡可以衡量企业运作的短期和长期目标、财务和非财务目标、滞后和领先指标、外部和内部指标，如图10.1所示，因此可以全面地衡量企业的运作状况。

平衡计分卡主要从以下4个角度来选择供应商评价的指标：

(1) 服务质量指标：客户满意度、作业准时完成率、作业准确率。

(2) 服务财务指标：资产负债率、市场占有率、价格。

(3) 服务能力指标：作业响应时间、信息化水平、人员素质、紧急情况处理能力。

(4) 发展与合作指标：银行资信证明、相关项目经验、环保能力。

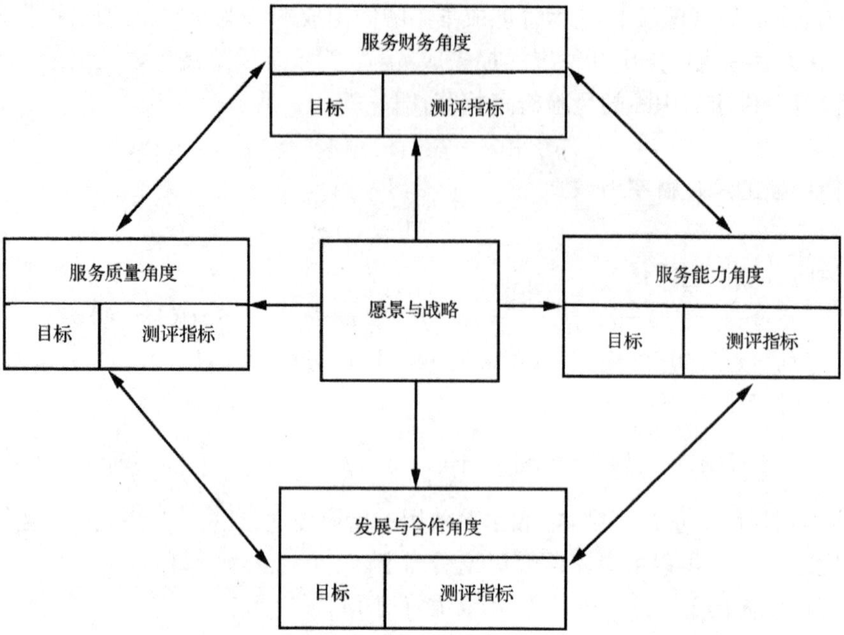

图 10.1　平衡计分卡理论示意图

与电网企业原有对供应商的评价指标相比，基于平衡计分卡的指标体系更加详细，例如原有的经营状况对应现在的资产负债率、市场占有率以及价格，原有的质量管理与保证对应现在的作业准时完成率、作业准确率、客户满意度。原有的经营状况和质量管理都属于定性的指标，新的指标体系进行细化，使之能够使用定量的形式去表示，这样就大大地降低了供应商选择的主观性。此外用平衡计分卡理论将供应商选择的指标体系进行梳理，更加有条理性，而且在目前强调企业绿色发展，注重环保的环境下增加对于环境保护能力的一项指标，更加强调了与供应商之间建立长期战略合作关系的期望。具体的指标体系如表 10.1 所示。

表 10.1　基于平衡计分卡理论构建的电网企业非物资供应商评价指标体系

	准则层	指标层	指标说明	性质
供应商指标体系	服务质量	客户满意度 C1	客户对供应商服务的满意度	语言变量
		作业准时完成率 C2	准时完成任务的比率	区间数变量
		作业准确率 C3	正确完成任务的程度	区间数变量
	服务财务	资产负债率 C4	企业的债务情况	区间数变量
		市场占有率 C5	企业的竞争地位和盈利能力	区间数变量
		价格 C6	供应商竞标的价格	实数型变量

续表 10.1

	准则层	指标层	指标说明	性质
供应商指标体系	服务能力	作业响应时间 C7	供应商对订单的反应速度	区间数变量
		信息化水平 C8	供应商的基础设备情况	语言变量
		人员素质 C9	供应商人员的工作能力	语言变量
		应急能力 C10	供应商的应急能力	语言变量
	合作发展	信息共享 C11	供应商与其客户间的信息共享程度	语言变量
		信誉 C12	供应商在行业的信誉情况	语言变量
		环保能力 C13	供应商的环保意识和环保水平	语言变量

各指标的计算方法如下：

(1) 客户满意度：是指顾客期望 $G(x)$ 与客户感知 $E(x)$ 之间的差距，用 $C_1=G(x)-E(x)$ 计算。

(2) 作业准时完成率：也叫时间遵守率，反映了服务采购供应商对于作业进度的管理能力，完成率越高其企业的进度管理能力越强。用以下公式计算

$$作业准时完成率=\frac{n}{N}\times 100\%$$

其中，N 代表固定时期内接收到的订单数量，n 代表这些订单中准时完成的数量。

(3) 作业准确率：是指供应商作业情况是否满足客户的要求，可以很好地衡量供应商的服务质量，用以下公式计算

$$作业准确率=\frac{m}{N}\times 100\%$$

其中，m 代表在 N 个订单中能够完成的订单数目。

(4) 资产负债率：是企业的负债总额与资产总额的百分比，表明企业的长期还债能力，是衡量企业财务状况的一个重要指标，用以下公式计算

$$资产负债率=\frac{负债总额}{资产总额}\times 100\%$$

(5) 市场占有率：是指供应商的订单量占同行业总订单量的百分比，反映了企业对市场的控制能力，用以下公式计算

$$市场占有率=\frac{拥有的订单量}{市场总订单量}\times 100\%$$

(6) 价格：主要指供应商提供的完成服务的价格，价格是成本的一项重要因素。

(7) 作业响应时间：主要是指供应商在接收任务后的反应时间，表现了一个企业对任务的反应能力。

(8) 信息化水平：企业的信息化设备，包括计算机软硬件、网络建设、信息管理系统等，可以使用资产净值来表示。

(9) 人员素质：人员素质的高低会直接影响到供应商的绩效水平，反映了供应商企业职工的工作能力。人员素质的高低除了学历层次外还在于企业对其进行培训时间的多少。

(10) 应急能力:表示供应商面对突发事件的应急能力,良好的应急能力能够更大减少企业的损失,是衡量企业综合素质的重要指标。

(11) 信誉:主要是指其以往客户对供应商的评价情况,供应商的信誉好坏决定了是否与其进行合作,良好的企业信誉是构成合作的重要条件。

(12) 环保能力:环保能力反映了一个企业对待可持续发展的态度,良好的环保能力反映了高度的社会责任感。

(13) 信息共享:主要指供应商与上下游企业之间对于信息共享的程度,信息共享的程度越高,表示这家企业管理更科学,与信息共享度高的企业建立战略合作关系才能得到较高的保证。

10.2.2 基于投影理论的非物资供应商评价模型

p 个决策评审专家对潜在供应商 $A_i(i=1,2,\cdots,m)$ 按照建立的评价准则 $C_j(j=1,2,\cdots,n)$ 进行选择,λ_k 为决策评审专家 $D_k(k=1,2,\cdots,p)$ 的权重。ω_j 为评价准则 C_j 的权重。$\boldsymbol{B}_1=(r_{ij})_{m\times h_1}(i=1,2,\cdots,h_1)$ 表示决策变量为实数型部分矩阵,$\boldsymbol{B}_2=(r_{ij})_{m\times(h_2-h_1)}(i=h_1,h_1+1\cdots h_2)$ 表示决策变量为区间数部分矩阵,$\boldsymbol{B}_3=(r_{ij})_{m\times(n-h_2)}(i=h_2,h_2+1,\cdots,n)$ 表示决策变量为模糊语言部分矩阵。$\boldsymbol{B}=\boldsymbol{B}_1\cap\boldsymbol{B}_2\cap\boldsymbol{B}_3$,则第 k 位专家的决策矩阵为

$$\boldsymbol{A}^k=\begin{bmatrix} r_{11}^k & r_{12}^k & \cdots & r_{1n}^k \\ r_{21}^k & r_{22}^k & \cdots & r_{2n}^k \\ \vdots & \vdots & \ddots & \vdots \\ r_{m1}^k & r_{m2}^k & \cdots & r_{mn}^k \end{bmatrix}$$

其中,r_{ij} 中含有精确数类型数值、区间型数值以及语言数值。

投影可以很好地衡量两个项目之间的贴近程度,投影越大,两个项目之间越相近,因此可以借鉴投影理论去衡量供应商之间的相似程度,以此进行对比分析。

设向量 $\boldsymbol{\alpha}=(\alpha_1,\alpha_2,\cdots,\alpha_n)$,向量 $\boldsymbol{\beta}=(\beta_1,\beta_2,\cdots,\beta_n)$,则向量 $\boldsymbol{\alpha}$ 与向量 $\boldsymbol{\beta}$ 之间的夹角余弦值为

$$\cos(\boldsymbol{\alpha},\boldsymbol{\beta})=\frac{\sum_{j=1}^{n}\alpha_j\beta_j}{\sqrt{\sum_{j=1}^{n}\alpha_j^2}\sqrt{\sum_{j=1}^{n}\beta_j^2}}$$

向量 $\boldsymbol{\alpha}=(\alpha_1,\alpha_2,\cdots,\alpha_n)$,则向量 $\boldsymbol{\alpha}$ 的模为

$$|\boldsymbol{\alpha}|=\sqrt{\sum_{j=1}^{n}\alpha_j^2}$$

两向量之间的夹角余弦值可以衡量两个向量之间的方向,模可以衡量两个向量之间的大小,单独的一个均不能反映两个向量之间的相似程度,需要综合考虑两个向量的夹角余弦值和模的大小。

设向量 $\boldsymbol{\alpha}=(\alpha_1,\alpha_2,\cdots,\alpha_n)$,向量 $\boldsymbol{\beta}=(\beta_1,\beta_2,\cdots,\beta_n)$,则向量 $\boldsymbol{\alpha}$ 在向量 $\boldsymbol{\beta}$ 上的投影为

$$\mathrm{Prj}_{\beta}\,\boldsymbol{\alpha}=\frac{\sum_{j=1}^{n}\alpha_j\beta_j}{\sqrt{\sum_{j=1}^{n}\alpha_j^2}\cdot\sqrt{\sum_{j=1}^{n}\beta_j^2}}\cdot|\,\boldsymbol{\alpha}\,|=\frac{\sum_{j=1}^{n}\alpha_j\beta_j}{\sqrt{\sum_{j=1}^{n}\beta_j^2}}$$

$\mathrm{Prj}_{\beta}\boldsymbol{\alpha}$ 越大表示向量 $\boldsymbol{\alpha}$ 与向量 $\boldsymbol{\beta}$ 之间越相似，$\mathrm{Prj}_{\beta}\boldsymbol{\alpha}$ 越小表示向量 $\boldsymbol{\alpha}$ 与向量 $\boldsymbol{\beta}$ 之间相异程度越大。

1）属性值的规范化处理

为了解决不同量纲的数据不能对比的问题，将专家的评价值进行规范化处理。属性值包含效益型和成本型，其中订单完成率、订单准确率和信息共享属于效益型，价格属于成本型。

(1) 属性值为实数的规范化

效益型规范化公式为

$$Z_{ij}=\frac{r_{ij}}{\max x_j r_{ij}} \tag{10.4}$$

成本型规范化公式为

$$Z_{ij}=\frac{\max x_j r_{ij}}{r_{ij}} \tag{10.5}$$

(2) 属性值为区间数的规范化

效益型规范化公式为

$$\begin{cases} b_{ij}^{L}=\dfrac{a_{ij}^{L}}{\sqrt{\sum_{i=1}^{m}(a_{ij}^{U})^2}} \\ b_{ij}^{U}=\dfrac{a_{ij}^{U}}{\sqrt{\sum_{i=1}^{m}(a_{ij}^{L})^2}} \end{cases} \tag{10.6}$$

成本型规范化公式为

$$\begin{cases} b_{ij}^{L}=\dfrac{\frac{1}{a_{ij}^{U}}}{\sqrt{\sum_{i=1}^{m}\left(\frac{1}{a_{ij}^{L}}\right)^2}} \\ b_{ij}^{U}=\dfrac{\frac{1}{a_{ij}^{L}}}{\sqrt{\sum_{i=1}^{m}\left(\frac{1}{a_{ij}^{U}}\right)^2}} \end{cases} \tag{10.7}$$

(3) 属性值为模糊语言的规范化

模糊语言集合主要有非常好、好、中等、差、非常差共 5 个等级，每个等级对应的区间数为 $x=(a,b)$，转化表如表 10.2 所示。

表 10.2　模糊语言转化数据表

语言变量	区间数
非常好(FH)	(0.8,1)
好(H)	(0.6,0.8)
中等(M)	(0.4,0.6)
差(C)	(0.2,0.4)
非常差(FC)	(0,0.2)

模糊语言转化为区间数后按照公式(10.4)和(10.5)进行规范化处理。

2）专家权重确定

在供应商选择的过程中，专家的权重往往是主观给出或者结合以往的经验给出。然而指标的评判本身就具有很大的主观性，权重的确定更加需要客观地给出。下面利用离差化思想求出专家的客观权重。

设第 k 位专家的判断矩阵为

$$\boldsymbol{A}^k = \begin{bmatrix} r_{11}^k & r_{12}^k & \cdots & r_{1n}^k \\ r_{21}^k & r_{22}^k & \cdots & r_{2n}^k \\ \vdots & \vdots & \ddots & \vdots \\ r_{m1}^k & r_{m2}^k & \cdots & r_{mn}^k \end{bmatrix}$$

此矩阵中仅含有区间数和实数类型，模糊语言变量已转化为区间数形式。利用专家的评判矩阵 $\boldsymbol{A}^k$ 构造出差值矩阵 $\boldsymbol{D}^k$

$$\boldsymbol{D}^k = \begin{bmatrix} d_{11}^k & d_{12}^k & \cdots & d_{1n}^k \\ d_{21}^k & d_{22}^k & \cdots & d_{2n}^k \\ \vdots & \vdots & \ddots & \vdots \\ d_{m1}^k & d_{m2}^k & \cdots & d_{mn}^k \end{bmatrix}$$

其中，$d_{ij}^k = | b_{ij}^{lk} - b_{ij}^{lu} |$，$b_{ij}^{lk}$ 为区间的左端点，b_{ij}^{lu} 为区间的右端点。当 d_{ij}^k 为实数时其差值为 0。进一步计算其总差值为

$$d^k = \sum_{j=1}^{n} \sum_{i=1}^{m} d_{ij}^k = \sum_{j=1}^{n} \sum_{i=1}^{m} | b_{ij}^{lk} - b_{ij}^{lu} |$$

d^k 反映了第 k 位专家的方案与其他专家方案的差距程度，d^k 越小，则差距越小，其权重也就越大。因此将此式取倒数并归一化处理后得到专家的客观权重为

$$\lambda_k = \frac{(d_k)^{-1}}{\sum_{k=1}^{p} (d_k)^{-1}} \tag{10.8}$$

3）个人评价信息集结

设 $F(a_1, a_2, \cdots, a_n) = \sum_{j=1}^{n} \omega_j b_j$，$\omega_j$ 是与函数 F 相关联的加权向量，$\sum_{j=1}^{n} \omega_j = 1$，这里称函数 F 为 n 维有序加权平均(OWA) 算子。主要使用有序加权平均算子将个人评价信息集结成群

体评价信息，即

$$B = \sum_{K=1}^{P} \lambda_k r_{ij}^k \tag{10.9}$$

4) 计算综合优属度

投影算法主要研究两向量之间的相似程度，如果投影越大表示两向量之间越接近。针对含有实数、区间数的判断矩阵，下面采用投影算法进行方案的排序。

设 $X = (x_1, x_2, \cdots, x_{h1})$ 为所选取的理想方案，$Y = (y_1, y_2, \cdots, y_{h1})$ 为所选取的负理想方案。其中 X 从下界矩阵选取，当指标为效益性指标时，$X = \max z_{ij}^-$；当指标为成本型指标时，$X = \min z_{ij}^-$。Y 从上界矩阵选取，当指标为效益性指标时，$Y = \min z_{ij}^+$；当指标为成本型指标时，$Y = \max z_{ij}^+$。

计算下界矩阵在理想方案上的投影

$$\mathrm{Prj}_x(z_i^-) = \frac{\sum_{j=1}^{h_1} z_{ij}^- x_j}{\sqrt{\sum_{j=1}^{h_1} z_{ij}^{-2}} \sqrt{\sum_{j=1}^{h_1} x_j^2}} \sqrt{\sum_{j=1}^{h_1} z_{ij}^{-2}} = \frac{\sum_{j=1}^{h_1} z_{ij}^- x_j}{\sqrt{\sum_{j=1}^{h_1} x_j^2}} \tag{10.10}$$

计算上界矩阵在负理想方案上的投影

$$\mathrm{Prj}_y(z_i^+) = \frac{\sum_{j=1}^{h_1} z_{ij}^+ y_j}{\sqrt{\sum_{j=1}^{h_1} z_{ij}^{+2}} \sqrt{\sum_{j=1}^{h_1} y_j^2}} \sqrt{\sum_{j=1}^{h_1} z_{ij}^{+2}} = \frac{\sum_{j=1}^{h_1} z_{ij}^+ y_j}{\sqrt{\sum_{j=1}^{h_1} y_j^2}} \tag{10.11}$$

当方案 Z 的下界越接近理想方案时，则方案越优，即 $\mathrm{Prj}_x(z_i^-)$ 越大越好。当方案 Z 的上界越远离负理想方案时，则方案越优，即 $\mathrm{Prj}_y(z_i^+)$ 越小越好。因此综合优属度需要考虑 $\mathrm{Prj}_x(z_i^-)$ 和 $\mathrm{Prj}_y(z_i^+)$ 的大小。假设方案 Z 隶属于理想方案的程度为 φ_i，则隶属于负理想方案的程度为 $1-\varphi_i$。建立如下函数

$$\xi(\varphi_i) = [\varphi_i \mathrm{Prj}_x(z_i^-)]^2 + [(1-\varphi_i)\mathrm{Prj}_y(z_i^+)]^2, i = 1,2,\cdots,m$$

问题转化为求解模型 $\max\xi(\varphi_i)$。

令 $\dfrac{\mathrm{d}\xi(\varphi_i)}{\mathrm{d}\varphi_i} = 0$，解得

$$\varphi_i = \frac{(\mathrm{Prj}_x(z_i^-))^2}{[\mathrm{Prj}_x(z_i^-)]^2 + [\mathrm{Prj}_y(z_i^+)]^2}, i = 1,2,\cdots,m \tag{10.12}$$

将 φ_i 按照从大到小的顺序排序，即是方案的优劣排序。

10.3　电网企业非物资供应商选择实证分析

某电网企业要对一次大型服务项目的供应商进行评价，由于规模较大，分为多个标段进行招标，选取多家供应商共同完成任务。基本的管理费用为 20 万元，每一家供应商的管理费用为 5 万元，每一家供应商的交易额为 1.2 万，如果存在某家供应商不能完成任务将会造成损失 10 万元，且每家供应商不能完成的概率为 0.1，存在其他系统风险的概率为 0.05，对

供应商的数量和交易额的偏好为 0.5，对交易额的敏感系数为 0.5。

经专家小组讨论对于服务的满意度权重为 0.8，风险损失权重为 0.2。在这次招标中一共有 4 家供应商经过初评进入详评阶段，分别记作 A1、A2、A3、A4，3 位专家组成员 D1、D2、D3 针对这 4 家供应商的情况进行综合评判，选出 2 家综合情况较优的供应商完成此次服务的采购，并与其建立长期的战略合作伙伴关系。对这 4 家供应商的评判主要基于：客户满意度、作业准时完成率、作业准确率、资产负债率、市场占有率、价格、作业响应时间、信息化水平、人员素质、应急能力、信誉、信息共享、环保能力。其中作业准时完成率、作业准确率、资产负债率、市场占有率、价格、作业响应时间 6 项为客观变量，可根据供应商的历史数据得到，其他变量为主观变量。价格为成本型变量，其他变量为效益型变量。FH 代表非常好，H 代表好，M 代表中等，C 代表差，FC 代表非常差。

由上述数据可以得到 $\lambda_1=0.2$，$\lambda_2=0.8$，$a=20$ 万元，$b=5$ 万元，$m=10$ 万元，$p_a=0.05$，$p=0.1$，$c=1.2$，$k=0.5$，$\alpha=0.5$。通过 Matlab 仿真求解最佳供应商数量模型，得到 $H(n)$ 和供应商数量之间的关系，如图 10.2 所示。

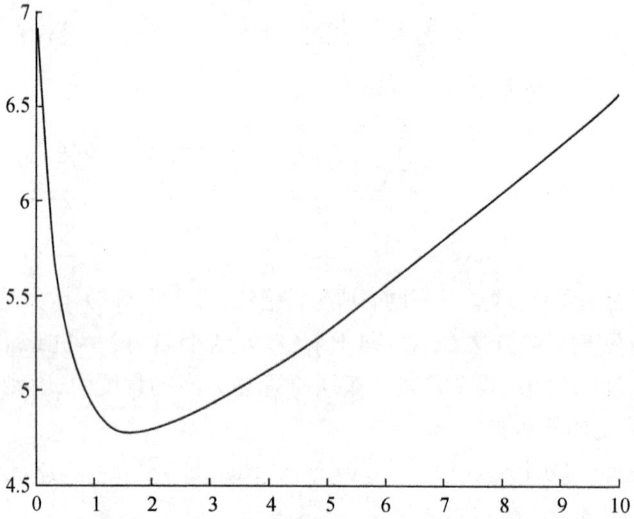

图 10.2　基于效用和风险的服务采购供应商数量图

从图中可以看出当供应商数量取 2 时，函数 $H(n)$ 达到最优，此时函数 $H(n)=4.7$。因此在这次招标过程中将选择 2 家供应商。

3 位专家对 4 家供应商的评判信息如表 10.3、表 10.4 和表 10.5 所示。

表 10.3　专家 D1 的评价信息

	A1	A2	A3	A4
客户满意度	FH	C	FH	M
作业准时完成率(%)	90	95	85	95
作业准确率(%)	90	80	95	85
资产负债率(%)	15	20	25	25
市场占有率(%)	15	10	15	20
价格(万元)	[45,50]	[40,50]	[50,55]	[45,50]
作业响应时间	[3,5]	[1,2]	[2,3]	[1,3]
信息化水平	H	FH	H	H
人员素质	H	H	M	H
应急能力	FH	FH	C	M
信誉	M	M	H	H
信息共享	H	FH	H	H
环保能力	H	C	FH	M

表 10.4　专家 D2 的评价信息

	A1	A2	A3	A4
客户满意度	H	H	FH	H
作业准时完成率(%)	90	95	85	95
作业准确率(%)	90	80	95	85
资产负债率(%)	15	20	25	25
市场占有率(%)	15	10	15	20
价格(万元)	[45,50]	[40,50]	[50,55]	[45,50]
作业响应时间	[3,5]	[1,2]	[2,3]	[1,3]
信息化水平	FH	H	M	C
人员素质	FH	FH	H	FH
应急能力	H	H	H	M
信誉	M	C	FH	FH
信息共享	H	H	H	FH
环保能力	M	M	FH	M

表 10.5　专家 D3 的评价信息

	A1	A2	A3	A4
客户满意度	H	FC	FH	M
作业准时完成率(%)	90	95	85	95
作业准确率(%)	90	80	95	85
资产负债率(%)	15	20	25	25
市场占有率(%)	15	10	15	20
价格(万元)	[45,50]	[40,50]	[50,55]	[45,50]
作业响应时间	[3,5]	[1,2]	[2,3]	[1,3]
信息化水平	FH	H	M	H
人员素质	M	H	H	H
应急能力	FH	FH	C	C
信誉	C	M	FH	FH
信息共享	C	H	FH	M
环保能力	M	H	H	M

第一步：实数型变量规范化矩阵如下

$$\begin{vmatrix} 0.947 & 1 & 0.895 & 1 \\ 0.947 & 0.842 & 1 & 0.895 \\ 0.6 & 0.8 & 1 & 1 \\ 0.75 & 0.5 & 0.5 & 1 \end{vmatrix}$$

对于区间数的规范化按公式(10.4)和(10.5)进行，对于评判矩阵中的模糊语言规范化，首先将其转化为区间数，然后分别进行规范化处理，最终得到其规范化矩阵 $\mathbf{A}^k=(r_{ij}^k)_{13\times 4}$。

第二步：根据三位专家的评判矩阵按照公式(10.8)计算专家权重。

专家 D1 的评判差值矩阵为

$$\begin{vmatrix} 0.3180 & 0.2030 & 0.3180 & 0.2410 \\ 0 & 0 & 0 & 0 \\ 0 & 0 & 0 & 0 \\ 0 & 0 & 0 & 0 \\ 0 & 0 & 0 & 0 \\ 0.1222 & 0.1932 & 0.1069 & 0.1222 \\ 0.8530 & 0.3700 & 0.4830 & 0.3370 \\ 0.2589 & 0.2943 & 0.2589 & 0.2589 \\ 0.3210 & 0.3210 & 0.2739 & 0.3210 \\ 0.3180 & 0.3180 & 0.2028 & 0.2412 \\ 0.3055 & 0.3055 & 0.3602 & 0.3602 \\ 0.2589 & 0.2943 & 0.2589 & 0.2589 \\ 0.3221 & 0.2290 & 0.3686 & 0.2755 \end{vmatrix}$$

专家 D2 的评判差值矩阵为

$$\begin{vmatrix} 0.2589 & 0.2589 & 0.2943 & 0.2589 \\ 0 & 0 & 0 & 0 \\ 0 & 0 & 0 & 0 \\ 0 & 0 & 0 & 0 \\ 0 & 0 & 0 & 0 \\ 0.1222 & 0.1932 & 0.1059 & 0.1222 \\ 0.8520 & 0.3700 & 0.4830 & 0.3370 \\ 0.3686 & 0.3221 & 0.2755 & 0.2290 \\ 0.2430 & 0.2430 & 0.0702 & 0.2430 \\ 0.3210 & 0.3210 & 0.3210 & 0.2739 \\ 0.2412 & 0.1528 & 0.3180 & 0.3180 \\ 0.2589 & 0.2589 & 0.2589 & 0.2943 \\ 0.2895 & 0.2895 & 0.3902 & 0.2895 \end{vmatrix}$$

专家 D3 的评判差值矩阵为

$$\begin{vmatrix} 0.3228 & 0.1857 & 0.3684 & 0.2770 \\ 0 & 0 & 0 & 0 \\ 0 & 0 & 0 & 0 \\ 0 & 0 & 0 & 0 \\ 0 & 0 & 0 & 0 \\ 0.1222 & 0.1932 & 0.1059 & 0.1232 \\ 0.8530 & 0.3700 & 0.4831 & 0.3470 \\ 0.3187 & 0.2796 & 0.2405 & 0.2796 \\ 0.2739 & 0.3210 & 0.3210 & 0.3210 \\ 0.6055 & 0.6055 & 0.2117 & 0.2117 \\ 0.2028 & 0.2412 & 0.3180 & 0.3180 \\ 0.2290 & 0.3221 & 0.3686 & 0.2755 \\ 0.3055 & 0.3602 & 0.3602 & 0.3055 \end{vmatrix}$$

计算可得

$$d^1=10.653,\quad d^2=10.2475,\quad d^3=11.2478$$

进一步求得

$$\lambda_1=0.33,\quad \lambda_2=0.35,\quad \lambda_3=0.32$$

即专家 D1 的权重为 0.33，专家 D2 的权重为 0.35，专家 D3 的权重为 0.32。

第三步：集结三位专家的评判矩阵。按照公式(10.9)得到综合评价矩阵为

(0.423 6,0.722 5)	(0.164 5,0.381 5)	(0.509 4,0.835 3)	(0.295 7,0.554 5)
0.947	1	0.895	1
0.947	0.842	1	0.895
0.6	0.8	1	1
0.75	0.5	0.5	1
(0.445 8,0.568 0)	(0.445 8,0.639 0)	(0.405 3,0.511 5)	(0.445 8,0.568 3)
(0.438 0,1.290 6)	(0.146 0,0.516 0)	(0.292 0,0.775 0)	(0.434 8,0.775 0)
(0.463 9,0.780 4)	(0.415 6,0.714 9)	(0.289 9,0.548 7)	(0.281 7,0.536 7)
(0.362 7,0.641 3)	(0.405 1,0.698 8)	(0.324 7,0.542 3)	(0.405 1,0.698 8)
(0.386 0,0.797 1)	(0.386 0,0.797 1)	(0.222 7,0.469 7)	(0.217 9,0.461 1)
(0.221 8,0.472 0)	(0.235 6,0.467 0)	(0.477 7,0.809 6)	(0.477 7,0.809 6)
(0.282 3,0.531 6)	(0.408 0,0.698 8)	(0.412 9,0.706 9)	(0.366 8,0.643 4)
(0.322 3,0.627 7)	(0.277 8,0.569 9)	(0.509 5,0.883 0)	(0.277 4,0.567 4)

第四步:构建综合评价矩阵的上下界矩阵。

下界矩阵为

0.423 6	0.164 5	0.509 4	0.295 7
0.947	1	0.895	1
0.947	0.842	1	0.895
0.6	0.8	1	1
0.75	0.5	0.5	1
0.445 8	0.445 8	0.405 3	0.445 8
0.438 0	0.146 0	0.292 0	0.434 8
0.463 9	0.415 6	0.289 9	0.281 7
0.362 7	0.405 1	0.324 7	0.405 1
0.386 0	0.386 0	0.222 7	0.217 9
0.221 8	0.235 6	0.477 7	0.477 7
0.282 3	0.408 0	0.412 9	0.366 8
0.322 3	0.277 8	0.509 5	0.277 4

上界矩阵为

0.722 5	0.381 5	0.835 3	0.554 5
0.947	1	0.895	1
0.947	0.842	1	0.895
0.6	0.8	1	1
0.75	0.5	0.5	1
0.568 0	0.639 0	0.511 5	0.568 3
1.290 6	0.516 0	0.775 0	0.775 0
0.780 4	0.714 9	0.548 7	0.536 7
0.641 3	0.698 8	0.542 3	0.698 8
0.797 1	0.797 1	0.469 7	0.461 1
0.472 0	0.467 0	0.809 6	0.809 6
0.531 6	0.698 8	0.706 9	0.643 4
0.627 7	0.569 9	0.883 0	0.567 4

第五步：选出正负理想方案，其中正理想方案从下界矩阵中选择，即

$$\boldsymbol{l}=(0.5094,1,1,1,1,0.4053,0.4380,0.4639,0.4051,0.3860,0.4777,0.4129,0.5095)$$

负理想方案从上界矩阵中选择，即

$$\boldsymbol{s}=(0.3815,0.895,0.842,0.6,0.5,0.6390,0.5160,0.5367,0.5423,0.4611,0.4670,0.5316,0.5674)$$

根据公式(10.10)和(10.11)计算 $\mathrm{Prj}_l(A_i^-)$ 和 $\mathrm{Prj}_s(A_i^+)$，得到

$\mathrm{Prj}_l(A_1^-)=4.7302$，$\mathrm{Prj}_l(A_2^-)=4.3989$，$\mathrm{Prj}_l(A_3^-)=4.9569$，$\mathrm{Prj}_l(A_4^-)=5.3166$，

$\mathrm{Prj}_s(A_1^+)=5.6778$，$\mathrm{Prj}_s(A_2^+)=5.1972$，$\mathrm{Prj}_s(A_3^+)=5.5985$，$\mathrm{Prj}_s(A_4^+)=5.6449$

第六步：根据公式(10.12)分别计算 4 家供应商的正负理想方案的综合优属度，结果如下

$\varphi_1=0.4097$，$\varphi_2=0.4191$，$\varphi_3=0.4394$，$\varphi_4=0.4701$

对 φ_i 进行排序得到

$$\varphi_4>\varphi_3>\varphi_2>\varphi_1$$

从中可以看出 A4 供应商的综合成绩最好，其次是 A3 供应商，最差的是 A1 供应商，因此最终选择 A4 供应商。

附　　录

附表 1:电网企业非物资分类体系

一级目录	一级目录编码	二级目录	二级目录编码	三级目录	三级目录编码
电力工程施工	F01	基建工程施工	F0101	电气安装	F010101
				土建安装总承包	F010102
				线路(架空线路)	F010103
				线路(含电缆)	F010104
				电缆安装	F010105
				电缆总承包	F010106
				线路(含间隔)	F010107
				变电站土建	F010108
				电缆土建	F010109
				通信工程施工(含光缆)	F010110
				智能化安装	F010111
				独立二次项目	F010112
				其他基建工程施工	F010113
		技改工程施工	F0102	电气安装	F010201
				土建安装总承包	F010202
				线路(架空线路)	F010203
				线路(含电缆)	F010204
				电缆安装	F010205
				电缆总承包	F010206
				线路(含间隔)	F010207
				变电站土建	F010208

续附表 1

一级目录	一级目录编码	二级目录	二级目录编码	三级目录	三级目录编码
电力工程施工	F01	技改工程施工	F0102	电缆土建	F010209
				通信工程施工(含光缆)	F010210
				智能化安装	F010211
				其他技改工程施工	F010212
		配网工程施工	F0103	电气安装	F010301
				土建安装总承包	F010302
				线路(架空线路)	F010303
				线路(含电缆)	F010304
				电缆安装	F010305
				电缆总承包	F010306
				线路(含间隔)	F010307
				变电站土建	F010308
				电缆土建	F010309
				通信工程施工(含光缆)	F010310
				智能化安装	F010311
				其他配网工程施工	F010312
		新建居住区电力设施工程施工	F0104	安装	F010401
				土建	F010402
				总承包	F010403
		营销工程施工	F0105	电力用户用电信息采集系统建设	F010501
				计量装置专项修理	F010502
				专变终端建设与改造	F010503
				智能充换电站建设	F010504
				其他营销工程施工	F010505
		农网工程施工	F0106	电气安装	F010601
				土建安装总承包	F010602
				线路(架空线路)	F010603
				线路(含电缆)	F010604
				电缆安装	F010605
				电缆总承包	F010606

续附表 1

一级目录	一级目录编码	二级目录	二级目录编码	三级目录	三级目录编码
电力工程施工	F01	农网工程施工	F0106	线路(含间隔)	F010607
				变电站土建	F010608
				电缆土建	F010609
				智能化安装	F010610
				其他农网工程施工	F010611
		电网检修工程施工	F0107	变电设备检修	F010701
				线路设备检修	F010702
				配电设备检修	F010703
				调度设备检修	F010704
				通信设备检修	F010705
				消防安保设备检修	F010706
				抢修	F010707
		专项电力工程施工	F0108	防腐处理工程	F010801
			F0108	防污闪处理工程	F010802
			F0108	其他专项电力工程	F010803
非电力工程施工	F02	工程准备	F0201	拆除工程	F020101
			F0201	土地平整和清理	F020102
			F0201	地基与基础处理	F020103
			F0201	土石方工程	F020104
			F0201	工程给排水施工	F020105
			F0201	其他工程准备	F020106
		建筑物施工	F0202	行政用房施工	F020201
			F0202	仓储用房施工	F020202
			F0202	房屋附属设施施工	F020203
		建筑安装工程	F0203	立体车库安装	F020301
			F0203	建筑智能化安装	F020302
			F0203	建筑电气安装	F020303
			F0203	空调设备安装	F020304
			F0203	电梯安装	F020305
			F0203	暖通设备安装	F020306

续附表 1

一级目录	一级目录编码	二级目录	二级目录编码	三级目录	三级目录编码
非电力工程施工	F02	建筑安装工程	F0203	建筑节能工程	F020307
			F0203	消防设施设备工程	F020308
		装修修缮工程	F0204	装饰装修工程	F020401
			F0204	修缮工程	F020402
		其他工程	F0205	园林绿化工程	F020501
			F0205	幕墙工程	F020502
			F0205	钢结构工程	F020503
			F0205	其他专项工程	F020504
工程服务	F03	设计前咨询服务	F0301	环境影响评价	F030101
			F0301	水土保持方案	F030102
			F0301	可行性研究工作委托	F030103
			F0301	可行性研究评审	F030104
			F0301	节能评估	F030105
			F0301	社会稳定风险评估	F030106
			F0301	输变电工程核准申请技术咨询	F030107
			F0301	土地预审、地灾压矿	F030108
			F0301	地质勘测	F030109
			F0301	其他设计前咨询服务	F030110
		工程设计服务	F0302	基建输变电设计	F030201
			F0302	基建变电工程设计	F030202
			F0302	基建线路工程设计	F030203
			F0302	技改输变电设计	F030204
			F0302	技改变电工程设计	F030205
			F0302	技改线路工程设计	F030206
			F0302	通信工程设计	F030207
			F0302	配网工程设计	F030208
			F0302	营销工程设计	F030209
			F0302	农网工程设计	F030210
			F0302	专项电力工程设计	F030211
			F0302	新建居住区电力设施工程设计	F030212

续附表 1

一级目录	一级目录编码	二级目录	二级目录编码	三级目录	三级目录编码
工程服务	F03	工程设计服务	F0302	房屋建筑设计	F030213
			F0302	房屋修缮工程设计	F030214
			F0302	装饰装修工程设计	F030215
			F0302	其他工程设计	F030216
		工程监理服务	F0303	基建工程监理	F030301
			F0303	技改工程监理	F030302
			F0303	配网工程监理	F030303
			F0303	营销工程监理	F030304
			F0303	农网工程监理	F030305
			F0303	电网检修工程监理	F030306
			F0303	专项电力工程监理	F030307
			F0303	新建居住区电力设施工程监理	F030308
			F0303	设计监理	F030309
			F0303	其他工程监理	F030310
		工程造价咨询服务	F0304	投资估算	F030401
			F0304	概预算的编制与审核	F030402
			F0304	合同价款的确定与调整	F030403
			F0304	工程结算审计	F030404
			F0304	竣工决算审计	F030405
			F0304	其他工程造价咨询服务	F030406
		其他工程服务	F0305	环境保护监测	F030501
			F0305	水土保持监测	F030502
			F0305	工程质量检测	F030503
			F0305	大型设备运输	F030504
			F0305	环保验收	F030505
			F0305	水土保持验收	F030506
			F0305	监造	F030507
技术服务	F04	信息技术服务	F0401	信息技术咨询服务	F040101
			F0401	软件开发服务	F040102
			F0401	信息系统集成实施服务	F040103

续附表 1

一级目录	一级目录编码	二级目录	二级目录编码	三级目录	三级目录编码
技术服务	F04	信息技术服务	F0401	运营服务	F040104
			F0401	信息系统运维服务	F040105
			F0401	数据处理服务	F040106
			F0401	呼叫中心服务	F040107
			F0401	其他信息技术服务	F040108
		电网技术服务	F0402	一次设备技术开发	F040201
			F0402	二次设备技术开发	F040202
			F0402	调度技术开发	F040203
			F0402	其他技术开发	F040204
			F0402	技术咨询	F040205
			F0402	科学研究	F040206
		电网运维修理服务	F0403	变电一次设备运维	F040301
			F0403	变电二次设备运维	F040302
			F0403	调度设备运维修理	F040303
			F0403	通信设备运维修理	F040304
			F0403	通信线路运维修理	F040305
			F0403	线路设施运维	F040306
			F0403	电缆运维	F040307
			F0403	配电设备运维	F040308
			F0403	安措设施运维修理	F040309
			F0403	辅助设施运维	F040310
			F0403	仪器仪表运维修理	F040311
			F0403	设备返厂大修维护	F040312
			F0403	配电自动化运维	F040313
			F0403	设备检测	F040314
			F0403	设备安装调试	F040315
			F0403	低压采集运维	F040316
			F0403	负控采集运维	F040317
			F0403	基站运行维护	F040318
			F0403	数据清理	F040319
			F0403	其他运维服务	F040320
		其他技术服务	F0404		F040401

续附表 1

一级目录	一级目录编码	二级目录	二级目录编码	三级目录	三级目录编码
综合服务	F05	金融服务	F0501	人身保险	F050101
			F0501	医疗保险	F050102
			F0501	车辆保险	F050103
			F0501	资产保险	F050104
			F0501	供电责任保险	F050105
			F0501	贷款服务	F050106
			F0501	其他金融服务	F050107
		法律服务	F0502	诉讼服务	F050201
			F0502	非诉讼服务	F050202
		管理咨询服务	F0503	企业战略管理咨询服务	F050301
			F0503	日常运营管理咨询服务	F050302
		物业管理服务	F0504	卫生保洁服务	F050401
			F0504	安保服务	F050402
			F0504	园林绿化美化	F050403
			F0504	电梯运维修理	F050404
			F0504	消防设施设备运维修理	F050405
			F0504	空调运维修理	F050406
			F0504	立体车库运维修理	F050407
			F0504	其他物业运维修理	F050408
			F0504	物业服务总承包	F050409
		财会服务	F0505	会计服务	F050501
			F0505	审计服务	F050502
			F0505	税务服务	F050503
		物流服务	F0506	运输	F050601
			F0506	仓储	F050602
			F0506	配送	F050603
			F0506	包装	F050604
			F0506	总承包	F050605
		零星日常服务	F0507	人员招聘	F050701
			F0507	会务接待	F050702

续附表 1

一级目录	一级目录编码	二级目录	二级目录编码	三级目录	三级目录编码
综合服务	F05	零星日常服务	F0507	教育培训服务	F050703
			F0507	劳务服务	F050704
			F0507	印刷和出版服务	F050705
			F0507	会展服务	F050706
			F0507	广告服务	F050707
			F0507	加油服务	F050708
			F0507	租赁服务	F050709
			F0507	其他零星日常服务	F050710
		其他综合服务	F0508		F050801

附表 2:电网企业非物资采购策略表

一级目录	二级目录	三级目录	评标模板	商务分权重(%)	技术分权重(%)	价格分权重(%)	标段名称	报价方式	采购方式	采购模式	合同类型
电力工程施工	基建工程施工	电气安装	35 千伏及以上电网建设工程施工招标 2014 版	10	30	60	变电施工	工程量清单/折扣比例报价	公开招标	批次采购	输变电工程施工合同
		土建安装总承包	35 千伏及以上电网建设工程施工招标 2014 版	10	30	60	变电施工	工程量清单/折扣比例报价	公开招标	批次采购	输变电工程施工合同
		线路(架空线路)	35 千伏及以上电网建设工程施工招标 2014 版	10	30	60	线路施工	工程量清单/折扣比例报价	公开招标	批次采购	输变电工程施工合同
		线路(含电缆)	35 千伏及以上电网建设工程施工招标 2014 版	10	30	60	线路施工	工程量清单/折扣比例报价	公开招标	批次采购	输变电工程施工合同
		电缆安装	35 千伏及以上电网建设工程施工招标 2014 版	10	30	60	线路施工	工程量清单/折扣比例报价	公开招标	批次采购	输变电工程施工合同
		电缆总承包	35 千伏及以上电网建设工程施工招标 2014 版	10	30	60	线路施工	工程量清单/折扣比例报价	公开招标	批次采购	输变电工程施工合同
		线路(含间隔)	35 千伏及以上电网建设工程施工招标 2014 版	10	30	60	线路施工	工程量清单/折扣比例报价	公开招标	批次采购	输变电工程施工合同

续附表 2

一级目录	二级目录	三级目录	评标模板	商务分权重(%)	技术分权重(%)	价格分权重(%)	标段名称	报价方式	采购方式	采购模式	合同类型
电力工程施工	基建工程施工	变电站土建	35 千伏及以上电网建设工程施工招标 2014 版	10	30	60	土建施工	工程量清单/折扣比例报价	公开招标	批次采购	输变电工程施工合同
		电缆土建	35 千伏及以上电网建设工程施工招标 2014 版	10	30	60	土建施工	工程量清单/折扣比例报价	公开招标	批次采购	输变电工程施工合同
		通信工程施工(含光缆)	35 千伏及以上电网建设工程施工招标 2014 版	10	30	60	通信工程施工施工	工程量清单/折扣比例报价	公开招标	批次采购/定点采购	输变电工程施工合同
		智能化安装	35 千伏及以上电网建设工程施工招标 2014 版	10	30	60	变电施工	工程量清单/折扣比例报价	公开招标	批次采购	输变电工程施工合同
		独立二次项目	35 千伏及以上电网建设工程施工招标 2014 版	10	30	60	独立二次项目	工程量清单/折扣比例报价	公开招标	批次采购	输变电工程施工合同
		其他基建工程施工	35 千伏及以上电网建设工程施工招标 2014 版	10	30	60	其他基建工程施工	工程量清单/折扣比例报价	公开招标	批次采购	输变电工程施工合同
	技改工程施工	电气安装	施工	10	40	50	变电施工	工程量清单/折扣比例报价	公开招标	批次采购/框架协议采购	输变电工程施工合同
		土建安装总承包	施工	10	40	50	变电施工	工程量清单/折扣比例报价	公开招标	批次采购/框架协议采购	输变电工程施工合同
		线路(架空线路)	施工	10	40	50	线路施工	工程量清单/折扣比例报价	公开招标	批次采购/框架协议采购	输变电工程施工合同

续附表 2

一级目录	二级目录	三级目录	评标模板	商务分权重(%)	技术分权重(%)	价格分权重(%)	标段名称	报价方式	采购方式	采购模式	合同类型
电力工程施工	技改工程施工	线路(含电缆)	施工	10	40	50	线路施工	工程量清单/折扣比例报价	公开招标	批次采购/框架协议采购	输变电工程施工合同
		电缆安装	施工	10	40	50	线路施工	工程量清单/折扣比例报价	公开招标	批次采购/框架协议采购	输变电工程施工合同
		电缆总承包	施工	10	40	50	线路施工	工程量清单/折扣比例报价	公开招标	批次采购/框架协议采购	输变电工程施工合同
		线路(含间隔)	施工	10	40	50	线路施工	工程量清单/折扣比例报价	公开招标	批次采购/框架协议采购	输变电工程施工合同
		变电站土建	施工	10	40	50	土建施工	工程量清单/折扣比例报价	公开招标	批次采购/框架协议采购	输变电工程施工合同
		电缆土建	施工	10	40	50	土建施工	工程量清单/折扣比例报价	公开招标	批次采购/框架协议采购	输变电工程施工合同
		通信工程施工(含光缆)	施工	10	40	50	通信工程施工	工程量清单/折扣比例报价	公开招标	批次采购/定点采购	输变电工程施工合同
		智能化安装	施工	10	40	50	变电施工	工程量清单/折扣比例报价	公开招标	批次采购/框架协议采购	输变电工程施工合同
		其他技改工程施工	施工	10	40	50	其他技改工程施工	工程量清单/折扣比例报价	公开招标	批次采购	输变电工程施工合同
	配网工程施工	电气安装	施工	10	40	50	配网工程施工	工程量清单/折扣比例报价	公开招标	框架协议采购	输变电工程施工合同
		土建安装总承包	施工	10	40	50	配网工程施工	工程量清单/折扣比例报价	公开招标	框架协议采购	输变电工程施工合同

续附表 2

一级目录	二级目录	三级目录	评标模板	商务分权重(%)	技术分权重(%)	价格分权重(%)	标段名称	报价方式	采购方式	采购模式	合同类型
电力工程施工	配网工程施工	线路（架空线路）	施工	10	40	50	配网工程施工	工程量清单/折扣比例报价	公开招标	框架协议采购	输变电工程施工合同
		线路（含电缆）	施工	10	40	50	配网工程施工	工程量清单/折扣比例报价	公开招标	框架协议采购	输变电工程施工合同
		电缆安装	施工	10	40	50	配网工程施工	工程量清单/折扣比例报价	公开招标	框架协议采购	输变电工程施工合同
		电缆总承包	施工	10	40	50	配网工程施工	工程量清单/折扣比例报价	公开招标	框架协议采购	输变电工程施工合同
		线路（含间隔）	施工	10	40	50	配网工程施工	工程量清单/折扣比例报价	公开招标	框架协议采购	输变电工程施工合同
		变电站土建	施工	10	40	50	配网工程施工	工程量清单/折扣比例报价	公开招标	框架协议采购	输变电工程施工合同
		电缆土建	施工	10	40	50	配网工程施工	工程量清单/折扣比例报价	公开招标	框架协议采购	输变电工程施工合同
		通信工程施工(含光缆)	施工	10	40	50	配网工程施工	工程量清单/折扣比例报价	公开招标	框架协议采购/定点采购	输变电工程施工合同
		智能化安装	施工	10	40	50	配网工程施工	工程量清单/折扣比例报价	公开招标	框架协议采购	输变电工程施工合同
		其他配网工程施工	施工	10	40	50	配网工程施工	工程量清单/折扣比例报价	公开招标	框架协议采购	输变电工程施工合同
	新建居住区电力设施工程施工	安装	施工	5	15	80	居住区工程施工	工程量清单/折扣比例报价	公开招标	批次采购/框架协议采购	输变电工程施工合同
		土建	施工	5	15	80	居住区工程施工	工程量清单/折扣比例报价	公开招标	批次采购/框架协议采购	输变电工程施工合同
		总承包	施工	5	15	80	居住区工程施工	工程量清单/折扣比例报价	公开招标	批次采购/框架协议采购	输变电工程施工合同

续附表 2

一级目录	二级目录	三级目录	评标模板	商务分权重(%)	技术分权重(%)	价格分权重(%)	标段名称	报价方式	采购方式	采购模式	合同类型
电力工程施工	营销工程施工	电力用户用电信息采集系统建设	施工	10	40	50	营销电力采集施工	工程量清单/折扣比例报价	公开招标	批次采购	输变电工程施工合同
		计量装置专项修理	施工	10	40	50	营销计量装置施工	工程量清单/折扣比例报价	公开招标	批次采购	输变电工程施工合同
		专变终端建设与改造	施工	10	40	50	营销专变终端施工	工程量清单/折扣比例报价	公开招标	批次采购	输变电工程施工合同
		智能充换电站建设	施工	10	40	50	营销充换电站施工	工程量清单/折扣比例报价	公开招标	批次采购	输变电工程施工合同
		其他营销工程施工	施工	10	40	50	其他营销工程施工	工程量清单/折扣比例报价	公开招标	批次采购	输变电工程施工合同
	农网工程施工	电气安装	施工	10	40	50	农网工程施工	工程量清单/折扣比例报价	公开招标	框架协议采购	输变电工程施工合同
		土建安装总承包	施工	10	40	50	农网工程施工	工程量清单/折扣比例报价	公开招标	框架协议采购	输变电工程施工合同
		线路（架空线路）	施工	10	40	50	农网工程施工	工程量清单/折扣比例报价	公开招标	框架协议采购	输变电工程施工合同
		线路（含电缆）	施工	10	40	50	农网工程施工	工程量清单/折扣比例报价	公开招标	框架协议采购	输变电工程施工合同
		电缆安装	施工	10	40	50	农网工程施工	工程量清单/折扣比例报价	公开招标	框架协议采购	输变电工程施工合同
		电缆总承包	施工	10	40	50	农网工程施工	工程量清单/折扣比例报价	公开招标	框架协议采购	输变电工程施工合同

续附表 2

一级目录	二级目录	三级目录	评标模板	商务分权重(%)	技术分权重(%)	价格分权重(%)	标段名称	报价方式	采购方式	采购模式	合同类型
电力工程施工	农网工程施工	线路（含间隔）	施工	10	40	50	农网工程施工	工程量清单/折扣比例报价	公开招标	框架协议采购	输变电工程施工合同
		变电站土建	施工	10	40	50	农网工程施工	工程量清单/折扣比例报价	公开招标	框架协议采购	输变电工程施工合同
		电缆土建	施工	10	40	50	农网工程施工	工程量清单/折扣比例报价	公开招标	框架协议采购	输变电工程施工合同
		智能化安装	施工	10	40	50	农网工程施工	工程量清单/折扣比例报价	公开招标	框架协议采购	输变电工程施工合同
		其他农网工程施工	施工	10	40	50	农网工程施工	工程量清单/折扣比例报价	公开招标	框架协议采购	输变电工程施工合同
	电网检修工程施工	变电设备检修	施工	10	40	50	电网检修施工	工程量清单/折扣比例报价	公开招标	批次采购	检修施工合同
		线路设备检修	施工	10	40	50	电网检修施工	工程量清单/折扣比例报价	公开招标	批次采购	检修施工合同
		配电设备检修	施工	10	40	50	电网检修施工	工程量清单/折扣比例报价	公开招标	批次采购	检修施工合同
		调度设备检修	施工	10	40	50	电网检修施工	工程量清单/折扣比例报价	公开招标	框架协议采购	检修施工合同
		通信设备检修	施工	10	40	50	电网检修施工	工程量清单/折扣比例报价	公开招标	框架协议采购	检修施工合同
		消防安保设备检修	施工	10	40	50	电网检修施工	工程量清单/折扣比例报价	公开招标	框架协议采购	检修施工合同

续附表 2

一级目录	二级目录	三级目录	评标模板	商务分权重(%)	技术分权重(%)	价格分权重(%)	标段名称	报价方式	采购方式	采购模式	合同类型
电力工程施工	电网检修工程施工	抢修	施工	10	40	50	电网检修施工	工程量清单/折扣比例报价	公开招标	框架协议采购	检修施工合同
	专项电力工程施工	防腐处理工程	施工	10	40	50	防腐处理工程	固定单价报价	公开招标	批次采购	输变电工程施工合同
		防污闪处理工程	施工	10	40	50	防污闪处理工程	固定单价报价	公开招标	批次采购	输变电工程施工合同
		其他专项电力工程	施工	10	40	50	其他专项电力工程	固定单价报价	公开招标	批次采购	输变电工程施工合同
非电力工程施工	工程准备	拆除工程	施工	10	40	50	工程前期施工	工程量清单/折扣比例报价	公开招标	框架协议采购	工程施工合同(简明版)
		土地平整和清理	施工	10	40	50	工程前期施工	工程量清单/折扣比例报价	公开招标	批次采购	工程施工合同(简明版)
		地基与基础处理	施工	10	40	50	工程前期施工	工程量清单/折扣比例报价	公开招标	批次采购	工程施工合同(简明版)
		土石方工程	施工	10	40	50	工程前期施工	工程量清单/折扣比例报价	公开招标	批次采购	工程施工合同(简明版)
		工程给排水施工	施工	10	40	50	工程前期施工	工程量清单/折扣比例报价	公开招标	批次采购	工程施工合同(简明版)
		其他工程准备	施工	10	40	50	工程前期施工	工程量清单/折扣比例报价	公开招标	批次采购	工程施工合同(简明版)
	建筑物施工	行政用房施工	施工	10	40	50	建安工程施工	工程量清单/折扣比例报价	公开招标	批次采购	工程施工合同(简明版)

续附表 2

一级目录	二级目录	三级目录	评标模板	商务分权重(%)	技术分权重(%)	价格分权重(%)	标段名称	报价方式	采购方式	采购模式	合同类型
非电力工程施工	建筑物施工	仓储用房施工	施工	10	40	50	建安工程施工	工程量清单/折扣比例报价	公开招标	批次采购	工程施工合同(简明版)
		房屋附属设施施工	施工	10	40	50	建安工程施工	工程量清单/折扣比例报价	公开招标	批次采购	工程施工合同(简明版)
	建筑安装工程	立体车库安装	施工	10	40	50	建安工程施工	工程量清单/折扣比例报价	公开招标	批次采购	工程施工合同(简明版)
		建筑智能化安装	施工	10	40	50	建安工程施工	工程量清单/折扣比例报价	公开招标	批次采购	工程施工合同(简明版)
		建筑电气安装	施工	10	40	50	建安工程施工	工程量清单/折扣比例报价	公开招标	批次采购	工程施工合同(简明版)
		空调设备安装	施工	10	40	50	建安工程施工	工程量清单/折扣比例报价	公开招标	批次采购	工程施工合同(简明版)
		电梯安装	施工	10	40	50	建安工程施工	工程量清单/折扣比例报价	公开招标	批次采购	工程施工合同(简明版)
		暖通设备安装	施工	10	40	50	建安工程施工	工程量清单/折扣比例报价	公开招标	批次采购	工程施工合同(简明版)
		建筑节能工程	施工	10	40	50	建安工程施工	工程量清单/折扣比例报价	公开招标	批次采购	工程施工合同(简明版)
		消防设施设备工程	施工	10	40	50	建安工程施工	工程量清单/折扣比例报价	公开招标	批次采购	工程施工合同(简明版)
	装修修缮工程	装饰装修工程	施工	10	40	50	其他建筑工程施工	工程量清单/折扣比例报价	公开招标	批次采购	工程施工合同(简明版)
		修缮工程	施工	10	40	50	其他建筑工程施工	工程量清单/折扣比例报价	公开招标	批次采购	工程施工合同(简明版)

续附表 2

一级目录	二级目录	三级目录	评标模板	商务分权重(%)	技术分权重(%)	价格分权重(%)	标段名称	报价方式	采购方式	采购模式	合同类型
非电力工程施工	其他工程	园林绿化工程	施工	10	40	50	其他建筑工程施工	工程量清单/折扣比例报价	公开招标	批次采购	工程施工合同(简明版)
		幕墙工程	施工	10	40	50	其他建筑工程施工	工程量清单/折扣比例报价	公开招标	批次采购	工程施工合同(简明版)
		钢结构工程	施工	10	40	50	其他建筑工程施工	工程量清单/折扣比例报价	公开招标	批次采购	工程施工合同(简明版)
		其他专项工程	施工	10	40	50	其他建筑工程施工	工程量清单/折扣比例报价	邀请招标	批次采购	工程施工合同(简明版)
工程服务	设计前咨询服务	环境影响评价	建设工程前期	15	70	15	工程环评水保服务	固定总价报价	邀请招标	批次采购	环境影响评价、水土保持、可行性研究等委托技术合同
		水土保持方案	建设工程前期	15	70	15	工程环评水保服务	固定总价报价	公开招标	批次采购	环境影响评价、水土保持、可行性研究等委托技术合同
		可行性研究工作委托	建设工程前期	15	70	15	工程可研服务	固定总价报价	公开招标	批次采购	可行性研究委托合同
		可行性研究评审	工程单项委托	15	70	15	工程可研服务	固定总价报价	公开招标	批次采购	可行性研究委托合同
		节能评估	建设工程前期	15	70	15	工程评估服务	固定总价报价	公开招标	批次采购	项目核准专题评估委托合同
		社会稳定风险评估	建设工程前期	15	70	15	工程评估服务	固定总价报价	公开招标	批次采购	项目核准专题评估委托合同

续附表 2

一级目录	二级目录	三级目录	评标模板	商务分权重(%)	技术分权重(%)	价格分权重(%)	标段名称	报价方式	采购方式	采购模式	合同类型
工程服务	设计前咨询服务	输变电工程核准申请技术咨询	建设工程前期	15	70	15	工程核准咨询服务	固定总价报价	公开招标	批次采购	项目核准专题评估委托合同
		土地预审、地灾压矿	建设工程前期	15	70	15	工程前期其他服务	固定总价报价	公开招标	批次采购	项目核准专题评估委托合同
		地质勘测	建设工程前期	15	70	15	工程前期其他服务	固定总价报价	公开招标	批次采购	输变电工程勘察设计合同
		其他设计前咨询服务	建设工程前期	15	70	15	工程前期其他服务	固定总价报价	公开招标	定点采购	
	工程设计服务	基建输变电设计	35 千伏及以上电网建设工程设计招标 2014 版	10	40	50	电力工程设计服务	折扣比例报价	公开招标	定点采购	输变电工程勘察设计合同
		基建变电工程设计	35 千伏及以上电网建设工程设计招标 2014 版	10	40	50	电力工程设计服务	折扣比例报价	公开招标	定点采购	输变电工程勘察设计合同
		基建线路工程设计	35 千伏及以上电网建设工程设计招标 2014 版	10	40	50	电力工程设计服务	折扣比例报价	公开招标	定点采购	输变电工程勘察设计合同
		技改输变电设计	设计	15	70	15	电力工程设计服务	折扣比例报价	公开招标	定点采购	输变电工程勘察设计合同
		技改变电工程设计	设计	15	70	15	电力工程设计服务	折扣比例报价	公开招标	批次采购/定点采购	输变电工程勘察设计合同

续附表 2

一级目录	二级目录	三级目录	评标模板	商务分权重(%)	技术分权重(%)	价格分权重(%)	标段名称	报价方式	采购方式	采购模式	合同类型
工程服务	工程设计服务	技改线路工程设计	设计	15	70	15	电力工程设计服务	折扣比例报价	公开招标	批次采购/框架协议采购	输变电工程勘察设计合同
		通信工程设计	设计	15	70	15	通信工程设计服务	折扣比例报价	公开招标	批次采购/框架协议采购	电网建设工程设计合同(简版)
		配网工程设计	设计	15	70	15	电力工程设计服务	折扣比例报价	公开招标	批次采购/框架协议采购	输变电工程勘察设计合同
		营销工程设计	设计	15	70	15	电力工程设计服务	折扣比例报价	公开招标	批次采购/框架协议采购	电网建设工程设计合同(简版)
		农网工程设计	设计	15	70	15	电力工程设计服务	折扣比例报价	公开招标	批次采购/框架协议采购	输变电工程勘察设计合同
		专项电力工程设计	设计	15	70	15	电力工程设计服务	折扣比例报价	公开招标	批次采购/框架协议采购	电网建设工程设计合同(简版)
		新建居住区电力设施工程设计	设计	10	40	50	电力工程设计服务	折扣比例报价	公开招标	批次采购/框架协议采购	电网建设工程设计合同(简版)
		房屋建筑设计	设计	15	70	15	其他工程设计服务	折扣比例报价	公开招标	批次采购/框架协议采购	建设工程设计合同(GF-2000-0210)
		房屋修缮工程设计	设计	15	70	15	其他工程设计服务	折扣比例报价	公开招标	批次采购/框架协议采购	建设工程设计合同(GF-2000-0210)
		装饰装修工程设计	设计	15	70	15	其他工程设计服务	折扣比例报价	公开招标	批次采购/框架协议采购	建设工程设计合同(GF-2000-0210)

续附表 2

一级目录	二级目录	三级目录	评标模板	商务分权重(%)	技术分权重(%)	价格分权重(%)	标段名称	报价方式	采购方式	采购模式	合同类型
工程服务	工程设计服务	其他工程设计	设计	15	70	15	其他工程设计服务	折扣比例报价	公开招标	批次采购/框架协议采购	
	工程监理服务	基建工程监理	35 千伏及以上电网建设工程监理 2014 版	10	60	30	电力工程监理服务	折扣比例报价	公开招标	批次采购/框架协议采购	输变电工程监理合同
		技改工程监理	监理	10	60	30	电力工程监理服务	折扣比例报价	公开招标	批次采购/框架协议采购	输变电工程监理合同
		配网工程监理	监理	10	60	30	电力工程监理服务	折扣比例报价	公开招标	批次采购/框架协议采购	输变电工程监理合同
		营销工程监理	监理	10	60	30	电力工程监理服务	折扣比例报价	公开招标	批次采购/框架协议采购	电网建设工程监理合同(简版)
		农网工程监理	监理	10	60	30	电力工程监理服务	折扣比例报价	公开招标	批次采购/框架协议采购	输变电工程监理合同
		电网检修工程监理	监理	10	60	30	电力工程监理服务	折扣比例报价	公开招标	批次采购/框架协议采购	电网建设工程监理合同(简版)
		专项电力工程监理	监理	10	60	30	电力工程监理服务	折扣比例报价	公开招标	批次采购/框架协议采购	电网建设工程监理合同(简版)
		新建居住区电力设施工程监理	监理	10	60	30	电力工程监理服务	折扣比例报价	公开招标	批次采购/框架协议采购	电网建设工程监理合同(简版)
		设计监理	监理	10	60	30	电力工程监理服务	折扣比例报价	公开招标	批次采购/框架协议采购	电网建设工程监理合同(简版)

续附表 2

一级目录	二级目录	三级目录	评标模板	商务分权重（%）	技术分权重（%）	价格分权重（%）	标段名称	报价方式	采购方式	采购模式	合同类型
工程服务	工程监理服务	其他工程监理	监理	10	60	30	其他工程监理服务	折扣比例报价	公开招标	批次采购/框架协议采购	
	工程造价咨询服务	投资估算	工程预算、结算、审核	15	70	15	工程造价咨询服务	固定总价报价	公开招标	批次采购/框架协议采购	建设工程造价咨询合同
		概预算的编制与审核	工程预算、结算、审核	15	70	15	工程造价咨询服务	固定总价报价	公开招标	批次采购/框架协议采购	建设工程造价咨询合同
		合同价款的确定与调整	工程预算、结算、审核	15	70	15	工程造价咨询服务	固定总价报价	公开招标	批次采购/框架协议采购	建设工程造价咨询合同
		工程结算审计	工程预算、结算、审核	15	70	15	工程造价咨询服务	费率报价	公开招标	批次采购/框架协议采购	建设工程结算审核业务约定书
		竣工决算审计	工程预算、结算、审核	15	70	15	财务决算服务	费率报价	公开招标	框架协议采购	建设工程竣工决算审核业务约定书
		其他工程造价咨询服务	工程预算、结算、审核	15	70	15	工程造价咨询服务	固定总价报价	公开招标	框架协议采购	
	其他工程服务	环境保护监测	工程单项委托	15	70	15	环评水保服务	固定总价报价	公开招标	框架协议采购	环境影响评价、水土保持、可行性研究等委托技术合同
		水土保持监测	工程单项委托	15	70	15	环评水保服务	固定总价报价	公开招标	框架协议采购	环境影响评价、水土保持、可行性研究等委托技术合同

续附表 2

一级目录	二级目录	三级目录	评标模板	商务分权重(%)	技术分权重(%)	价格分权重(%)	标段名称	报价方式	采购方式	采购模式	合同类型
工程服务	其他工程服务	工程质量检测	工程单项委托	15	70	15	工程质量检测	固定总价报价	公开招标	框架协议采购	建设工程质量检测委托合同
		大型设备运输	大型设备运输	15	70	15	运输服务	固定总价报价	公开招标	框架协议采购	大型设备运输合同
		环保验收	工程单项委托	15	70	15	环评水保服务	固定总价报价	公开招标	框架协议采购	建设工程竣工环境保护验收调查委托合同
		水土保持验收	工程单项委托	15	70	15	环评水保服务	固定总价报价	公开招标	批次采购	建设工程竣工水土保持设施验收调查委托合同
		监造	监造	15	70	15	设备监造服务	费率报价	公开招标	批次采购	监造服务委托合同
技术服务	信息技术服务	信息技术咨询服务	技术开发、技术转让、技术咨询、技术服务	15	70	15	信息技术服务	固定总价报价	公开招标	批次采购	信息系统运行维护和技术支持服务合同
		软件开发服务	技术开发、技术转让、技术咨询、技术服务	15	70	15	信息技术服务	固定总价报价	公开招标	批次采购	计算机软件委托开发合同
		信息系统集成实施服务	技术开发、技术转让、技术咨询、技术服务	15	70	15	信息技术服务	固定总价报价	公开招标	批次采购	信息系统运行维护和技术支持服务合同
		运营服务	技术开发、技术转让、技术咨询、技术服务	15	70	15	信息技术服务	固定总价报价	公开招标	批次采购	信息系统运行维护和技术支持服务合同

续附表 2

一级目录	二级目录	三级目录	评标模板	商务分权重(%)	技术分权重(%)	价格分权重(%)	标段名称	报价方式	采购方式	采购模式	合同类型
技术服务	信息技术服务	信息系统运维服务	运行维护、实施服务	15	70	15	信息技术服务	固定总价报价	公开招标	批次采购	信息系统运行维护和技术支持服务合同
		数据处理服务	技术开发、技术转让、技术咨询、技术服务	15	70	15	信息技术服务	固定总价报价	公开招标	批次采购	信息系统运行维护和技术支持服务合同
		呼叫中心服务	技术开发、技术转让、技术咨询、技术服务	15	70	15	信息技术服务	固定总价报价	公开招标	批次采购	信息系统运行维护和技术支持服务合同
		其他信息技术服务	技术开发、技术转让、技术咨询、技术服务	15	70	15	信息技术服务	固定总价报价	公开招标	批次采购	
	电网技术服务	一次设备技术开发	技术开发、技术转让、技术咨询、技术服务	15	70	15	电网技术开发服务	固定总价报价	公开招标	批次采购	技术开发(合作)合同或技术开发(委托)合同
		二次设备技术开发	技术开发、技术转让、技术咨询、技术服务	15	70	15	电网技术开发服务	固定总价报价	公开招标	批次采购	技术开发(合作)合同或技术开发(委托)合同
		调度技术开发	技术开发、技术转让、技术咨询、技术服务	15	70	15	电网技术开发服务	固定总价报价	公开招标	批次采购	技术开发(合作)合同或技术开发(委托)合同

续附表 2

一级目录	二级目录	三级目录	评标模板	商务分权重(%)	技术分权重(%)	价格分权重(%)	标段名称	报价方式	采购方式	采购模式	合同类型
技术服务	电网技术服务	其他技术开发	技术开发、技术转让、技术咨询、技术服务	15	70	15	电网技术开发服务	固定总价报价	公开招标/竞争性谈判/单一来源采购	批次采购	技术服务合同
		技术咨询	技术开发、技术转让、技术咨询、技术服务	15	70	15	电网技术支持服务		公开招标/竞争性谈判/单一来源采购	批次采购	技术服务合同
		科学研究	技术开发、技术转让、技术咨询、技术服务	15	70	15	电网技术支持服务	固定总价报价	公开招标/竞争性谈判/单一来源采购	批次采购	科学技术项目合同
	电网运维修理服务	变电一次设备运维	运行维护、实施	15	70	15	电网运维修理服务	固定总价报价	竞争性谈判	批次采购	输变电设备委托运行维护合同
		变电二次设备运维	运行维护、实施	15	70	15	电网运维修理服务	固定总价报价	竞争性谈判	批次采购	输变电设备委托运行维护合同
		调度设备运维修理	运行维护、实施	15	70	15	电网运维修理服务	固定总价报价	竞争性谈判	定点采购	输变电设备委托运行维护合同
		通信设备运维修理	运行维护、实施	15	70	15	电网运维修理服务	固定总价报价	竞争性谈判	定点采购	输变电设备委托运行维护合同

续附表 2

一级目录	二级目录	三级目录	评标模板	商务分权重(%)	技术分权重(%)	价格分权重(%)	标段名称	报价方式	采购方式	采购模式	合同类型
技术服务	电网运维修理服务	通信线路运维修理	运行维护、实施	15	70	15	电网运维修理服务	固定总价报价	竞争性谈判	定点采购	输变电设备委托运行维护合同
		线路设施运维	运行维护、实施	15	70	15	电网运维修理服务	固定总价报价	竞争性谈判	定点采购	输变电设备委托运行维护合同
		电缆运维	运行维护、实施	15	70	15	电网运维修理服务	固定总价报价	竞争性谈判	定点采购	输变电设备委托运行维护合同
		配电设备运维	运行维护、实施	15	70	15	电网运维修理服务	固定总价报价	竞争性谈判	定点采购	输变电设备委托运行维护合同
		安措设施运维修理	运行维护、实施	15	70	15	电网运维修理服务	固定总价报价	竞争性谈判	定点采购	输变电设备委托运行维护合同
		辅助设施运维	运行维护、实施	15	70	15	电网运维修理服务	固定总价报价	竞争性谈判	定点采购	输变电设备委托运行维护合同
		仪器仪表运维修理	运行维护、实施	15	70	15	电网运维修理服务	固定总价报价	竞争性谈判	定点采购	输变电设备委托运行维护合同
		设备返厂大修维护	设备返厂大修	15	70	15	电网运维修理服务	固定总价报价	竞争性谈判	定点采购	输变电设备委托运行维护合同

续附表 2

一级目录	二级目录	三级目录	评标模板	商务分权重(%)	技术分权重(%)	价格分权重(%)	标段名称	报价方式	采购方式	采购模式	合同类型
技术服务	电网运维修理服务	配电自动化运维	运行维护、实施	15	70	15	电网运维修理服务	固定总价报价	竞争性谈判	定点采购	输变电设备委托运行维护合同
		设备检测	技术开发、技术转让、技术咨询、技术服务	15	70	15	电网运维修理服务	固定总价报价	公开招标	批次采购/框架协议采购	输变电设备委托运行维护合同
		设备安装调试	运行维护、实施	15	70	15	电网运维修理服务	固定总价报价	竞争性谈判	定点采购	输变电设备委托运行维护合同
		低压采集运维	运行维护、实施	15	70	15	电网运维修理服务	固定总价报价	竞争性谈判	定点采购	输变电设备委托运行维护合同
		负控采集运维	运行维护、实施	15	70	15	电网运维修理服务	固定总价报价	竞争性谈判	定点采购	输变电设备委托运行维护合同
		基站运行维护	运行维护、实施	15	70	15	电网运维修理服务	固定总价报价	竞争性谈判	定点采购	输变电设备委托运行维护合同
		数据清理	运行维护、实施	15	70	15	电网运维修理服务	固定总价报价	竞争性谈判	定点采购	输变电设备委托运行维护合同
		其他运维服务	运行维护、实施	15	70	15	电网运维修理服务	固定总价报价	竞争性谈判	定点采购	输变电设备委托运行维护合同

续附表 2

一级目录	二级目录	三级目录	评标模板	商务分权重(%)	技术分权重(%)	价格分权重(%)	标段名称	报价方式	采购方式	采购模式	合同类型
技术服务	其他技术服务			15	70	15	其他技术服务	固定总价报价	竞争性谈判	定点采购	技术服务合同
综合服务	金融服务	人身保险	物业、保险、车辆维修	15	70	15	保险服务	费率报价	竞争性谈判	定点采购	
		医疗保险	物业、保险、车辆维修	15	70	15	保险服务	费率报价	竞争性谈判	定点采购	
		车辆保险	物业、保险、车辆维修	15	70	15	保险服务	费率报价	竞争性谈判	定点采购	
		资产保险	物业、保险、车辆维修	15	70	15	保险服务	费率报价	竞争性谈判	定点采购	
		供电责任保险	物业、保险、车辆维修	15	70	15	保险服务	费率报价	竞争性谈判	定点采购	
		贷款服务	物业、保险、车辆维修	15	70	15	金融服务	固定总价报价	竞争性谈判	定点采购	委托贷款合同(无担保)或委托贷款合同(系统内无担保)或委托贷款合同(保证担保)或委托贷款合同(抵质押担保)
		其他金融服务	物业、保险、车辆维修	15	70	15	金融服务	固定总价报价	竞争性谈判	框架协议采购	

续附表 2

一级目录	二级目录	三级目录	评标模板	商务分权重(%)	技术分权重(%)	价格分权重(%)	标段名称	报价方式	采购方式	采购模式	合同类型
综合服务	法律服务	诉讼服务	物业、保险、车辆维修	15	70	15	法律服务	固定总价报价	公开招标/竞争性谈判	定点采购/框架协议采购	常年法律顾问聘用合同
		非诉讼服务	物业、保险、车辆维修	15	70	15	法律服务	固定总价报价	公开招标	批次采购	常年法律顾问聘用合同
	管理咨询服务	企业战略管理咨询服务	管理咨询	15	70	15	管理咨询服务	固定总价报价	公开招标	批次采购	管理咨询项目委托合同(两方)或管理咨询项目委托合同(多方)
		日常运营管理咨询服务	管理咨询	15	70	15	管理咨询服务	固定总价报价	竞争性谈判/单一来源采购	批次采购	管理咨询项目委托合同(两方)或管理咨询项目委托合同(多方)
	物业管理服务	卫生保洁服务	物业、保险、车辆维修	10	40	50	物业管理服务	固定总价报价	竞争性谈判/单一来源采购	批次采购	物业服务合同
		安保服务	物业、保险、车辆维修	10	40	50	物业管理服务	固定总价报价	竞争性谈判	定点采购	物业服务合同
		园林绿化美化	物业、保险、车辆维修	10	40	50	物业管理服务	固定总价报价	竞争性谈判	定点采购	物业服务合同
		电梯运维修理	物业、保险、车辆维修	10	40	50	物业管理服务	固定总价报价	竞争性谈判	定点采购	物业服务合同

续附表 2

一级目录	二级目录	三级目录	评标模板	商务分权重(%)	技术分权重(%)	价格分权重(%)	标段名称	报价方式	采购方式	采购模式	合同类型
综合服务	物业管理服务	消防设施设备运维修理	物业、保险、车辆维修	10	40	50	物业管理服务	固定总价报价	竞争性谈判	定点采购	物业服务合同
		空调运维修理	物业、保险、车辆维修	10	40	50	物业管理服务	固定总价报价	竞争性谈判	定点采购	物业服务合同
		立体车库运维修理	物业、保险、车辆维修	10	40	50	物业管理服务	固定总价报价	竞争性谈判	定点采购	物业服务合同
		其他物业运维修理	物业、保险、车辆维修	10	40	50	物业管理服务	固定总价报价	竞争性谈判	定点采购	物业服务合同
		物业服务总承包	物业、保险、车辆维修	10	40	50	物业管理服务	固定总价报价	竞争性谈判	定点采购	物业服务合同
	财会服务	会计服务	财务决算	15	70	15	财会服务	固定总价报价	竞争性谈判	框架协议采购	
		审计服务	零星日常服务通用模板	15	70	15	财会服务	固定总价报价	竞争性谈判	定点采购	年度财务决算审计合同(两方合同)或年度财务决算审计合同(三方合同)
		税务服务	零星日常服务通用模板	15	70	15	财会服务	固定总价报价	竞争性谈判	框架协议采购	
	物流服务	运输	劳务服务	10	40	50	物流服务	固定总价报价	公开招标	框架协议采购	第三方物流配送及库房作业管理服务合同

续附表 2

一级目录	二级目录	三级目录	评标模板	商务分权重(%)	技术分权重(%)	价格分权重(%)	标段名称	报价方式	采购方式	采购模式	合同类型
综合服务	物流服务	仓储	劳务服务	10	40	50	物流服务	固定总价报价	公开招标	定点采购	第三方物流配送及库房作业管理服务合同
		配送	劳务服务	10	40	50	物流服务	固定总价报价	公开招标	定点采购	第三方物流配送及库房作业管理服务合同
		包装	劳务服务	10	40	50	物流服务	固定总价报价	公开招标	定点采购	第三方物流配送及库房作业管理服务合同
		总承包	劳务服务	10	40	50	物流服务	固定总价报价	公开招标	定点采购	第三方物流配送及库房作业管理服务合同
	零星日常服务	人员招聘	零星日常服务通用模板	10	40	50	零星日常服务	固定总价报价	公开招标	定点采购	大学生招聘咨询服务
		会务接待	零星日常服务通用模板	10	40	50	零星日常服务	固定总价报价	公开招标	定点采购	
		教育培训服务	零星日常服务通用模板	10	40	50	零星日常服务	固定总价报价	公开招标	定点采购	
		劳务服务	劳务服务	10	40	50	零星日常服务	固定总价报价	竞争性谈判	定点采购	抄表、搬运、配送、物业等以劳务为主的服务合同
		印刷和出版服务	印刷服务	10	40	50	零星日常服务	固定总价报价	公开招标	定点采购	印刷承揽合同

续附表 2

一级目录	二级目录	三级目录	评标模板	商务分权重(%)	技术分权重(%)	价格分权重(%)	标段名称	报价方式	采购方式	采购模式	合同类型
综合服务	零星日常服务	会展服务	会展服务	10	40	50	零星日常服务	固定总价报价	竞争性谈判	定点采购	宣传品制作合同
		广告服务	广告宣传服务	10	40	50	零星日常服务	固定总价报价	公开招标	定点采购	传统媒体宣传合作合同或网络宣传合作合同
		加油服务	零星日常服务通用模板	10	40	50	零星日常服务	固定总价报价	公开招标	定点采购	
		租赁服务	租赁服务	10	40	50	零星日常服务	固定总价报价	公开招标	定点采购	房屋租赁合同(系统内为承租方)或房屋租赁合同(系统内为出租方)或汽车租赁合同(不含驾驶员)或汽车服务合同
		其他零星日常服务	零星日常服务通用模板	10	40	50	零星日常服务	固定总价报价	竞争性谈判	定点采购	
	其他综合服务						其他综合服务		公开招标	定点采购	

参考文献

[1] 王春燕. 服务经济的发展现状及趋势[J]. 商业时代，2007(2)：97 - 98.

[2] Browning H C，Singelmann J. The emergence of a service society national technical information service[M]. Springfield：National Technical Information Service，1975：45 - 70.

[3] Singelmann J. From agriculture to services：the transformation of industrial employment[M]. Beverly Hills：Sage Publications Inc，1978：50.

[4] 阎小培. 信息产业与城市发展[M]. 北京：科学出版社，1999.

[5] 黄少军. 服务业与经济增长[M]. 北京：经济科学出版社，2000.

[6] Katouzian M A. The development of the service sector：a new approach[J]. Oxford Economic Papers，1970，22(3)：362 - 382.

[7] 陈卓咏. 服务业类型划分的一种新方案[J]. 统计与决策，2008(11)：29 - 31.

[8] Lovelock C H，Yip G S. Developing global strategies for service business[J]. California Management Review，1996，38(2)：64 - 86.

[9] Terry C，Daniel R. International services：perspectives at century's end[J]. Journal of Services Marketing，1999，13(4/5)：298 - 310.

[10] Leonard L B，Venkatesh S，Janet Turner Parish，et al. Creating new markets through innovation[J]. MIT Sloan Management Review，2006，47(2)：56 - 63.

[11] Lovelock C H. Classifying services to gain strategic Marketing insights[J]. Journal of marketing，1983，47(3)：9 - 20.

[12] Terry C，Daniel R，Timothy S. Toward theory of international services：Marketing intangibles in a world of nations[J]. Journal of International Marketing，1996，4(2)：9 - 28.

[13] Hsieh Charng-Horng，Chu Tzong-yau. Classification of service businesses from a utility creation perspective[J]. The Service Industries Journal，1992，12(4)：545 - 557.

[14] 吴晓云，康凯. 基于服务本质特征的全球服务分类矩阵模型[J]. 山西大学学报(哲学社会科学版)，2009，32(4)：49 - 55.

[15] 章海荣. 服务营销管理[M]. 北京：北京交通大学出版社，2009.

[16] Valikangas L，Lehtinen U. Strategic types of services and international marketing [J]. International Journal of Service Industry Management，1994，5(2)：72 - 84.

[17] Erramilli M K, Rao C P. Choice of foreign market entry modes by service firms: Role of market knowledge [J]. Management International Review, 1990, 30 (2): 135 - 150.

[18] Deborah L K, Winter Nie. A framework for strategic service management[J]. Journal of Operations Management, 1995, 13(4): 323 - 337.

[19] Charlene P B. Service intangibility and its impact on consumer expectations of service quality[J]. The Journal of Service Marketing, 2000, 14(1): 9 - 26.

[20] Kotabe M, Murray J Y. Global procurement of service activities by service firms[J]. International Marketing Review, 2004, 21(6): 615 - 633.

[21] Liu Chun-Hsien, Wang Chu-Ching. Forecast competitor service strategy with service taxonomy and CI data [J]. European Journal of Marketing, 2008, 42 (7/8): 746 - 765.

[22] 王永贵. 服务营销[M]. 北京：北京师范大学出版社，2007.

[23] Kelley S W, Donnelly J H, Skinner S J. Customer participation in service production and delivery[J]. Journal of Retailing, 1990, 66(3): 315 - 335.

[24] Dabholkar P A. Technology-based service delivery: A classification scheme for developing marketing strategies[J]. Advances in Services Marketing and Management, 1994, 3(1): 241 - 271.

[25] Meuter M L, Ostrom A L, Roundtree R I, et al. Self-service technologies: understand in customer satisfaction with technology-based service encounters[J]. Journal of Marketing, 2000, 64(7): 50 - 64.

[26] Wang Jinhui. Technology-based self-service and its impact on service firm performance: A resource-based perspective[D]. Sweden: Luleå University of Technology, 2007.

[27] Richard B C. The customer contact approach to services: Theoretical bases and practical extensions[J]. Operations Research, Special Issue on Operations Management, 1981, 29(4): 698 - 706.

[28] Schmenner R W. How can service business survive and prosper? [J]. Sloan Management Review, 1986, 27(3): 21 - 32.

[29] Vandermerwe S, Chadwick M. The internationalisation of services[J]. Service Industries Journal, 1989, 9(1): 79 - 93.

[30] 王庆国，蔡淑琴. 客户服务分类研究[J]. 管理评论，2004，16(3)：19 - 24.

[31] Cunningham L F, Young C E, Lee M, et al. Comparing perceived service dimensions for US and French consumers[J]. Journal of Services Marketing, 2004, 18(6): 421 - 432.

[32] 吴海宁，孟宪忠，帅萍. 西方服务分类方法的研究进展及启示[J]. 管理现代化，2009，(1)：45 - 47.

[33] Bowen J. Development of a taxonomy of services to gain strategic marketing insights [J]. Journal of the Academy of Marketing Science, 1990, 18(1): 43-49.

[34] Stell R, Donoho C L. Classifying services from a consumer perspective[J]. Journal of Services Marketing, 1996, 10(6):33-44.

[35] Dawn L, Amy O. Perceptions of services[J]. Journal of Retailing and Consumer Services, 1996, 3(4): 195-212.

[36] Cunningham L F, Young C E, Lee M. A customer-based taxonomy of services: implications for service marketers[J]. Advances in Services Marketing and Management, 1997, 8(3): 189-202.

[37] Cunningham L F, Young C E, Lee M. Customer perceptions of service dimensions: American and Asian perspectives[J]. Services Industries Journal, 2005, 25(1): 43-59.

[38] Cunningham L F, Young C E. Customer perceptions of service dimensions: cross-cultural analysis and perspective[J]. International Marketing Review, 2006, 23(2): 192-210.

[39] Cunningham L F, Young C E, Gerlach J. A comparison of consumer views of traditional services and self-service technologies[J]. Journal of Services Marketing, 2009, 23(1): 11-23.

[40] Lammgård C, Andersson D. Environmental considerations and trade-offs in purchasing of transportation services[J]. Research in Transportation Business & Management, 2014, 10: 45-52

[41] Bals L, Hartmann E, Ritter T. Barriers of purchasing departments' involvement in marketing service procurement[J]. Industrial Marketing Management, 2009, 38(8): 892-902.

[42] Pemer F, Sieweke J, Werr A, et al. The cultural embeddedness of professional service purchasing—A comparative study of German and Swedish companies[J]. Journal of Purchasing and Supply Management, 2014, 20(4): 273-285.

[43] Degraeve Z, Labro E, Roodhooft F. Total cost of ownership purchasing of a service: The case of airline selection at Alcatel Bell[J]. European Journal of Operational Research, 2004, 156(1): 23-40.

[44] Björklund M. Influence from the business environment on environmental purchasing—Drivers and hinders of purchasing green transportation services[J]. Journal of Purchasing and Supply Management, 2011, 17(1): 11-22.

[45] Lian P, Laing A W. Public sector purchasing of health services: a comparison with private sector purchasing[J]. Journal of Purchasing and Supply Management, 2004, 10(6): 247-256.

[46] Schiele J J. Meaningful involvement of municipal purchasing departments in the pro-

curement of consulting services: case studies from Ontario, Canada[J]. Journal of Purchasing and Supply Management, 2005, 11(1): 14-27.
[47] Hallikas J, Immonen M, Pynnönen M, et al. Service purchasing and value creation: Towards systemic purchases[J]. International Journal of Production Economics, 2014, 147: 53-61.
[48] 金海水. 企业服务采购的现状及对策研究[J]. 商场现代化, 2008 (18): 135-137.
[49] 张瑾. 政府服务采购及市场开放的法律问题研究[D]. 大连:大连海事大学, 2010.
[50] 郝慧娟. 旅行社服务采购现状与管理对策[J]. 平原大学学报, 2008, 24(6): 12-15.
[51] 潘翠芳. 税务机关纳税咨询服务采购[D]. 大连:大连海事大学, 2014.
[52] 王纪黔. 浅析标段划分对招标项目的影响[J]. 珠江水运, 2004 (4): 27-29.
[53] 刘静, 陶勇根, 贺建平, 等. 基于项目群管理的高速公路养护标段划分[J]. 公路与汽运, 2013(5): 218-221.
[54] 吴智泉, 单付, 项昆. 火电厂基建项目施工标段划分方法的探讨[J]. 电力建设, 2009, 30(6): 84-86.
[55] 李庆梅. 工程标段划分研究[J]. 建筑经济, 2011 (S1): 205-207.
[56] 张峰. 从合法性角度浅谈招标项目标段划分规则[J]. 招标采购管理, 2014, 10: 52-54.
[57] 张利荣. 建设工程标段划分研究[J]. 水利水电技术, 2006, 37(7): 82-84.
[58] 洪伟民, 王卓甫. 水利水电工程施工标段划分优化分析[J]. 水利水电技术, 2008, 39(1): 60-63.
[59] 孟礫. 水利水电工程标段划分模型研究[J]. 贵州水力发电, 2011, 25(4): 74-76.
[60] 张传文, 孙琼, 张超. 工程造价控制下的项目招标标段划分模型研究[J]. 山西建筑, 2012, 38(33): 269-271.
[61] 张利荣, 刘珩, 张震. 工程项目标段划分及其优化的数学模型[J]. 水利水电技术, 2013 (12): 67-70.
[62] 刘小丹. 基于自组织神经网络的外刊采购标段划分研究[D]. 哈尔滨:哈尔滨工业大学, 2010.
[63] 唐振宇, 田永梅, 冯玉强, 等. 文献资源招标采购标段划分模型研究及实证[J]. 系统工程学报, 2012, 27(4): 543-551.
[64] Le K. Fuzzy relation compositions and pattern recognition[J]. Information Sciences, 1996, 89(1): 107-130.
[65] 雷亚国, 何正嘉, 訾艳阳, 等. 混合聚类新算法及其在故障诊断中的应用[J]. 机械工程学报, 2007, 42(12): 116-121.
[66] 李洁. 基于自然计算的模糊聚类新算法研究[D]. 西安:西安电子科技大学, 2004.
[67] 周思达, 周小陈, 刘莉, 等. 基于模糊聚类的模态参数全因素自动验证方法[J]. 北京航空航天大学学报, 2015, 41(5): 811-816.
[68] 钟德强, 仲伟俊, 梅姝娥, 等. 合作竞争下的供应商数量优化问题研究[J]. 管理科学

学报，2003，6(3)：57－65.
[69] 蒋琦玮，秦进，史峰. 考虑风险控制的最优供应商数量确定方法[J]. 系统工程，2008，26(2)：108－111.
[70] Berger P D, Gerstenfeld A, Zeng A Z. How many suppliers are best? A Decision-Analysis Approach[J]. Omega, 2004, 32(1): 9－15.
[71] 刘臣，张庆普，单伟. 基于数量弹性契约的供应商数量选择问题研究[J]. 运筹与管理，2010 (4)：1－7.
[72] Byrne P J, Heavey C, Blake P, et al. A simulation based supply partner selection decision support tool for service provision in Dell[J]. Computers & Industrial Engineering, 2013, 64(4): 1033－1044.
[73] Björklund M. Influence from the business environment on environmental purchasing—Drivers and hinders of purchasing green transportation services[J]. Journal of Purchasing and Supply Management, 2011, 17(1): 11－22.
[74] Lammgård C, Andersson D. Environmental considerations and trade-offs in purchasing of transportation services[J]. Research in Transportation Business & Management, 2014, 10: 45－52.
[75] Feeny D, Lacity M, Willcocks L P. Taking the measure of outsourcing providers[J]. MIT Sloan Management Review, 2005, 46(3): 41－48.
[76] 林立华. 浅析企业物资采购中供应商的选择[J]. 商场现代化，2014 (1)：90－90.
[77] Ancarani A. Supplier evaluation in local public services: Application of a model of value for customer[J]. Journal of Purchasing and Supply Management, 2009, 15(1): 33－42.
[78] Peng J. Selection of logistics outsourcing service suppliers based on AHP[J]. Energy Procedia, 2012, 17: 595－601.
[79] Oliveira R C, et al. A multicriteria model for assigning new orders to service suppliers[J]. European Journal of Operational Research, 2002, 139(2): 390－399.
[80] Feng B, Fan Z P, Li Y. A decision method for supplier selection in multi-service outsourcing[J]. International Journal of Production Economics, 2011, 132(2): 240－250.
[81] 宋丹霞，黄卫来. 服务供应链视角下的生产性服务供应商评价[J]. 武汉理工大学学报(信息与管理工程版)，2010，32(3)：473－477.
[82] 李云华，宋倜，魏连雨，等. 模糊综合评价法选择物流服务供应商[J]. 河北工业大学学报，2011，40(5)：94－97.
[83] 陈可嘉，于先康. 逆向物流服务供应商选择的 ANP 方法及 Super Decisions 软件实现[J]. 福州大学学报(自然科学版)，2012，40(1)：31－37.
[84] 王宁，孔德洋. 汽车行业物流服务供应商选择 ANP 模型[J]. 工业工程与管理，2009，14(4)：72－77.